Uncommon Sense Teaching

大腦喜歡這樣學

強效教學版

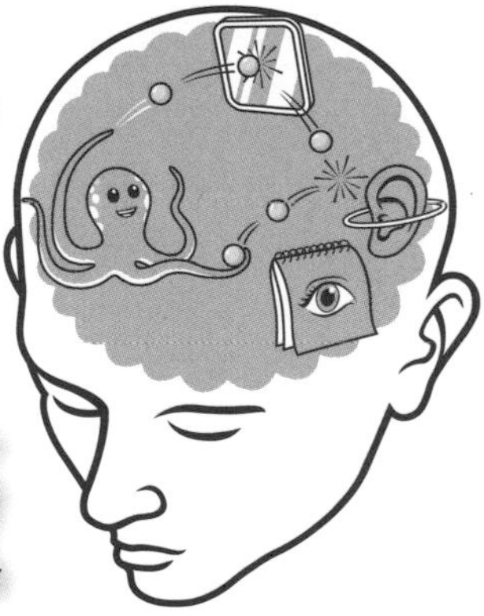

Barbara Oakley 芭芭拉．歐克莉 | Beth Rogowsky 貝絲．羅戈沃斯基 | Terrence Joseph Sejnowski 泰倫斯．索諾斯基 ——合著

王心瑩——譯

目錄

導讀

教學，既是藝術也是科學

"Those who can, do; those who can't, teach."

這是上個世紀初名劇作家蕭伯納（George Bernard Shaw）在一齣話劇裡的台詞。或許撰者無心，但百年來不知讓多少教育工作者見之莫不七竅生煙。無論是在哪裡、哪一科、哪一個階段任教，這句地圖砲橫掃千軍，從大學教授到幼兒園的教保員，凡是學校裡頭的為師者皆遭到掃射倒地，無一倖免。後人還如法炮製追加第三句："Those who cannot teach, teach others how to teach"，更讓大學裡頭才剛剛中槍喊痛的師培教授，多補一刀放血放到乾，真是慘烈！我們都知道這句話存在邏輯上「非黑即白」的謬誤：學界也好、創作界也好，或是其他專業領域的佼佼者：諾曼·喬姆斯基（Noam Chomsky）、瑪麗·居禮（Marie Curie）、愛因斯坦（Albert Einstein）、理查·費曼（Richard Feynman）、J.K. 羅琳（J. K. Rowling）、托爾金（J. R. R. Tolkien），還有更多傑出專業人士，通常也是該領域裡優秀的教師。更何況，想要教得專業，不管是學科教師、帶領工廠實習的師傅、實驗室的助教、到輔導室的專任輔導老師，相關知能不但必不可少，還要時時精進自我。當老師的我們樂意且能夠自我更新，是帶領孩子們探索新世界的基本條件。但是，戲謔的一句話背後的否定，讓你我心內鬱卒，有氣難平。

為什麼百年來老師們承受著這麼大的不白之冤？

一方面，是因為教學是複雜的任務，卻與其他的專業工作不同：即便能夠抽繹條理，歸納原理原則，卻很難把教學任務化約為每位教師皆齊一動作的標準作業流程。這也是為何教學被稱之既是藝術又是科學的原因。另一方面，部分也是因為教學的科學研究很不容易。試想，要能夠如實又精密地追蹤一間教室中三十幾顆頭蓋骨下的千變萬化，那該有多困難？就算真的可行，我們也可能會因為即時追蹤得越多，導致教學過程中干擾也越來越多，這間教室就算產製了精密到毫秒的學習大數據，卻再也不像是真實世界的教室。於是，長久以來，教學成為部分科學研究、部分經驗法則、部分大師開示、部分文化傳承之下的混搭。不能說這些累積出來的知識都是錯的。但不可否認地，確實有一些我們信以為真的教學理論，在教師的職前課程中代代相傳；未料有的經驗法則可能難以通過嚴格的科學檢驗。例如，不少師培書籍會提到的學習風格（learning style，或譯學習式態），曾經風靡一時，但存在著很大的問題。且讓我賣個關子，本書的三位作者會提到您可以如何更為健康地看待這個幾乎每位教師都聽過的教學觀念。

聽慧如您，可能看到我的解釋後，跳出兩個大哉問。第一個是：教師要如何確保自己所相信並實踐的教學活動，不但有效，且來自於可信的研究證據？第二個是：言下之意是不是說，近年來學習的研究有很多進展？

第二個答案相對好說：是的。二十一世紀開始，兩輛學習研究的高速列車改變了學習的地景，讓我們對人怎麼學有了更多的認識。一輛是巨觀的，將大數據分析方法用在數位學習環境上，能做出精準預測的學習分析（learning analytics）；另一輛則是微觀的，由認知神經科學（cognitive neuroscience）解析腦生理訊號，逐個揭開教育心理學當中似乎已經被說清楚，但又隔了一層面紗的學習理論。歐克莉老師在《大腦喜歡這樣學》、《學習如何學習》兩本書中，和線上課程「學習之道」所提出的自學方法，皆有腦科學和學習科學的支持。多年來這兩本書的讀者和線上課程的學生，只要願意從中身體力行一、兩個策略，多感受用，也看見學習能改變人生的重要價值。同時，學、教二者是硬幣的兩面，無法割離。學習研究的進展，同樣為教學研究的進展。書中正解釋了鷹架隱喻（scaffolding）、差異化教學（differentiated instruction）這些不算非常當紅，但歷久彌新的教學原理，也能夠在大腦如何學習當中，找到支持為什麼我們確實該這麼教的依據。這些新的發現，不但對自己的學習有益，也對從事學習指導的教師們有所啟發。

第一個問題的答案，不如說歐克莉老師埋梗已久。我們在規劃搭配與書籍《學習如何學習》同名的各國語言青少年版線上課程時，就已經想到畢竟青少年與成人不同，需要在課程裡針對每個單元蒐集並補充一對一的親子練習活動、以及一對多的師生練習活動，做為成人對孩子學習指導的參考。早期的她，深信直接將好的學習策略交付給學習者，這個直接培力的旨趣，將能夠挽救教育資源總是不均的困境（每個人的信念，與自己的成長歷程息息相關）。不過，在遊歷世界各國觀摩不同的教學方法之後，她更多地發現教師的無窮潛力；能夠和現場教師，以及師培教授們合作，我們能在學習之道上發揮更大的力量。也因此，歐克莉繼續邀集羅戈沃斯基與索諾斯基兩位教授，又用了兩年，合力在本書回答了大腦以哪些不可思議的方式回應各種教學方法。有些教學方法，例如交替學習（interleaving），似乎違反常識，還帶給學生更多痛苦，但證據告訴我們，採用交替學習的作業設計，往往能幫助學生學得更好！

除了現在與未來的教師之外，我相信大學裡的師培教授（teacher educators）也有機會在本書中獲益良多。師資培育的教學和一般學科領域的大學教學，或與一般的中小學教學不盡相同。這是因為後兩者的教學皆屬第一手的現場教學（first-order teaching），而師資培育的教學活動卻必須額外且同時帶有後設教學（second-order teaching）的性質——我們課堂上的每分每秒都成為師資生的教學示範，還要在教學的恰當段落按暫停，向師資生說明我們之所以帶領該活動的設計緣由，不但要讓學生「知其然」，也要讓學生在後設之知的層次上「知其所以然」。我們向師資生示範的有效教學，與科學證據所支持的教學方法相符，是確保未來老師樂意根據研究證據自我更新成長的關鍵。

我感佩三位作者跨領域合作，攜手為全球的教師們完成本書。二十一世紀的教學，不論是對於接受長期研究訓練，剛脫下實驗室白袍，走入大學任教的新科博士，或是在COVID-19 疫情下必須從實體教室與虛擬世界之間來來去去的資深中小學教師，都帶來明顯的挑戰。這一本書並不是回答：什麼教學法最流行？當代的熱門教學趨勢？還是又要開山立派，自創出一套教學法（看哪！這樣的煙火是不是到處都在放？放得老師們眼花撩亂，放得讓一些老師不禁認為乾脆以不變應萬變？）。他們循其根本，從「大腦怎麼學習」來一一檢驗「哪些教學原則，能夠符合或強化大腦機制下的學習」。這是一個不追求花俏的質樸議題所獲致的結果，能夠跨越國別、文化、甚至年紀，而在眾聲喧嘩的時代中，具有相當的普遍性。如果我們相信孩子的社經背景決定了他們的教育成就，而我們想要伸出手，陪伴著他們一起擺脫輪迴，那身為老師的我們更應該知道，有哪些學習工具，是這些資源匱乏的孩子擁有的基本認知能力當中，也能夠慢慢運用熟習，且有機會因為我們的教學，支持孩子發展為可以自己帶著走的學習策略。

歐克莉老師向我們闡述了教學的科學，至於教學的藝術每位教師各有巧妙不同，歐克莉老師就留給信手拈來的各位老師了！與歐克莉老師之前的書籍相同，與本書同名的線上課程英文版已經在 Coursera 問世，中文版正在陽明交大如火如荼的籌備，也預計在二〇二二年上線。我們歡迎您和我們一同線上歡聚，分享您在書中和在教室中的精采心得！

陳鏗任（國立陽明交通大學教育研究所助理教授）

前言

給我們教師讀者的備忘錄

我們把《大腦喜歡這樣學．強效教學版》書中的教學法，稱為「不依循常識的教學法」（Uncommon Sense Teaching）。這個名稱聽起來可能很狂妄。畢竟呢，如果你已經任教一段時間，那麼對你來說，討論教學法的大多數見解，似乎都是簡單的常識。

先介紹芭芭拉．歐克莉（Barbara Oakley）和泰倫斯．索諾斯基（Terrence Sejnowski）。他們開設的大規模開放式線上課程（massive open online course, MOOC），名稱是「學習之道」（Learning How to Learn），提出以大腦為基礎的教學和學習方法，已經爆紅成為全世界極受歡迎的大規模開放式線上課程，修課人數多達數百萬人。課程這麼受歡迎，表示大家很重視這種嶄新、實際又有用的見解。這個課程結合了泰倫斯的專業知識，他是美國沙克研究院（Salk Institute）的計算神經科學家和神經網絡研究先鋒；加上芭芭拉在各方面的專業知識，她是工程學教授、語言學家，以及前往世界各地講解大腦如何學習的冒險旅人。課程中有很多資訊非常新穎，還沒有納入學校的教學法。不過這個課程真的很實用，幫助大家學

習得更有效率，同時也顛覆了教學法的一些常識和直覺。（註一）

且讓我們退一步思考。長久以來，我們一直把教學稱為一門藝術，不過教學的藝術至今依然很難捉摸。新手教師從事這份職業，每個人都想成為傑出教師，然而一旦發現教室裡充滿各種不同的學生，而且大家對學生的學習成就抱持極大的期待，於是新手教師很快就從摩拳擦掌的達文西變成餓肚子的藝術家。大多數的教師很想盡力成為最好的教師，但自然而然採取過去所學的教學方法。可惜的是，他們所學的那些方法，也就是教導他們的教師在過去所學的方法，其實不見得適用於當今學生的需求。

再介紹第三位作者貝絲・羅戈沃斯基（Beth Rogowsky）。一九九〇年代，貝絲剛展開教學生涯，當時她很渴望改變這個世界，一個學生都不能少。她教的是中學生，有十四年的經驗，城市和鄉下的教室都待過，她在那段期間成為令人尊敬的教師。但貝絲漸漸領悟到，雖然她的學生很有創造力，學得也很開心，這是值得讚賞的目標，但學生經常無法達到她所期望的學習水準。

於是貝絲更進一步。她的博士論文探討的是以電腦輔助的認知和語言訓練，這帶領她認識許多重要的神經科學家。後來，她在美國羅格斯大學（Rutgers University）的「分子與行為神經科學中心」完成三年的博士後研究，與一群優秀的神經科學家共事。如今，貝絲是美國賓州布魯斯堡大學（Bloomsburg University）的教育學教授，有一部分的研究是經常觀察幼兒園、小學、中學到高中的K－12課堂運作。顯而易見的是，貝絲經常觀察到缺乏效率的教學法，而她十幾年前就用過同樣的方法，但其實相關研究已教我們一些更好的新方法。

貝絲的經驗，讓她深入了解兩個非常不一樣的世界：日常教學和神經科學研究。她與兩位共同作者芭芭拉和泰瑞斯越來越相信，教師可以運用神經科學所提供的實用見解，讓學生的學習能力產生戲劇化的改變。

舉例來說，每個學生的工作記憶（working memory）各不相同，於是需要不同的教學技巧。在學生面前小心保持教學生活的平衡時，神經科學讓我們深入了解要怎麼安排那些不同之處。說到底，學生之所以放棄學習，並不是因為缺乏成長型思維（註二），也不是沒有人教他們運用自己偏好的學習方式（註三），而是因為他們自認有些主題很難學習，但實在不了解該怎麼進行。此外，教師經常不知道有一些基礎的研究見解，例如提取練習（retrieval practice），或者同時運用陳述性和程序性路徑的教學方法有何價值。透過這些領域的突破性研究，我們可以幫助學生讓各種觀念以更快的方式進入長期記憶（long-term memory），於是他們可以用更有創意的方式進行思考與工作。與其他學科比起來，神經科學非常重要，能讓我們以更直接又深入的方式，好好理解學習和教育的基礎。（註四）

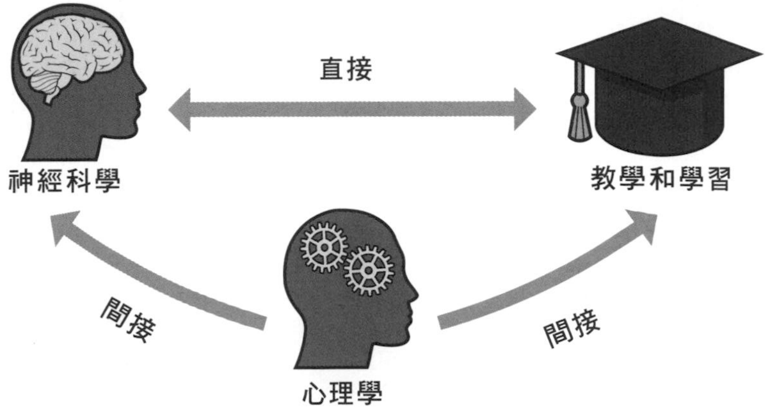

神經科學對教學和學習提供深入的了解（反之亦然），透過直接的認識，也透過神經科學與心理學之間的關聯。

這本書並不是要大幅檢討你的教學方式。你固然會看到一些新的教學策略，能夠改善你使用的一些方法；不過你也會看到一些禁得起長時間考驗的技巧。你漸漸學到這些策略為何這麼有效，於是也會開始了解，如何採取一些微小但有效的變化，讓你的教學方法的所有層面都有改進。

我們努力把這本書寫成不只針對K－12教師，也針對各式各樣的教師，包括大學教授，以及父母和保母。我們把專有名詞減到最少，如果真的用到，也會詳細解說名詞的定義；對於剛進入這項專業領域的新手來說，這一點特別有用。如果你是經驗豐富的教師，甚至可以重新檢視一些多年來視為理所當然的定義。我們也納入各式各樣的實用練習和教學訣竅，廣泛適用於各個年級的學生。

我們三個人一起寫這本書。我們在書裡著重的教學技巧在很多方面都有效，集合了多方面的科學證據，包括認知科學和腦科學，加上我們自己的課堂經驗。

身為教師，你所從事的工作非常重要，不只為了學生，也為了整個社會。說到底，教學是對「學習」具備了專業知識，總之就是可以幫助別人學習得更多。那麼，透過《大腦喜歡這樣學・強效教學版》加入我們的行列，一起分享我們對學習的知識！

芭芭拉・歐克莉

貝絲・羅戈沃斯基

泰倫斯・索諾斯基

編輯說明：

本書註釋分為兩種，皆為作者所撰。註碼字級縮小排在右上的是隨頁註，進一步解釋正文提出的觀念。標示為（註一）、（註二）……者為全書註，主要說明引用資料的來源，分章節排在全書末。

{第一章}

建構記憶

透過「提取練習」、「快速回想」
鞏固學習成果，建立長期記憶，解決考前焦慮症卡蒂娜一看到自己的成績就快哭了。你已經知道她為什麼快哭了——她差點就不及格。「每次考試，我實在不知道為什麼全部都忘光，」卡蒂娜堅持這樣說。「我在家裡或課堂上都理解得很清楚啊。可是等我看到考卷，整個人就呆掉了。我覺得自己有考試焦慮症。也說不定只是數學很差。我媽說，我跟她一樣——數學很差。」

卡蒂娜顯然是好學生。考試排除了一些顯而易見的困境，例如她顯然沒有閱讀障礙或數學學習障礙。卡蒂娜也盡了全力，專心學習上課內容。她把功課做完了，雖然有時候沒有做得很完美。她在手工藝方面也心靈手巧，而且交了很多朋友。換句話說，她很有創造力，也是其他學生樂於相處的人。

不是只有卡蒂娜覺得數學讓她壓力很大。（註一）班恩也有同樣的問題。而費德里科在寫作方面很掙扎，賈爾德是西班牙文，亞歷斯無法理解化學的週期表。事實上，你班上也許有三分之一的人，在心態上似乎把自己歸類成「我的某一個科目很不行」。等到要考州定的標準化考試時，你很擔心卡蒂娜，或者班上像她一樣的其他學生，可能會拉低全校的平均成績。拉低全校的平均成績，以及全校的士氣，也拉低你這位老師的士氣。

這到底是怎麼了？你能不能幫助卡蒂娜、賈爾德和其他人提升能力，讓他們看似最弱的科目得到很好的學習成就？

學習會讓神經元之間產生許多新連結

要了解到底發生什麼事，不妨後退一步，看看我們大腦的基礎構件，也就是稱為「神經元」（neuron）的生物細胞。每個人都有大約八百六十億個神經元。有非常多的神經元分布在大腦各處，就連你覺得最棘手的學生也有一大堆！每當你或你的學生開始學習某種新知、概念或程序，就會在小小的一組組神經元之間建立新的連結。

如果你只看神經元的主要部分，則會覺得看起來很簡單。神經元有好幾條腿，稱為樹狀突（dendrite）。那些腿上有很多針狀突起，幾乎就像仙人掌那樣，專有名詞是樹突棘（dendritic spine）。此外，神經元有一條手臂，稱為軸突（axon）。

如果學生主動專心學習，就會開始在神經元之間建立連結。無論學生是坐在你面前的教室裡、在家讀書、第一次嘗試帶球上籃，或者玩一種新的電腦遊戲努力破關，都會開始構成這些連結。換句話說，他們正在鼓勵自己的軸突（神經元的手臂）伸展出去，幾乎碰觸到另一個神經元的樹突棘。

與學習過程有關的某個神經元，一旦與鄰近的另一個神經元靠得很近，就會有訊號跳過兩個神經元之間的狹窄間隙，那個間隙稱為突觸（synapse）。訊號從一個神經元傳遞給

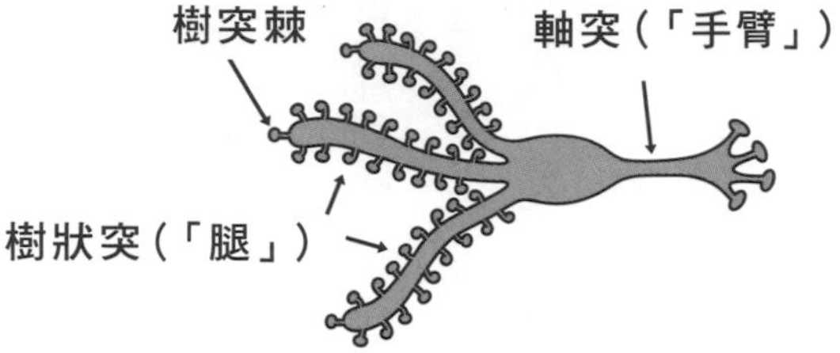

神經元的主要部分很容易看懂；它們有好幾條多棘的腿，以及一條手臂。在這張圖中，我們把神經元的一些特徵刻意放大很多，於是你可以清楚看到軸突、樹狀突和樹突棘。

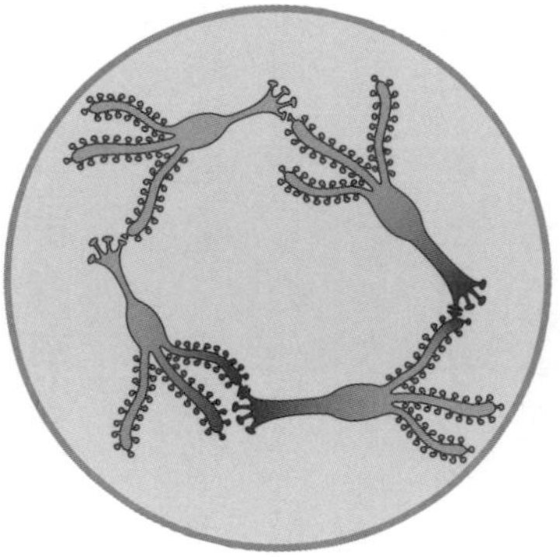

學生學習某件事時，神經元之間會形成許多連結。一個神經元的樹突棘與另一個神經元的軸突彼此相接。

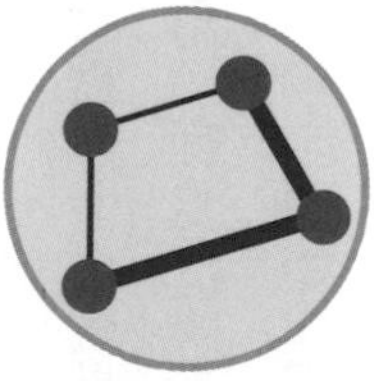

形成連結的一組神經元，可以簡化成一個圓點。比較強的連結畫成較粗的線條，較弱的連結則用細線來表示。這整組連結的周圍畫了一個顏色較淡的圓圈。這個圓圈，加上內部的圓點神經元和連結的線條，就代表最新學到的一種概念或思想。

另一個神經元，就形成我們的想法，也是我們學習的基礎。

學起來，連起來

學生正在學習時，神經元會形成連結，並且強化。我們把這種過程稱為「學起來，連起來」。這種說法源自於「海伯學習」（Hebbian learning），在這個過程中，幾乎同時一起活化的神經元會彼此連線（註二）；海伯（Donald Hebb）是加拿大心理學家，他是最早描述這個過程的人。換句話說，如果有一組神經元越來越常攜手合作，就變成一個熟練的合唱團。事實上，「一起唱歌」正可描述神經元如何形成一連串的連結，如同第十九頁的插圖所描繪。（註三）

若想了解神經元如何連結在一起，請看第二十頁「學起來，連起來」示意圖。學生剛開始學習一件事時，神經元開始彼此尋覓、建立連結，如同你在第一和第二張圖示所見。我們把這個階段稱為「學起來」。真正的神經元其實配置成更複雜的結構，位於大腦的新皮質（neocortex）內；在演化過程中，這是新的腦區，幫助我們進行負擔較重的思考。不過關於神經元的配置，我們在本書會用簡單的方式來解說。

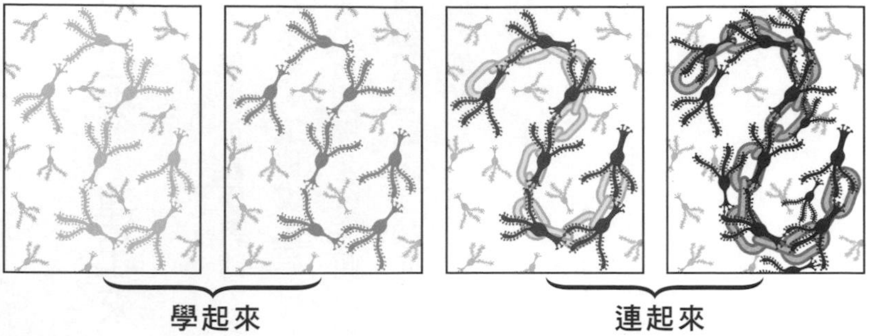

學起來，連起來：在「學起來」的左邊第一張圖中，學生認識一個新概念時，例如聽教師講解一小段時間、閱讀教科書或觀看影片，可以讓一些神經元開始找到彼此。隨著學生持續複習教材，就會建立起連結（第二張圖）。等到學生以主動積極的方式學習新的觀念、概念或技巧後，長期記憶裡的一些連結鞏固起來，構成精通熟練的基礎（第三張圖）。接下來再以一些新方法進行更多練習，可將學習延伸到新的領域（第四張圖），這讓神經元又與代表相關概念的其他神經元結合起來。

隨著學生鞏固他的學習成果，又會創造出更強的連結，如同第三張圖所示。這時候，他達到精通熟練。隨著他用很有挑戰性的新方法來練習自己的學習成果，等於是加強那些基礎的連結，並讓它們進一步延伸拓展，如同第四張圖所示。神經元的這種強化與延伸，我們稱之為「連起來」階段。神經元的牽連範圍更廣了，表示連結的規模變得更大，也有更多組神經元包含在這些連結之內。

很多人有時候認為，他們的長期記憶空間是有限的。這並不正確。大腦儲存資訊的容量，大約可達到一百萬的四次方個位元組。（一百萬的四次方等於一後面加上十五個〇……你可以想成一百萬個億萬富翁所擁有的金錢總數。）這表示大腦可儲存的資訊量，遠遠超過地球上所有海灘和沙漠所包含的沙粒總數。

關於記憶，大家面臨的真正問題並不是大腦可以儲存多少資訊，而是存取記憶的問題。這有點像是訂閱音樂串流服務，儲存歌曲的容量幾乎是無限大。在這種情況下，真正的挑戰是要怎麼取得你所尋找的歌曲。一輩子的時間約有 10^9 秒，而大腦有 10^{14} 個突觸，所以我們體驗這個世界時，每秒可以用上 10^5 個突觸。

我們談論的這種神經連結形成了長期記憶。要開始建立這些連結是很困難的。這樣說好了，學生必須讓一個神經元冒出一個樹突棘，還得讓另一個神經元的軸突想辦法與這個樹突棘順利產生連結。（註四）況且，神經元不只在一個地方產生連結。一大群神經元必須全部一起產生數十個、數十萬個，有時甚至數百萬個這樣的連結，即使學生只是學習相當簡單的內容也一樣，像是怎麼用外國語說出一個單字，或者解答簡單的乘法問題，像是5乘以5。

不過挑戰來了。卡蒂娜和賈爾德學習時，並沒有在長期記憶裡形成這種連結。他們反而把資訊放進另一個完全不同的地方，是個暫時的儲存空間，稱為「工作記憶」。你可以把工作記憶想成一種稍微歪斜的層架，沒辦法把東西好好擺在上面。如果你把幾顆球（一些資訊片段）放上去，一放開手，它們就滾下來。

不過，在更深入探究記憶之前，我們先很快做個調查——針對即將探討的內容做個學前評估[1]。

請選出有研究證據支持，讓你學習起來最有效率的一項技巧。

□ 反覆重讀
□ 劃重點或劃底線
□ 回想（提取練習）
□ 製作一張概念圖，例如下圖所示。

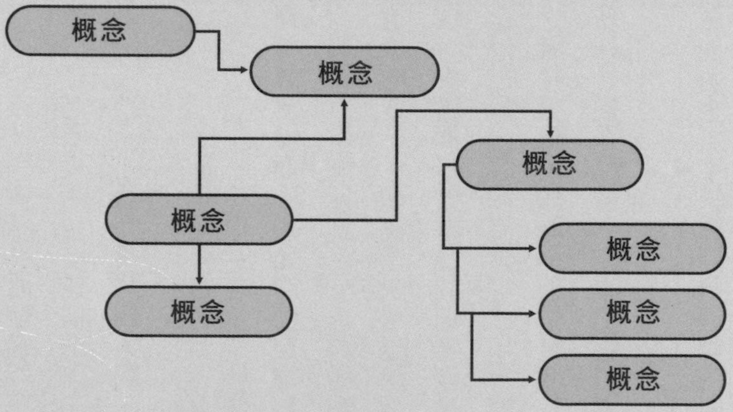

（答案請見隨頁註解）[2]

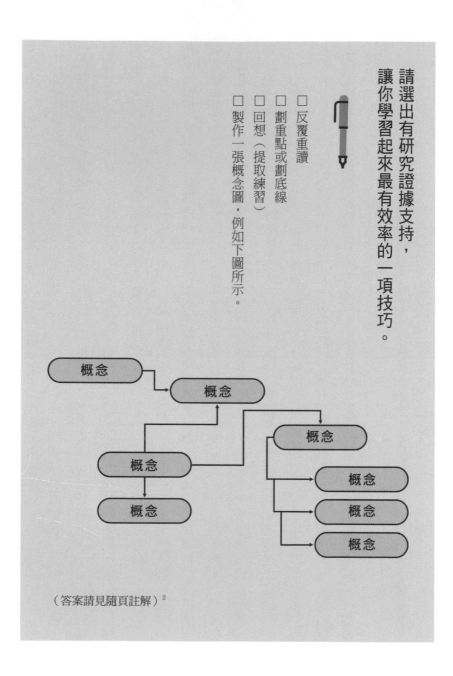

長期記憶相對於工作記憶

上一段內容稍微提到的「球會滾下來」，帶領我們更深入探討長期記憶與工作記憶之間的差異。[3]

「長期記憶」就是字面上的意思，把我們能夠儲存的資訊留存起來，經過好幾週、好幾個月，或甚至好幾年之後都還能回想起來。（註五）如同我們先前所見，你可以把長期記憶想像成很多組神經元的連結，是學生好好學習教材而發展出來的。也如同我們先前提過的，這些神經連結會聚集在新皮質裡；新皮質是薄層的神經組織，沿著大腦表面的突脊和深溝而

1 教師會用「學前評估」這類方法，在教學之前蒐集學生現有的知識、態度和興趣等資訊。得到的結果經常用來作為設計教學方法的出發點，讓教師能夠確認每個人的長處和弱點，避免白費力氣，並讓教學方法切中要點。也可用來建立基準線，以及判定成長狀況。

2 比起其他學習技巧，回想（提取練習）是比較好的方法。參見 Karpicke and Blunt, 2011。

3 你可能覺得納悶，為何稱「工作記憶」而不是「短期記憶」。短期記憶基本上只包括你暫時記住的事，就像你看著一個短句，可以透過內心的想像看見那個句子，或透過「內心的耳朵」聽見它。工作記憶則包括短期記憶，外加你可以記住和運用那個資訊的能力。因此，舉例來說，如果你要倒背一個句子，你會用短期記憶記住那個句子，再用工作記憶來運用它，把句子倒背出來。

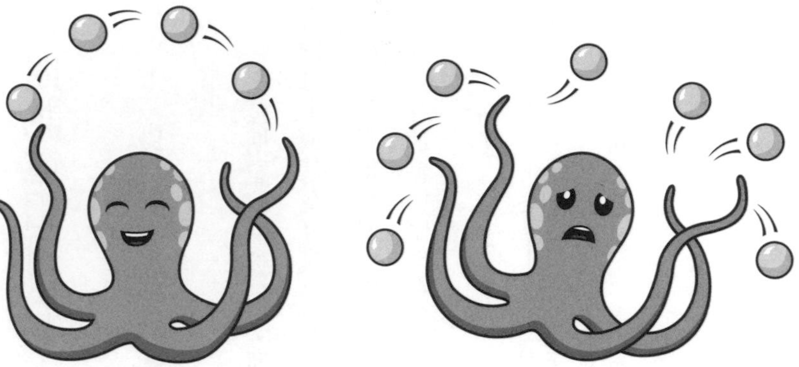

多數人可以在工作記憶裡儲存的資訊量，最多是一次四項。但如果分心了，或者嘗試在心裡一次儲存太多顆球（資訊），那些想法有可能全部掉出去！

高低起伏。（註六）如果能透過多樣化的練習，把長期學習所產生的神經連結加以強化，我們的學習通常會有很好的成果。（註七）（所謂的「多樣化」練習，我們指的不只是用同樣的素材反覆練習。舉例來說，你也不希望只是坐在那裡，拿著條列式的外國語生字考考自己吧。你會希望應用那些生字，放在各種不同的句子和上下文裡面。）

至於「工作記憶」，則是把一些想法的模式**暫時留存起來，這與長期記憶是不一樣的**。長期記憶是把一組組連結妥善存放在新皮質裡，工作記憶則不然，比較像是章魚拋擲一組球。這些球代表各種想法，一次又一次從你的大腦前面反彈到後面，直到你把那些想法留存在工作記憶裡。（註八）像這樣的「球」，一般的工作記憶可以留住四顆，然後那些想法就會開始流失，如同你在本頁插圖中看到的「四手章魚」。（附帶一提，學生無法讓自己的章魚長出更多觸手。不過學生反覆練習教材越多次，資訊球就會變得越大。我們很快會再討論這一點。）

此刻，你應該知道工作記憶有個奇怪的狀況。無論章魚傳接球的時候有沒有分心，那些球都會消失不見。這使得**工作記憶有個非常奇妙的特質：它很狡猾，會愚弄學生，讓他們以為自己肯定把某件事存入長期記憶了**。舉例來說，有個學生會盯著一張生字表裡面的十個生字，心裡這樣想：「我記住了！」那位學生確實把生字記在心裡……意思是說，只有盯著那張表的時候記得住。

類似的問題也出現在學生看到複雜的數學題目的解答時。「我不需要浪費時間靠自己解出這題，」她可能這樣想。「我已經記住了。」而她確實至少在心裡記住一部分，但只是暫時記住。等到考試時，很多學生都發現記憶消失了。（「我有考試焦慮症」這種話，有時候意思其實是：「我覺得很焦慮，因為我搜尋長期記憶，卻發現什麼都沒記住。」）

工作記憶有這種「假裝跟你是朋友」的性質，因此學生當然必須要反覆重讀，並在重點下面劃底線。除了再用眼睛多看一次資訊、劃重點加強重要性，沒有什麼方法能讓你更放心也更有用吧？（註九）

不過呢，要讓資訊進入長期記憶是很困難的。我們會在第三章更詳細探討這個主題。然而有個觀念很重要：若要鞏固長期記憶裡的新資訊，「提取練習」是很好的技巧。（註十）

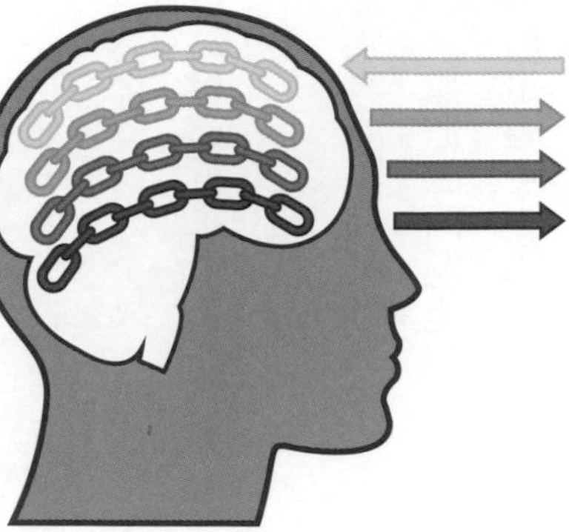

要加強長期記憶裡的神經元連結，
提取練習是很好的方法。

所謂的提取練習，意思是把你正在開始學習的觀念，從自己的心裡提取出來，而不只是看看答案就好。提取練習的好例子包括運用閃現卡，或者轉開頭不看書頁，測試自己能不能回想那些重要的觀念。

我們會發現，提取練習絕不只是不需要動腦的簡單記憶技巧；它也能建立概念式的理解。不過，通常需要有人教導學生運用提取練習，他們很難光靠自己就發現這種技巧看似困難，但是很有用。（註十一）

工作記憶：厲害的騙子

上述的一切都指向我們的單一重點：要把資訊放進工作記憶或長期記憶，兩邊的過程其實是非常不一樣的，但學生經常無法分辨。卡蒂娜可以在面前打開書本，看著某段說明，心想：「我懂了！」但她只是把那段說明放進工作記憶，而非長期記憶。

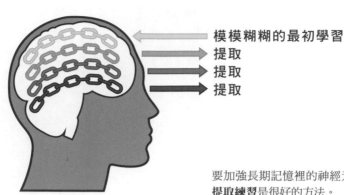

卡蒂娜以及其他像她一樣的人，考試的時候為何考不好呢？你可能已經猜到答案了。卡蒂娜一直都用工作記憶來幫她學習教材。（剛開始學習時，這是好方法。）不過到了考試時，卡蒂娜的長期記憶裡只有非常少的資訊能夠提取。她驚慌失措。

可是怎麼會這樣呢？特別是卡蒂娜花了時間和精力好好讀書啊。

讓我們來看看卡蒂娜如何學數學，以及賈爾德如何學習西班牙文。兩人都很努力想學好。但是一到考試，兩人都顯得很掙扎。

舉例來說，你在課堂上教導代數的概念，這時卡蒂娜看著你，用她的工作記憶吸收資訊，依循你講述的邏輯。

後來，等到卡蒂娜坐在家裡研讀代數時，一開始很快瀏覽整個章節。例題似乎很容易了解。於是她直接跳去寫作業，找到一些題目，很類似剛才讀過的，以及你在課堂上教過的。她立刻把那些題目做完，一邊用手指劃過例題，一邊寫著作業題目的解答。如果作業裡的某個題目看起來不像例題，她就盡力猜測，用某一個例題的形式套進去。

請注意，在這裡，問題的重點並不是例題。由教育心理學家史威勒（John Sweller）和同事所做的研究顯示，接觸例題並照著解題是很有價值的，可讓學生開始在內心形成模板，能夠理解並求解範圍廣泛的問題。（註十二）

真正的問題是這樣的：在卡蒂娜的學習過程中，她完全沒有在不看解答的情況下，主動憑一己之力解答題目。她只是用自己的工作記憶來答題。雖然在考試的前一天晚上，她把課堂筆記讀了好幾次，但是等到考試時，一點都不奇怪，卡蒂娜考得很不好。

賈爾德研讀西班牙文時，看著面前的字彙表，覺得自己學會了。他為何不該學會呢？教材就在他面前啊！等到做家庭作業的練習題時，他回頭去看例句，把空格全部填滿。作業寫完了？太棒了！收工！

請注意，很可能從來沒有人教過卡蒂娜或賈爾德什麼是有效的學習。這兩位學生盡力了，可是他們對自己大腦的運作方式所知甚少。

到了下一章，我們會把一些概念結合起來，包括創造神經元之間的連結、產生不同的記憶形式等等，看看怎麼樣幫助卡蒂娜、賈爾德和很多其他學生，他們覺得考試的時候腦袋一片空白。我們也會看看那些很快就掌握資訊的學生。等一下你會看到，學生的學習速度很快，不見得就表示學習很成功。（註十三）

現在由你試試看

介紹「回想」的技巧

學生通常搞不清楚工作記憶和長期記憶之間的差別。這多少導致他們很容易受到誤導，不曉得自己是否真的學會。要解決這個問題，理想的方法是與你的學生一起進行主動練習，教他們「回想」這個寶貴的學習技巧。（也就是心理學家所謂「提取練習」的一種形式。）（註十四）

一、首先，向你的學生說明工作記憶和長期記憶之間的差別。（你可以用這本書的插圖。請到「barbaraoakley.com」網站尋找「download」的頁籤。）告訴他們，工作記憶就像一隻章魚，必須一直拋耍資訊球才記得住。一般來說，一隻章魚最多只能拋接四顆資訊球，而且那樣的資訊球很容易掉落。另一方面，長期記憶則像是他們腦中的一組連結，很容易就能提取出來；所謂的容易，是指他們已經確定那些連結很堅固，連結得很好。（如果你能配上插圖，像是章魚和一組組連結，分別講解工作記憶和長期記憶的觀念，這些概念就比較會留存在學生心裡。）（註十五）

二、接下來，把學生分成兩人一組，請他們對彼此解釋你剛教的內容，說明工作記憶和長期記憶之間的差異。

三、學生完成後，向他們說明一下，剛才用的正是「回想」的技巧。也就是說，他們剛剛檢驗了自己是否已經理解、能否記住重要的觀念。因此，他們嘗試對學伴解釋學到的觀念，就是在進行檢驗。

四、向學生解釋，即使他們獨自一人，也可以運用回想的技巧。請他們自己運用這個技巧：不要看著剛學的內容，看看是否能回想起重要的觀念。或者可以考考自己，能不能從零開始記住某個字，或者解答某個題目。阿加瓦（Pooja Agarwal）和貝恩（Patrice Bain）寫了一本很棒的書《強效教學》（*Powerful Teaching*）（註十六），她們把上述的回想方式稱為「不擔心後果」的測驗；這真的是很簡單的方法，能夠檢視學生是否把教材存放到長期記憶裡，那是資訊應該要儲存的地方。

你也許覺得很驚訝，目前已證實回想技巧比其他方法更能建立對教材的理解；其他測試過的方法包括重讀、劃底線或劃重點，以及概念構圖（concept mapping）。（註十七）（我們會在第二章說明原因。）

更進一步：練習快速回想

透過「快速回想」技巧，你很容易把回想法加入平常的教學工作。用輕快的語氣提醒學生，請他們檢驗看看，是否已把教材從工作記憶移進長期記憶。

- **快速做筆記**：你在課堂上講解必讀的章節時，不妨停下來，請學生拿出乾淨的紙張或便利貼，然後叫他們不要看筆記，把你剛剛講解的最重要的觀念，很快地簡單寫下來。這樣做的同時，你在班上四處走動，很快掃過一遍，檢查學生有沒有跟上進度，把你試圖傳達的重要觀念吸收進去。等到大多數學生都完成，如果時間允許，不妨請三、四位學生一組，請他們互相比較自己心目中的重要觀念，而且討論一下。
- **快速畫草圖**：除了做筆記，也請學生針對剛學到的教材，把自己的理解畫成一些簡圖。讓學生發揮創意，不但能夠增進他們的興趣，也能加深理解。至於剛開始學習的新生，由於還在發展寫作技巧，用畫圖取代文字比較有效果。
- **快速讀教材**：如果你讓學生在課堂上安靜閱讀教材，請他們讀完每一頁都停下來。大家停下來之後，請他們轉開頭，不要看教材，看看能不能回想起那一頁的重要觀念。請他們很快寫下那個重要觀念。（請提醒學生，他們在家也可以這樣練習。）同樣的，等到大多數人都寫完，如果時間允許，把學生分成兩人一組，互相比較和討論他們對那些重要觀念的心得。

- **快速複習教材**：請學生快速回想前一天學過的教材，或者前一週或前一個月學過的部分。這是間隔式重複法（spaced repetition）的例子；如果兩次課程之間相隔一段時間，就請學生像這樣回想資訊。

這一章的重要觀念

- 學習包括了一組組神經元連結的建立、加強和延伸，在大腦的新皮質內形成長期記憶。我們把這個過程稱為「學起來，連起來」。
- 學生經由練習而加強神經元之間的連結，稱為「海伯學習」。
- 記憶有很多種形式，達成各種不同的目的。以課堂上的學習來說，最重要的兩種記憶形式是「工作記憶」和「長期記憶」。工作記憶裡的資訊會隨著時間過去而漸漸消失。長期記憶裡的資訊則比較持久，有時候可以持續一輩子（會發生細微的改變，有時候則是沒那麼細微）。
- 一般的工作記憶可以留存四顆「資訊球」，然後會慢慢開始忘卻那些觀念。
- 學生經常把資訊放在工作記憶裡，誤以為已經放入長期記憶。後來他們考試考不好，是因為從長期記憶提取不出資訊。
- 「提取練習」會讓長期記憶裡的神經元連結得到刺激和強化，避免學生的工作記憶誤導他們。

{ 第二章 }

融合式教學

學生的工作記憶容量各不相同
兼顧「賽車式」、「徒步式」學生學習速度的教學法作者芭芭拉教過大學部和研究所的電磁學。這門學科很困難，用到高等微積分，以數量來表示磁場和電場的雙人舞。一個又一個學期，她眼看著學生苦苦掙扎。

但幾乎不變的是，每學期都會有一、兩位「明星學生」覺得電磁學清楚明瞭，甚至覺得很簡單。碰到某個複雜的問題，芭芭拉都還沒有清楚說明，就會有那樣的學生，說是法里德好了，只見他咻地舉手，說出答案。法里德快速專心思索，提供答案，接著還進一步提出更深入的問題。[1]班上的其他學生會偷偷互看一眼，神情尷尬。只有少數人能像那樣快速思考、回答問題。

很顯然的，法里德或德希蕾或馬克，就是那個學期腦筋動得快的幾位學生，他們的大腦像賽車一樣。他們可以快速抵達終點線，也就是得到答案。班上其他學生的大腦則比較像是徒步的人，他們可以到達終點線，但是速度慢很多。

大部分學生碰到某些主題時，大腦像是賽車，但遇到其他主題卻變成徒步。或者學習的中途時快時慢。無論你教的是大學部學生或幼兒園學生，每一間教室都有各種不同類型的學生，讓二十一世紀的教學現場充滿挑戰。教學時為了把所有學生融合在一起，現今的教師必須想出最好的方法進行差異化教學（differentiated instruction），協助班上所有的學生。

不過這會面臨一項挑戰，有些學生的大腦確實跑得像賽車一樣快：他們可以思考得非常快，因此在課堂上，他們經常最先舉手。不過我們也知道，「速度」不見得一定是優勢。

不妨這樣想。賽車手很快就衝過終點線，但過程中的一切都很模糊。另一方面，徒步的速度慢得多，但徒步的人可以伸手摸摸樹上的葉子，聞聞空氣中的松木香氣，看看兔子的細小足跡，聽聽鳥鳴啁啾。這與賽車手是完全不同的體驗，而且從某些方面來看，這種體驗更加豐富與深入。舉例來說，諾貝爾經濟學獎得主海耶克（Friedrich Hayek），他觀察到自己與一些學習速度飛快的同行不太一樣；他的創新與突破，來自於經歷過緩慢而混亂的奮鬥，才能掌握研究素材。談到一些公認的觀念時，他不得不找到自己的方法去表達那些觀念，於是能看出別人遺漏的缺失和無法解釋的猜測。（註一）接下來的幾個章節，我們會看到兩種不同學習方式的神經傳遞路徑，分別是陳述性（declarative）和程序性（procedural）路徑，可能與賽車式和徒步式兩種學習方法有關。

為了更加理解學習較慢有什麼樣的優勢，我們來看一位名叫卡哈（Santiago Ramón y Cajal）的西班牙人。卡哈是典型的徒步式學生，學習起來既困難又緩慢。（註二）他的工作記憶很差，因此很難把新的資訊放入長期記憶。他也有行為方面的問題，動作誇張又怪異，導致好幾所學校請他退學。卡哈很想成為藝術家，但父親希望他成為醫師。（當時是一八六〇

1 你可能認為，法里德在工程學方面全都拿到頂尖的成績，但沒有。在大部分的工程學課堂上，他基本上是B到B+的學生。對他來說，拿到頂尖成績沒什麼大不了的。

年代。但有些事至今從未改變。）到最後，父親不再管他的事了。

但沒想到的是，卡哈終究繼續攻讀他的醫學博士學位。不只如此，他變得非常重視自己在神經解剖學方面的突破性研究成果，最後還獲頒諾貝爾獎。不僅如此，如今我們公認卡哈是現代神經科學之父。

對於自己如何達到這種成就以及為何達成，卡哈的看法也許同樣令人驚訝。（註三）他的結論是什麼呢？他的成功，有一部分因為他「不是」天才。他在科學上的突破，完全是因為思考方法比較緩慢、比較有彈性。卡哈犯錯時勇於改變想法。另一方面，與他共事的天才很習慣自己是對的，少有機會練習承認錯誤並加以更正。因此，那些「賽車腦」常常一下子就跳到結論，很快得到答案，而等到出錯時，他們無法更正錯誤，反倒用自己的才智想辦法找藉口，硬要說他們一定是對的。

擁有效能強大的工作記憶，顯然不是成功學習的唯一方法。這方面很有趣，讓我們更深入了解一番吧。

工作記憶在腦中的什麼地方？

我們在上一章說過，工作記憶很像是你的頭腦不停拋耍的一組球（球就是想法），而那些球觸及了大腦的好幾個區域。若要對這個過程有更確切的概念，我們可以想像那隻工作記憶章魚，即「中央執行」（central executive），位於你大腦的前方。它要牢牢記住一顆球（即資訊）的方法，是把那顆球拋向你大腦的後方。球碰撞到反射面，即「注意焦點」（focus of attention），在聽覺和視覺的網絡之間來回碰撞，接著再度彈回前方。（註四）

注意焦點包含大腦的頂葉（parietal lobe）[2]，這裡可能是注意焦點網絡的中央核心。所有那些「拋擲」的動作，都由一組組神經元連結來完成。資訊在大腦的前方和後方之間緩緩來回拋擲，也就是在工作記憶裡保持活躍。正因為有這種像打網球一樣的「截擊球」，你才能反覆默唸剛認識的兩位教師的名字，或者你想從手機轉移到電腦網頁的數字密碼。

但是不用煩惱這些細節。此處的重要觀念是這樣的：一顆顆資訊球在大腦裡面到處彈來彈去，於是在工作記憶裡保持活躍。也由於資訊在工作記憶裡來回拋擲、繞著圈子跑，因此學生一次只能記住一定數量的資訊。這有點像是雜耍藝人，如果嘗試拋接更多顆球，那麼她抓住每一顆球再拋出的時間就越來越短。一次要處理太多顆球，結果哎呀，所有的球都掉了！

2 說得精確一點是「頂葉內側溝」（intraparietal sulcus）。不過呢，如果你剛好在課堂上的課本裡讀到這個名詞，而教師居然拿這個名詞出題考你，他們就是見樹不見林！

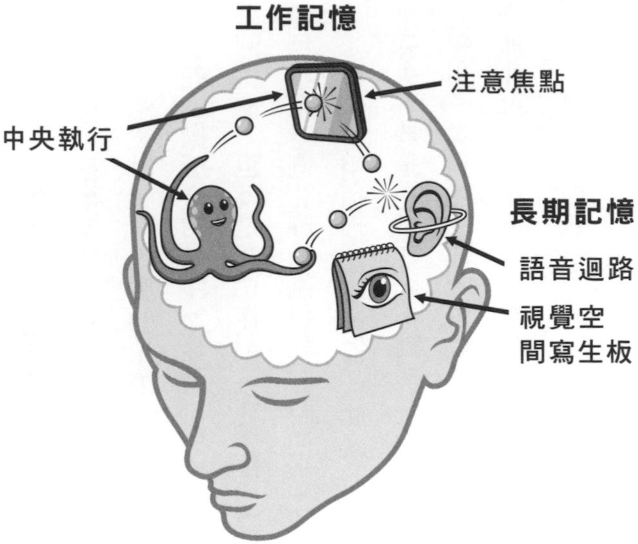

工作記憶就像是位於你大腦前方的一隻章魚（其實是四爪章魚！），不斷將一個個想法拋向大腦的後方。每當你專注於那些想法時，它們又反彈回到大腦的前方。這就是工作記憶裡的想法保持活躍的方法。[3]

有經驗的教師很清楚，那與任務的複雜度有關，他們可能需要先給一個指令，等待學生完成任務，再給下一個指令。或者教師可以把指令寫在白板上，因此即使有資訊從學生的工作記憶掉出來，反正列表一直都在。

工作記憶與長期記憶所包含的神經元種類是不一樣的。（就好像你的學生全都具備學生身分，但不是所有學生的表現和長相都一樣。）工作記憶的神經元無法把資訊留存得非常久，而長期記憶的神經元可以把資訊留存很長的時間。

關鍵重點

教師有時候認為不該幫學生把指令寫下來，因為他們認為學生需要「更專心聽從指令」。但重點是「更專心」也沒用，因為工作記憶容量是有限的。

幸好呢，如果你學習了資訊，並把它儲存在長期記憶裡，那個資訊就可以連接到你的工作記憶，並有促進作用。長期記憶有點像是坐在躺椅上的人，一聽到工作記憶開始唱歌，他們只好爬起來，加入腦中跳起「康加舞」的行列。（註五）

工作記憶的差異如何影響你的班級

孩子的一大迷人之處（以及挫折之處！），就是他們的工作記憶是有限制的。告訴他們某件事，而過沒幾秒，那個資訊就好像飄走了。隨著孩子長大，他們的工作記憶也增加。

3 如果你渴望多了解神經地理學，則研究顯示，聽覺的網絡，也就是語音迴路（phonological loop），位於左側顳頂葉區（temporoparietal region），而視覺的網絡，即視覺空間寫生板（visuospatial sketchpad），則寫在右側顳頂葉區。「中央執行」約莫位於大腦的前端，它與「注意焦點」一前一後彼此合作，有助於直接思考。

工作記憶容量隨著年齡的變化情形

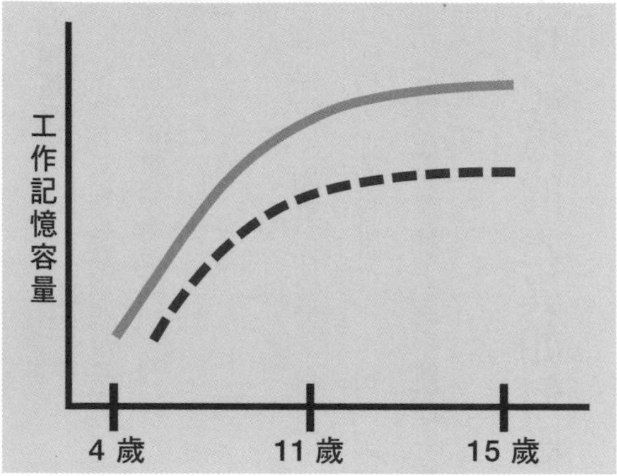

工作記憶成長曲線：工作記憶容量隨著年齡的變化，一般孩子以實線表示。有個孩子的工作記憶容量較少，他的數值以虛線表示。（註六）

到了十四歲時，平均而言，他們的工作記憶有了成年人的大小，比四歲時多了兩倍以上。你可以在上方的成長曲線圖看到這樣的發展，顯示小孩子在不同年齡的平均值；也有一些人的工作記憶容量比較小。

每個學生的工作記憶容量各不相同，這會影響到身為課堂教師的你。如同工作記憶專家加瑟柯爾（Susan Gathercole）和亞洛威（Tracy Alloway）的解釋：

> 在同齡的不同孩子之間，工作記憶容量的差異真的非常大。舉例來說，一般七到八歲孩子的三十人班級，我們預期至少有三個人的工作記憶容量只有平均四歲孩子的程度，另外有三個人擁有平均十一歲孩子的容量，與成年人的容量相差不遠。（註七）

學生的工作記憶容量可以有很大的差異。雖然他們的注意力章魚平均有四條「觸手」（也就是說，他們可在心裡記住四項資訊），但有些學生可能只有三條觸手，不過仍有其他學生的觸手多達六條以上。

學生有不同的工作記憶容量，你可以想像我們熟悉的章魚，但是觸手數目不同。年紀較大的青少年和成年人，一般的工作記憶是四隻觸手，表示他們同時可留存的最多資訊是四項。但這只是平均值。有些學生的工作記憶容量較大，一次可以留存六項或更多的資訊。其他人的工作記憶容量較小，也許一次只能留存三項資訊。這些學生全都可以學習得很好，只是需要用不同的方法達到成功的學習。（我們會向你提供這些不同的方法！）

你遲早都有可能教到工作記憶容量遠低於平均值的學生。這樣的學生不見得會焦躁不安，乃至於如同注意力不足過動症引發緊急狀況。相反的，教師雖然忙得團團轉，但可以斷定這種學生只是有點笨拙，特別是其他學生似乎都能好好遵循指令的時候。每當學習要求比較高時，工作記憶不足的學生經常顯得很吃力。如果碰到比較複雜的活動，他們也跟不上進度。舉例來說，要寫一個句子時，工作記憶不足的學生可能會漏字，或者重複寫同一個字。

學生年紀較小時，即使是簡單的功課或要求，工作記憶容量低於平均值的人也會忘個精光。聽到一組指示，像是「把你的紙張放在綠色桌子上，把你的箭頭數字卡放進口袋裡，把你的鉛筆收起來，過來坐在地毯上」，都有可能不知所措。（註八）如果學生很難記住好幾個觀念，你不妨測試他們的工作記憶，這樣有助於早一點掌握有效的學習方法。（註九）

以下的策略可協助工作記憶容量不足的學生

給工作記憶容量不足的學生多一點通融，這樣也經常對所有學生有幫助。以下的方法可以協助你的學生。（註十）

- **你的指令要盡可能簡短，並使用簡單的語言**。冗長的指令很容易忘記。
- **你給予指令時，要確定學生正眼看著你**。「請轉過來，這樣你才能看到我」這句話意外地有效。[4]
- **一次給予一項指令，包括「一步步檢查」，以確定每個人都跟上你的指令**。典型的一步步檢查，就是如果步驟都做完了，請學生轉頭看著同桌的學伴，拿鉛筆輕敲紙張說：「做得很好！」如果同學沒有做完，教師就提供協助。
- **將指令寫在黑板上，或者在學生的桌上放置查核表，讓他們完成作業之後勾選起來**。
- **運用記憶術**（就是記憶的小技巧），資訊內容較多時可用，讓學生比較容易回想起來。
- **學生要把你的提醒寫下來時，如果有不熟和困難的字句，你就提供拼法或寫法**。（如果必須停下來考慮這些困難的生字，學生的速度會變慢，覺得寫字既困難又沉重。）

4 學生如果有自閉的傾向，可能會覺得眼神接觸很不自在或辦不到，因此別把「看著你」制定成不能變通的規矩。

建立長期記憶來增強工作記憶

「工作記憶」和「智力」這兩個名詞，描述的是相關的基本過程。（註十一）果不其然，工作記憶容量較少的人，學習的時候比較掙扎。不過要記住，長期記憶到最後可以變成工作記憶的一部分，特別是使用提取練習。這是好消息，表示工作記憶容量較少的人，如果能在長期記憶裡創造一些神經連結並加以強化，那些連結就能把他們的工作記憶拓展到指定的主題。（註十二）換用另一個說法，把先前儲存於長期記憶的知識提取出來，就可以輔助工作記憶，於是學生比較容易學習新的教材，特別是工作記憶容量較少的學生。

背景練習在許多方面都很重要，但一開始很難掌握。例如我們來看這個句子，「綠企鵝正在吃一顆蘋果」。你很容易在一分鐘後把句子的每一個字都寫下來。那麼再看另一個句子：「Зеленый пингвин ест яблоко.」除非你會說俄語，否則很難在一分鐘後還能記住所有字母並寫下來；其實意思就是俄羅斯的綠企鵝同樣在吃蘋果。我們的工作記憶容量似乎變得比較大，主要是看灌輸到長期記憶的內容是我們的母語還是俄文。你的背景訓練很重要，非常重要，讓你的工作記憶可以留存的「資訊球」變大了；有時候神經科學家稱這種「資訊球」為「組塊」（chunk）。因此，就算你的注意力章魚無法增加觸手的數量，但是只要針對那個主題做更多的背景訓練，就能讓工作記憶留存更多的資訊，你的章魚所掌握的資訊球也會變得比較大。[5]

研究者史威勒最為人所知的地方，應該是他的認知負荷理論（cognitive load theory）；他曾指出，工作記憶和長期記憶之間精細複雜的關係，無疑是影響人類認知能力最重要的因素。要了解我們的心智如何運作，還有很長的路要走。（註十三）不過呢，長期記憶就像是闖入別人婚禮的不速之客；無論你想要怎麼評估工作記憶，長期記憶都會偷偷闖進來干擾評估。這是因為長期記憶的內容會大幅改變工作記憶的容量。

可惜相關研究還沒有得到適當的證據，無法證明一般的工作記憶容量可透過訓練而增加；不過在一些特定的學習領域內，工作記憶看似增加了。（註十四）（這讓我們想到那隻注意力章魚，可以用同樣數目的觸手去拋擲較大顆的資訊球；也就是說，透過良好的練習，資訊可以牢牢保存於長期記憶內。）換句話說，練習幾何學，可以讓學生在幾何學方面的工作記憶容量明顯增加。多練習語言，就說法語好了，可讓法語的工作記憶容量明顯增加。練習鋼琴，也會明顯增加鋼琴相關的工作記憶容量，諸如此類。

5 你可能覺得很好奇，資訊球（組塊，又稱意元）的大小，指的是什麼呢？而一個字、一個句子、一個概念等等，所謂的極小和極大之間的範圍又是什麼？這些正是研究人員目前正在努力理解的問題。現在呢，你只要把那些球想成一般的資訊組塊就好，它可以隨著練習而變大，有時甚至變得非常大。

當然啦，沒有人想透過設計不良的「死板操練」來創造連結並加以強化。不過我們會在第六章看到，「操練」不全然是壞事；事實上，若能進行適當的操練，表現的成果會比「死板操練」好得多。多花一點時間，把練習方法設計好，則在專業領域裡，工作記憶容量較少的人可以變得跟工作記憶容量較大的人一樣優秀，甚至更厲害。（註十五）

教育的轉化效果，並不是要改變學生的工作記憶容量。[6]教育所改變的，反而是長期記憶所留存的知識數量。留存於長期記憶的知識越多，就越容易增加更多知識；這是專家反轉效應（expertise reversal effect），也就是針對某個主題，知識量越多的學生就越不需要指導。在這種情況下，指導太多有可能阻礙學習。（註十六）把正確的資訊置入長期記憶，就可以輕鬆處理大量的資訊，即使工作記憶容量不是很大也沒關係。正因如此，針對指定的學科領域，幫學生預先建立知識是很重要的。（到了第六章，等我們講到「基模」，會再多討論這個議題。）

不過，請記住，有好幾種方法可讓資訊存入長期記憶。其中有一種方法，即陳述性路徑，要用到工作記憶，我們會在下一章描述更多細節。不過還有一種更驚人的方法，也就是程序性路徑，我們會到第六章再探討。

教學小訣竅

評估學生的工作記憶容量

要推測學生的工作記憶容量，有時候是很困難的。（請記住，平均值是四顆資訊球。）以下的一些基本原則很有幫助，至少適用於年紀夠大、可以抄寫整理筆記的學生：（註十七）

- 你在課堂上講解比較複雜的內容時，如果學生能理解，同時也可寫筆記，他們的工作記憶容量可能非常好。
- 學生可以在你講課的時候寫筆記，但有時跟不上你講解的意思，特別是講到比較困難的材料，這樣的工作記憶容量可能是平均值。
- 學生很難一邊寫筆記、一邊理解你說的內容，即使內容相當簡單也不行，那麼有可能工作記憶容量不足。

請記住，學生身處的情況，例如對某個主題特別感興趣（就說是電腦好了），或者另一方面，家庭環境壓力很大，都有可能明顯增加或減少他們的工作記憶容量。（註十八）

6 然而，確實有一個因素可以大致提升學習的記憶容量，就是變成具有讀寫能力，這是相對於保持文盲狀態而言。參見 Kosmidis, 2016。

用「鷹架教學」支援差異化教學

「Inclusivity」這個詞，一般用來指稱伸出援手，接納那些經常遭到邊緣化或遭到排斥的人。不過在美式教育裡，「inclusive classroom」（融合班級）具有比較特定的意義，描述的是接受特殊教育服務（註十九）的學生和一般教育的學生同在一個班級裡。

在融合班級裡，普通班的教師[7]、特教老師和其他專家通力合作、彼此互補，教導有缺陷和無缺陷的學生。美國的學校常用一個模式，一名教師負責整個班級的教學，同時有另一名助教監控學生的表現，並對突發狀況提供額外的教學協助。（註二十）通常由普通班教師帶頭，負責課程內容和教學，另外借助特教老師的專業知識，由他們調整教材和教法，讓特教學生能夠學習。理想上，這種協同教學（co-teaching）模式讓所有學生都受惠。（註二一）

學習對每一個人來說都不一樣，一體通用的方法很少能適用於每一個人的頭腦。由於每個學生的工作記憶容量和背景知識都有巨大的差異，我們教師提供的教學不該對每個人都一樣。

再來談差異化（differentiation）。差異化指的是對所有學生都教導相同的內容知識和技能，但是用不同的方法去符合個別的需求。（註二二）差異化不只希望用於融合班級，更希望適用於所有的學生。我們思考差異化時，思考的是要為學生「學習什麼、如何學習、如何報告自己所學的內容」，提供不同的方法。（註二三）有時候，對你的教學方法做一點調整，其實就像納入學生的興趣一樣簡單。**學生如果對某個主題有強烈的興趣，例如運動，他們的工作記憶容量顯然會增加**。只要把徒步式學生最喜歡的運動隊伍統計資料加入討論的內容，他們可以突然變成賽車腦。

不過，差異化經常要調整教學方式、教材內容和作業形式。以下說明該在哪裡設立鷹架，支持學生把準備好的成果派上用場。湯林森（Carol Tomlinson）教授是《學業成績多樣化班級的差異化教學》（*How to Differentiate Instruction in Academically Diverse Classrooms*）這本書的作者，正如她指出：「鷹架是差異化的核心。」（註二四）就像鷹架暫時支撐著高層大樓上的工人，教師也用鷹架教學（scaffolded instruction）作為暫時的支持方法，協助工作記憶容量較少或在其他方面學習困難的學生。[8]

7 美國的普通教育教師（general education teacher），經常自稱為「正規（regular）教師」。但這種用法就好像暗指特殊教育教師「不正規」。所以比較傾向於「普通教育教師」這種稱法。

8 若要評估什麼地方最需要支持，不妨預先評估你學生具備的知識，以及教材所包含的技能程度；也許可以透過「單字卡」（Quizlet）這種輕鬆又方便的app。

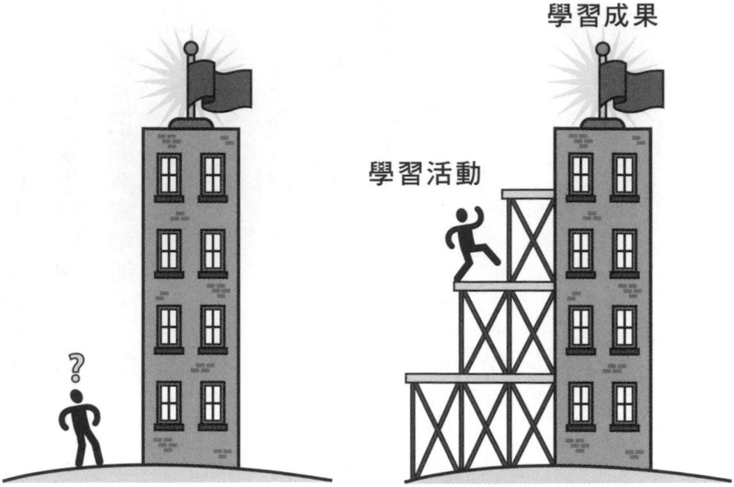

鷹架教學讓學生漸漸往上爬到高處，一開始可能覺得那樣的高處遙不可及。

對於徒步式學生，鷹架教學看起來可能像下面所述：

- **與個別學生或小組學生面對面，重新教導某項概念或技能**。個別指導或小組指導時，學生可能覺得比較有安全感，可以問你一些他們自認的「蠢問題」。你們的一對一或一對少數人的討論，讓他們有機會表達自己對某個概念的理解，或者應該要完成的作業。
- **允許學生用更多時間來完成某項作業，或者鞏固某項技能**。
- **把某個題目分解成一個個步驟**，提供每一個步驟的範例，用這種方法一步步解答題目。

- **制定標準，先是符合個別學生的技能程度**，接著進一步延伸。舉例來說，準備各式各樣的問題，各有不同的難度。

另外面對賽車式學生，你要怎麼準備最好的鷹架教學？

- **跳過那些「答案就在眼前」的簡單事實問題**，問一些比較有深度的題目，並探討各個概念之間的關聯。
- **讓賽車式學生有機會與另一位同類型的學生一起學習**，請他們來回討論一些觀念，並用多種不同的觀點考考對方。
- **面對賽車式學生，不要只給他們做很多同類型的問題**。他們會覺得這樣好像是懲罰。反而是要多出一些比較複雜、包含許多層面的題目和作業，或者請他們自己設計題目。
- **讓學生自行挑選一些很有意義的「海綿活動」，把多出來的課堂時間吸收掉**。這類海綿活動可以閱讀當前主題的真實文章[9]。或者海綿活動可以是一項延伸報告，由學生發展，教師在旁監督。
- **若要加速學習，可讓賽車式學生使用類似電腦遊戲的軟體**，根據他們的反應進行個人化教學。

你的學生各有不同的工作記憶容量，要用差異化教學符合這種需求，你可能光看就卻步。通常只有你一位教師，眼前要面對三十名學生，從賽車式到徒步式學生，程度各不相同。不過差異化也可以很簡單，像是碰到很需要注意的學生，對他講句鼓勵的話就好；或者碰到學習英語的學生，可以向他解釋某個字的意思。（如果知道有些學生覺得寫作很困難，你也許會想提供一個段落大綱[10]，讓他們從那裡開始著手。）（註二五）

要記住，學生開始學習某個主題時，每個人原本具備的知識多寡和工作記憶容量都不同，而這些差異也表示學生的學習速度會不一樣。支援差異化的教學策略可以包含一些學習站（教室裡的不同地點，學生可在各個地點各自學習，或者分成幾個小組，同時做不同的作業）、日程表（個人化的作業列表，請學生一定要在特定時間內完成），以及軌道式學習（各自獨立研究，像「軌道」一樣環繞課程的某個方面）。目標是抵達終點線，而不是快速抵達終點線。我們是湯林森的「全面教學法」（teaching up）的擁護者，把目標設定得很高，然後為所有學生搭設鷹架，以便達到高標準。（註二六）

若要得到很好的學習成果，學生為了彌補工作記憶容量較少，可在長期記憶裡創造各種堅固的神經連結組合。這些連結可以延伸出去，強化工作記憶的性能。請學生把課堂上的筆記精簡內容，寫到學習卡上，強化那些連結。課堂剛開始時，請他們不時考考自己，或者同學之間互考，以此鞏固學習成果。提取練習有各式各樣可能的方式，都很有用。

雖然要花點功夫將資訊好好植入長期記憶內，但這種根深蒂固的資訊，對於工作記憶容量較少的人提供了特別的優勢。為什麼呢？這種資訊所形成的長期連結，會把很多概念變得比較精簡和具體。（註二七）結果呢，這表示工作記憶容量較少的學生如果勤勞一點，就可以讓概念變得精確又簡化，這是容量較大的人很難看到的。（同樣的，疲累的時候，工作記憶容量減少，似乎會提升解決問題的能力，因為需要很有創意的見解。）（註二八）

---

9 為學業成績或閱讀程度比較特殊的學生所設計的課文，通常是從一般大眾所讀的「真實文章」改寫而來。舉例來說，課本的開頭往往有一篇概論，每一段結束時都有回顧的題目，而且新的詞彙都標示成醒目的粗體字。在學生心目中，現實世界的真實文章不是長那樣，而是要像報紙的文章，或從書本、雜誌文章、部落格貼文或演說內容摘錄而來。此外，具有說明作用的podcast、影片和圖片，經常也可當作真實的文本。

10 段落大綱（paragraph frame）就像一段文字的骨架。以下是範例：

（短文的標題）是關於＿＿＿＿。故事的主要角色有＿＿＿＿、＿＿＿＿和＿＿＿＿。

用一個詞彙來描述（主角的名字）是＿＿＿＿。＿＿＿＿是最能夠描述這個角色的詞彙，因為（引述文內的證據）……

工作記憶容量不同對學生的影響

學生經常詢問該如何學習。以聽音樂為例，經常有人告訴學生要避免學習的時候聽音樂。問題是，有些學習成果很好的學生聽音樂聽得很開心。史文知道喬麗娜聽音樂還是拿到好成績，為什麼他就不該聽音樂呢？

最近的研究成果解決了這個謎團。音樂對於學習的效果如何呢？你可能猜到了，隨著工作記憶容量的不同而有差異。（註二九）容量較少的人，似乎最好避免一邊學習一邊聽音樂。另一方面，容量較大的人聽著音樂可以學習良好，較大的容量讓他們比較容易保持專注。要警告的是，研讀數學時，大多數學生都應該避免聽音樂。這也許跟一項事實有關：數學和音樂使用的腦區彼此重疊。[11] 此外，對於有注意力不足過動症的學生來說，白噪音和音樂似乎對他們有益，而其他學生則覺得聽了會分心。（註三十）

那麼做筆記呢？同樣的，工作記憶似乎扮演一角。（註三一）容量較大的學生可以漫不經心匆匆寫下筆記，同時理解複雜的上課解說。但是容量較少的人就很難一邊寫筆記、一邊理解教師的說明；結果呢，他們下課之後得花很多額外的時間，努力重新拼湊教師講解的意思。研究人員觀察到，對於工作記憶容量較少的大學生來說，如果上課的時候只專心聽教師講解新內容，之後再用其他人的筆記來複習，這樣學習效果會很好。（註三二）不過以我們自己的經驗，學生若缺乏學習動機，他們會用沒做筆記當藉口，來個相應不理。因此，我們反倒推薦以下的技巧，讓學生比較主動去碰教材。

現在由你試試看

讓工作記憶容量較少的人能夠好好做筆記的訣竅

- 上課時考慮提供大綱或講義，設計一些地方給學生填空。（註三三）
- 注意你的速度，講課和板書的速度不要太快。
- **給學生一些提示**：「我們會看到五個項目，第一項呢……」就是提供線索，讓學生比較容易整理筆記。
- **採取短暫的休息**：你講解新教材期間，給學生一點時間複習自己的筆記，他們可能也需要向學伴或教師詢問不懂的地方。

---

11 看來牽涉到學習時，幾乎每一項規則都有例外。舉例來說，優秀的數學家馮紐曼（John von Neumann）在美國普林斯頓大學做研究時，都把進行曲放得很大聲，吵到同一條走廊的鄰居，也就是愛因斯坦。

- **上課途中，每隔一段適當的時間停下來，針對教材提出開放式的問題**。讓學生兩人一組，給他們三十秒的時間（只是舉例），想出一個或更多答案。簡短的暫停可協助學生練習提取新資訊。
- 運用《強效教學》（*Powerful Teaching*）書中描述的一種方法，稱為「進行提取」（retrieve-taking）。你講課時，學生不做筆記，而是等到你暫停後，他們才快速寫下重點。接著你可以把概念講得更清楚，或者促使大家討論一下，然後再繼續。

教師如何因應學生工作記憶容量不同

得知以下這點，可能沒什麼好驚訝的：有些教學技巧對於工作記憶較大的學生很有效果，但不適用於工作記憶較小的學生。

就以數學教學為例。無論用什麼樣的教學方式，由學生主導或由教師主導都行，工作記憶容量非常大的學生都能學習得非常好，甚至自學也能大有收穫。但是覺得數學很棘手的學生呢，普遍工作記憶容量較小（註三四），而由學生主導的學習情況往往比較差，由老師主導的方法會比較好。（註三五）關於這兩種教學方法，你會在第五章了解得更多。

對於這些學習得很掙扎的學生，研究顯示「練習」似乎對他們有最重要的正面效果。（註三六）我們接下來會看到，練習會透過程序性的學習路徑（速度較快，也較能自動運用），在長期記憶內建立資訊。特別強調「自動化」（automaticity），意思是讓工作記憶容量較小的學生利用長期記憶去提升工作記憶，加強他們對主題的理解。（所謂的自動化，舉例來說，包括幫句子正確加上標點符號的能力，或者連想都不用想就把兩個簡單的數字加起來。）學生對基本概念有一定的熟悉度之後，就可以由他們主導，開始多一點自主學習。

同樣的，閱讀教學也可根據學生的工作記憶容量而達到不同效果。（註三七）例如由教師主導的自然發音法（phonics），固然所有學生都能從中得到收穫，但是對於入學時閱讀能力較差的學生來說，這更是不可或缺。在這個過程中，最初表現較好的學生可以快速通過自然發音訓練，經由全語文教學進展到華麗的辭藻。（註三八）同樣的，隨著學生熟能生巧，教學方式可以轉變成比較自主學習，由學生主導學習。

這當然是有挑戰的，一般的課堂上都會有不少學生的工作記憶容量很混亂。許多教師採用一般的混合教學技巧，就是結合了教師主導和更多的學生主導方法；這對容量大的學生可能有效。但是，容量較小的學生經常需要更多的練習，也需要教師的指引帶領他們上軌道，接下來輪到學生主導時才能站穩腳步。

學生在課堂上看著你解說所有教材時，一邊努力用工作記憶去理解自己觀察到的內容。

那麼長期記憶在做什麼呢？你可能會這樣問。沒做什麼！正因如此，每當學生要照著你剛剛教的內容依樣畫葫蘆時，突然發現根本不知道該怎麼辦。

也因如此，上課時如果停下來，讓教學過程中有很多練習的機會，就會很有幫助。（註三九）有時候有些觀念很難轉換，而透過積極練習，學生開始把那些觀念從工作記憶轉移到長期記憶，過程中獲得海馬迴（hippocampus）這個腦區的協助而強化記憶。像這樣積極練習的課堂，也使學生有機會固化資訊。

固化（consolidation）是一種過程，即大腦專注於某個觀念或概念時，會形成新的神經元連結並加以強化。（註四十）你可以把固化想像成一群鳥。學生進入主動練習的段落，或甚至只是心思稍微休息一下，那些「資訊鳥」就會在飛行途中重新排列，降落時變成稍微比較整齊的另一種隊形。我們會在第三章進一步討論所謂的固化。

那麼再回想一下我們的學生卡蒂娜和賈爾德，他們花了時間學習教材，但考試的時候還是很掙扎。我們沒有忘了他們喔，事實上，到了第三章，我們還會回到他們身上，希望更了解如何協助他們。

分析你的教學方法

配對和重新配對

要讓我們的賽車式學生慢下來，並讓徒步式學生有機會跟上步伐，就要在你的課程中插入夠多的機會，讓他們進行各式各樣的新穎練習。

背景設定

要開始教導學生編輯他們的寫作成果，有個做法是在全班面前修改寫得不好的句子，分析錯誤的地方，請學生指出、說明，然後訂正錯誤。一開始，通常由教師詢問學生有什麼地方需要訂正。賽車式學生會立刻把手舉得高高的。接著，教師示範一邊放聲思考（think aloud）、一邊修正句子的其他部分，並解釋文法規則，以及用來修正錯誤所用的標點符號。透過她的專家之手，原本的句子：

I and my brother catched the bus at thirty forth street and center bullavard.

搭配解釋，把句子修改成：

My brother and I caught the bus at 34th Street and Center Boulevard.

學生的腦袋裡發生什麼事

學生看著教師上課時，想想看這時候發生什麼事。「資訊進入他們的工作記憶啊。」前提是學生沒有作白日夢——這太有可能發生了，如果教師的語氣很單調的話。

別誤會喔，能夠進入工作記憶至少是好的開始！然而，光是讓學生自由自在，沒有為他們提供任何指引，則只是自找麻煩。（註四一）

該避免的事

一開始示範訂正句子之後，教師很常叫全班一起檢查更多不正確的句子，徵求學生自告奮勇分享他們的錯誤。賽車式學生很快就會回應。徒步式的學生，以及膽小的學生呢，他們太害羞而不敢自告奮勇，於是遭到忽視。其餘比較不積極的學生則抓住機會，完全不當一回事。

該怎麼進行

請學生各自修改自己的錯誤句子。學生需要個人的思考時間，才有第一次嘗試的機會。接下來，請學生與一位學伴對照彼此的答案。修訂練習經常很枯燥乏味，這種合作方式可增加學生的責任心，也促進社交方面的互動。

額外的一些觀念

幫學生提供大量的練習機會和立即的矯正式回饋（corrective feedback）。你繞著教室走來走去的時候，除了注意那些碰到困難的學生，也要注意熟悉文法規則的學生。你可以把未來要教的句子做出區隔，以便配合各種程度的學生。舉例來說，有些學生已經能夠熟練運用一連串的逗號，他們可能很快就察覺到，有些同位語的前面和後面都會使用逗號（而且濫用）。

如果你的學生顯得很掙扎，無法自己看出不正確的句子裡有哪些錯誤，你或許希望能指出，他們看你講解的時候，是把錯誤和文法放進工作記憶[12]，而不是長期記憶。正因如此，他們第一次嘗試自己做例題時，才會覺得那麼困難。（這與學習方面的一個重要主題有關，稱為「有益的難度」（desirable difficulty），我們會在第六章深入探討。）等到學生連想都不用想就會運用那些寫作的文法，他們就知道自己已經很熟練了（已經自動化）。

隨著學生越來越習慣你的習題所強調的文法，時機就成熟了，你可以不用一直盯著，讓他們更常自主練習。要記得把學生在整個學年遇過的各種錯誤都蒐集起來，不只是那一堂課而已。這同時提供了「交替學習」（interleaving）和「間隔重複」，我們會在第六章討論這兩方面。

讓原則適用得更廣泛

錯誤分析法可以應用於所有種類的主題。（註四二）教師一邊述說自己的思考過程，一邊幫學生改正例題裡的錯誤。接著給學生一些例題，裡面包含很多錯誤，請他們自己挑出錯誤，並有一段時間利用「矯正式回饋」指導大家一起練習。賽車式和徒步式學生的能力程度不同，因此要用不同的例題考驗他們。所有這些活動，都能幫忙把教材牢牢存在學生的長期記憶裡。

在課堂上，你要時時注意那些需要額外協助的學生，對他們伸出援手。出作業讓學生回家練習之前，要確定他們在你的監督之下達到熟練。如果沒有打下堅實的基礎，學生只會覺得做作業很挫折，家長也一樣。

12 而且，如同我們會在下一章看到，或許放入海馬迴的索引連結裡，也稍微放進新皮質。

這一章的重要觀念

- 工作記憶裡的資訊很像一隻章魚拋擲的一組球。一次若拋擲太多球，章魚會負荷不了。
- 長期記憶的神經連結可以活化起來，延伸到工作記憶。
- 在所有的課堂上，不同學生的工作記憶容量都有很大的差異。
- 工作記憶容量的差異代表著學習速度的差異，因此需要不同的教學方法，才能讓每個學生都學習得很成功，不會覺得難以負荷或厭煩。
- 針對工作記憶容量較少的學生所擬定的教學策略，通常對所有學生都有幫助。
- 把資訊和活動拆解成較小的概念單元，對學生的工作記憶才不會造成太沉重的要求。
- 每隔一段時間暫停一下，讓學生有機會複習，並把筆記寫好。這種暫停對於工作記憶容量較少的學生特別有用。
- 工作記憶容量較少的學生，以及學習不熟悉的新內容的所有學生，都會覺得由教師主導的學習過程很有收穫。隨著學生的學習越來越流暢，教學方法也可以有所進展，變成由學生主導，有更多的自主學習。
- 講解新資訊時，把講課內容拆解成一些活潑的習題，協助固化那些資訊，也就是讓大腦針對新近產生的神經連結加以強化。

{ 第三章 }

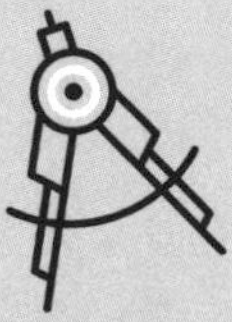

主動學習

鞏固長期記憶的神經連結
幫助學生對教材產生較高層次的理解

卡蒂娜和賈爾德讀了書，但是考試考不好；你和那樣的學生一起努力時，可能很想知道，是否有簡單又經過科學實證的方法，能夠增進學生的理解，得到學習上的成就。

有個大規模的整合分析，研究大學程度的科學、科技、工程、數學（STEM）課程，正可提供證明。（註一）傳統「黑板講授」課堂上的學生，學習失敗的機率大概是主動學習課堂的一點五倍。而主動學習的學生相較於傳統課堂的學生，成績足足提升了百分之六；以工程方面的困難學科來說，這很令人刮目相看了。

太好了！這一定表示，我們身為教師所做的一切，都應該採取主動學習，對吧？

別這麼急。有一項觀察，隱藏在那份印刷精美、很有影響力的研究文章背後，針對上述建議做了一番全新的解釋。我們馬上會討論到這點。首先，讓我們確定大家對於「主動」的定義達成共識。

什麼是主動學習？

有時候教師很自然就想錯了，以為「主動學習」表示學生應該要對教材做一點主動的事，就是身體力行。舉例來說，介紹希臘文化和歷史的章節，教師也許可以請學生做個希臘古壺的紙模型。這種浮誇的主動學習，肯定是很好的教學法，對吧？

然而，如同岡薩雷茲（Jennifer Gonzalez）在她廣受歡迎的部落格「教學法崇拜」（Cult of Pedagogy）所指出：

> 在一顆氣球的周圍黏上溼答答的報紙，說要加深一個人對各種社會和文化的了解，但其實一點關係也沒有……我看過太多的「希臘古壺」：許多教案看似很有創意，教師可能將之描述成親自動手做的學習法、跨學科的教學法、以教案為基礎的教學法，或者將藝術或科技做了整合，但對學生來說，那仍然缺乏實實在在的學習。更糟的是，那些活動通常很花時間，結果占掉了其他作業的時間，其實那些作業讓學生有機會解決更有挑戰的問題。（註二）

那麼，到底什麼是「主動學習」？由動物學家轉行的主動學習專家佛里曼（Scott Freeman），加上他的同事（即本章開頭提及的那篇整合分析的作者群），針對大學教師進行調查，提供以下在實際執行時的定義：「主動學習是透過班上的活動和／或討論，讓學生投入學習過程，而不是被動聆聽專家上課。主動學習強調較高層次的思考，而且經常包含團隊合作。」（註三）

要怎麼從神經科學的觀點來看主動學習呢？我們這樣建議：成功的主動學習支持創造力，而且最特別的是能夠鞏固長期記憶內的神經連結；若要對教材同時有基本的理解和較高層次的概念性理解，這正是背後的基礎。特別是碰到比較困難的教材時（這點會在第五章討論更多），主動學習對於「學起來，連起來」的「連起來」階段通常是必要的。回想一下，在「學起來」的階段，神經元正在尋找彼此，開始連結在一起。至於「連起來」的階段，則是讓這些神經連結更加鞏固，並且延伸出去。小組合作可以促進主動學習，但不是主動學習的唯一方法。而且就像我們接下來會看到的，並不是所有的學習方法都是主動學習。

基本的事實知識，以及較高層次的概念，這兩方面都是主動學習很重要的部分，其實一般學習也是。我們為何要強調這點呢？因為神經科學讓我們得知，若要成功學習，學生的長期記憶經常需要儲存必備的知識（有時看似瑣碎），包括各種定義和範例。這些神經連結正是概念性理解的基礎，也是創造性思考的跳板。（註四）如同教育作家魏斯勒（Natalie Wexler）在她很有先見之明的《知識缺口》（*The Knowledge Gap*）書中所說：

> 並不是說一定要有那些特定的資訊本身不可……雖然有些資訊確實需要。更應該說，大家的腦袋需要有足夠的事實，以便擁有某位評論家所稱的「知識派對」，即累積一大批相關知識，以便吸收、保存和分析各種新資訊。（註五）

若想更了解那種看似基本的學習法為何重要，我們來看一個例子，顯示主動學習出了問題會如何。這樣說好了，你的學生曾事先討論（主動討論喔！）美國南北戰爭的概念。討論很充實，提出很多問題、資訊和說明。你覺得學生學到的每一件事都很好。直到……

將討論的場景跳轉到後面：談到一個意想不到的國際事件後，促使大家即興討論民權運動。從新的討論裡，你意識到學生把南北戰爭（Civil War）和民權議題（civil rights）搞混了。事實上，他們以為林肯總統和馬丁路德博士是同一個時代的人！

這顯然是主動學習出了問題的一個例子。為什麼呢？早先的「順其自然」討論，表示學生不需要把任何資訊儲存到長期記憶裡。沒有寫筆記以協助隨後的提取練習，也沒有教師的監督，確定學生把南北戰爭的基本知識存入長期記憶。（註六）至於更高層次的概念，像是奴隸和美國聯邦各州的權力呢？完全沒有儲存起來。

主動學習經常包括提取的程序；意思是說，如同先前提過的，從長期記憶把一些概念提取出來。心理學家卡皮克（Jeffrey Karpicke）和認知科學家葛里馬帝（Phillip Grimaldi）說得最好：

> 提取程序包含在傳達知識的所有情境內，包括學生必須對事實方面的問題得出答案、解釋某種概念、做出某種推論、將知識應用於某個新問題、得出很有創意的創新觀念等等。在所有的情境中，學生為了眼前的作業而動用過去的記憶；於是，所有的情境都包含了提取。（註七）

那麼，讓我們討論得更深入一點，看看學生主動學習你剛剛教導的教材時，大腦究竟怎麼運作。但首先，我們先來了解其中所包含的神經地理學觀念。

關鍵重點

兩種重要的記憶方法

- **陳述性記憶：**包含一些事實和事件，都可以透過意識回想起來。舉例來說，學生或許回想起一些不好的農耕方式，曾用在一九三〇年代的美國塵暴乾旱時期。或者回想起某個二次方程式。陳述性記憶系統與工作記憶、海馬迴和新皮質內的長期記憶有關，如同這一章所述。
- **程序性記憶：**經常包含了做某件事的方法，像是在鍵盤上打字、綁鞋帶，或者解出某個數學題的步驟。程序性系統牽涉到大腦的基底核（basal ganglia），也包括新皮質。我們會在第六章再多談一點程序性記憶系統。

我們很快就會看到，這兩種不同的記憶系統是用兩種不同的方法學習同一個的概念，讓學生用更多元的方式去理解教材。

工作記憶、海馬迴和新皮質構成陳述性學習系統

研究人員早已知道，大腦有三個基礎的腦區與學習有關：工作記憶、海馬迴，以及新皮質。（註八）（大腦的學習系統還有最後一個重要的構件，即基底核，你會在第六章學到。）你的工作記憶、海馬迴和新皮質[1]攜手合作，構成你的陳述性學習系統。有了陳述性系統，你多半會意識到[2]自己學習的內容（你可以「陳述」出來）。很類似學生在英文課堂上學到的陳述句，把事實和事件類的資訊陳述出來。

附帶一提，雖然我們說「海馬迴」的時候，好像那只是一個大腦構造，其實你有兩個海馬迴，左右半腦各一個，如同第七十二頁的插圖所示。兩個海馬迴各自位於兩邊耳朵上方，約在你的頭部內側大約三點八公分深處。兩個海馬迴都一樣，體積約像皇帝豆的大小。海馬迴附近的大腦皮質還有一些區域也參與陳述性學習，稱為海馬迴結構（hippocampal

1 為了簡化，我們會用「新皮質」這個名詞，指的是大腦皮質外側邊緣的薄薄一層。但資訊有時候在大腦皮質儲存得更廣泛一點，包括新皮質（有六層神經元），以及異皮質（allocortex）——這也屬於大腦皮質，只是小了很多，包含三到五層神經元。

2 請見我們在第六章對於「多半會意識到」的警告。

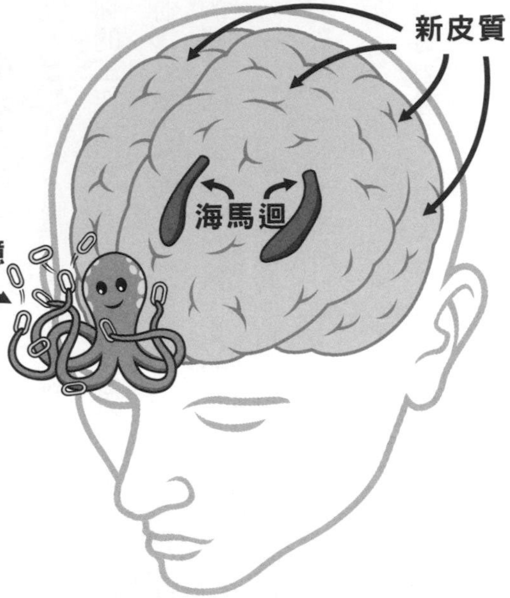

大腦有兩個重要的構造會從工作記憶得到「學習」，即海馬迴和新皮質。

formation）。為了簡化整個狀況，我們就把這些鄰近區域統稱為「海馬迴」。

你的新皮質延伸越過大半個大腦，厚度只有幾公釐，很像吃飯用的餐巾，約六十公分見方。這張新皮質「餐巾」依循著大腦表面的彎曲和皺褶；新皮質的大部分區域都深埋在皺褶裡。新皮質雖然很薄，但是比海馬迴大多了。這樣很適合，因為新皮質正是長期記憶的廣大儲存庫。

在陳述性學習中，工作記憶把蒐集到的新資訊存放到新皮質的長期記憶裡。但是新皮質很巨大啊！工作記憶到底要用什麼方法再次找到特定的某段資訊呢？

解決方法是什麼？就是索引！（註九）

還記得吧，一本書的所有資訊都在本文裡面，索引只是告訴你要怎麼找到某個資訊。原來海馬迴就是一種索引。海馬迴本身並沒有儲存新資訊；它只是連結到新皮質儲存資訊的地方。海馬迴傳出訊號到新皮質，可以把分散在新皮質裡的資訊提取出來，並且組合在一起。[3]因此，學生每次提取資訊，海馬迴就會讓新皮質裡各處儲存的資訊之間加強連結。最終，記憶在大腦皮質裡固化之後（這個過程可以持續好幾個月，主要是你睡覺的時候），工作記憶就能直接從新皮質提取資訊，不必再使用海馬迴作為索引。（註十）

3 資訊的傳遞是透過長長的軸突（神經元的「手臂」），那像是電報線，把工作記憶、海馬迴和新皮質聯繫在一起。我們對你丟了很多複雜的內容，但說不定你很感興趣，總之軸突的周圍包著厚厚的材料，稱為髓鞘（myelin）。髓鞘幫忙作為一種絕緣體，協助訊號沿著軸突傳遞得比較快速又確實。記不記得以前拿蠟紙把溜滑梯擦得很光滑，於是溜下去的速度比較快？髓鞘就像是遺留的蠟質，讓軸突超級滑溜，速度極快。學生練習自己學過的教材時，不只是在突觸之間創造連結並加以強化，也會建立厚厚的髓鞘，可讓軸突傳導訊號的效果比較好。神經科學家有時候會談起大腦的白質相對於灰質的差別。白質這個腦區有很多軸突包裹著厚厚的髓鞘保護套，因此看起來是白色的。一束束裹著髓鞘保護套的軸突，幫忙把相隔遙遠的一些腦區連結起來，執行一些複雜的技能，像是閱讀或計算數學。

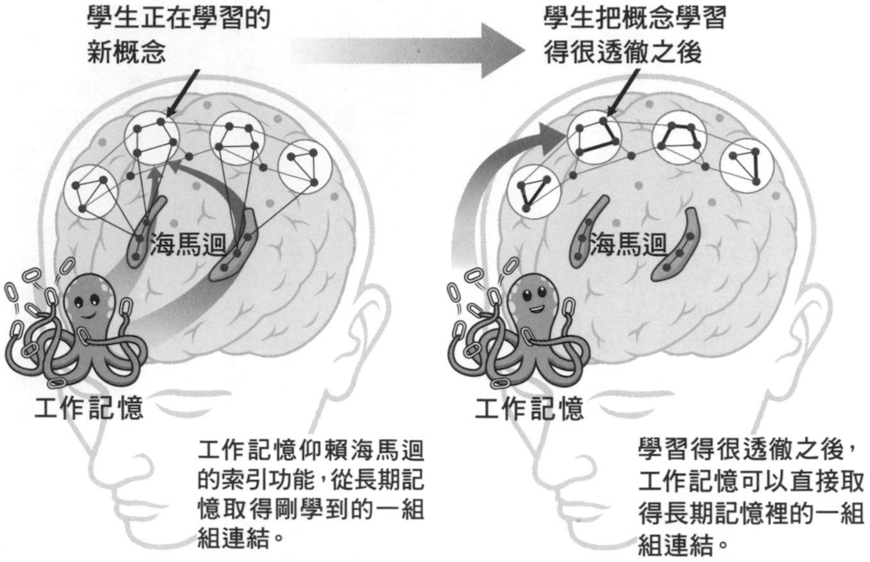
學生正在學習的新概念
學生把概念學習得很透徹之後
海馬迴
海馬迴
工作記憶
工作記憶
工作記憶仰賴海馬迴的索引功能，從長期記憶取得剛學到的一組組連結。
學習得很透徹之後，工作記憶可以直接取得長期記憶裡的一組組連結。

回想一下第十八頁的插圖，每一個點都代表一個神經元。在一組組神經連結（「圓點連線」）周圍的圓圈，代表的是一個個不同的新觀念，學生正在學習這些觀念，並儲存到長期記憶裡。（左圖）工作記憶傳送資訊到長期記憶的圓點連線，主要是透過海馬迴。（右圖）等到教材學習得比較牢固，工作記憶就可以直接向長期記憶抓取資訊，不需要透過海馬迴。

海馬迴的連結容量是有限的，大約足夠回憶一些事件、情境和經驗，最多可回溯幾個月，很符合大腦皮質裡的連結要固化下來所需的時間。長期留存資訊的腦區是新皮質，也就是保存我們長期記憶的地方。

資訊從工作記憶流動至海馬迴再到新皮質，牽涉的過程有點複雜，因此我們來說個故事，比較容易說明到底發生了什麼事。

如何利用陳述性學習系統讓資訊進入長期記憶

要了解資訊如何從工作記憶移入長期記憶（即陳述性學習），最好的方法是用故事來做比喻，主角是一個三人組，每個人各有才能和缺點。這三個角色代表工作記憶和大腦的兩個學習模組（海馬迴和新皮質），也顯示他們如何互動。

在我們的故事裡，可以把工作記憶想成是一個小型合唱團的指揮，合唱團的兩位歌手分別是小海（海馬迴）和小新（新皮質）。

指揮當然不唱歌，只是默默點頭示意，向小新指出何處和何時要動起來唱出音符。（換句話說，指揮把要學習的東西儲存成一組組的連結，放進長期記憶裡。）在此同時，指揮也把索引的資訊（作為索引的那些連結）存放在小海那裡，以後才知道要去哪裡找小新取得那些長期記憶。

任何事物的資訊都可以存放，像是古埃及的努比亞（Nubia）已知最早有記載的歷史、繪本《傻狗溫迪客》（*Because of Winn-Dixie*）的情節、前往一位新朋友家裡的路線、更換腳踏車輪胎的詳細步驟等等……喔對了，還有怎麼唱一首歌。

大腦像是小型合唱團，包括指揮（工作記憶）、小海（海馬迴）和小新（新皮質）。在這幅圖中，左邊的小海對右邊的小新唱他的索引歌，有助於提醒小新，她有哪些分散各處的新連結需要加強，哪些又要削弱。

據我們所知，工作記憶（就是指揮）很健忘。即使他是負責排練的人，也很容易就忘記短短幾秒鐘之前對小新和小海說了什麼話。

對可憐的小新來說，問題在於她很難跟上指揮的步調。如果你對小新不太熟，第一印象會覺得她是笨拙的業餘歌手。她是真的注意力很不集中。指揮請她把資訊放在新皮質的好幾個地方。聽過指揮示範後，她往往很難再次唱出來，除非那首歌聽過很多次。她不斷詢問：「拜託，你可不可以再唱一次？」

另一方面，小海很機靈又專心。指揮向他示意的索引歌，他記得住，而且大部分都唱得出來。但是小海有

等到小海陪小新練習了夠多次，小新就能唱得嘹亮又清晰，不需要小海再從旁協助。小新的曲目非常廣泛，表示她也可以從非常大量的長期記憶擷取素材，唱出很多其他不同的音符。

一點問題。坦白說，他很淺薄。他的歌比較短，畢竟只是索引歌。索引歌的作用是幫忙教導小新，加強她學過的一些連結，並把無關的其他連結消減掉。

所以，我們在此有兩位歌手（其實是兩種不同類型的學生）跟隨著指揮。（註十一）小海可以學得飛快，但他只學到資訊最表面的索引部分。小新呢，由於她要產生大量的連結，學習起來慢很多，困難度比較高。不過她可以學習很多內容，也可以學得非常好，而且從以前到現在曲目非常廣泛。

從教師的觀點來看，這裡正是好玩的地方。儘管小海和小新很不一樣，他們仍是朋友，協助彼此學習。只要小海沒有忙著接收新的索引資訊，他就會轉而對著小新唱歌；而小新有大量的資訊散落在很多地方，於是小海請小新把她的資訊提取出來，連結在一起，唱出她正在學習的新歌。**海馬迴像這樣對新皮質進行課後的「離線」教學，多半是發生在你睡覺的時候，這是陳述性學習不可或缺的部分。這樣可讓新皮質建立穩固的神經連結。**

由海馬迴進行重新教學，並不是新皮質唯一的學習方法。有些資訊其實是由工作記憶直接傳來。不過海馬迴確實是陳述性學習的主要教師，因為新皮質沒辦法即時跟上工作記憶的快速步調。小海一次又一次對小新輕聲複述，協助她了解哪些連結要加強，哪些又要削弱。這會花很多天、很多星期乃至於很多個月的時間，讓海馬迴對新皮質塑造出那些連結；這個過程，如同我們先前提過的，稱為「固化」。（註十二）

如果指揮沒有教導新的資訊給兩位歌手，而是叫他們自己唱首歌，那會如何？換句話說，如果工作記憶試圖提取資訊，而不是教導，究竟會如何呢？

到這裡又變得更有趣了。如果工作記憶召喚最近學到的資訊，而新皮質對於她學習的複雜歌曲掌握得很差，那麼小海就會插手提醒小新，對她提示那首曲子的各個部分位於哪裡，於是她可以比較勇敢地唱出來。不過呢，某一首歌曲等到小新和小海攜手合作夠多次，就越來越不需要小海提供協助了。即使小新的資訊非常複雜，遠比小海的粗淺索引複雜得多，她

以比喻的方式來說，小海只可能擺出兩種姿勢。第一種姿勢，小海面對指揮，學習新的內容（取得索引連結）。第二種姿勢，小海在心智休息期間面對著小新。他催促小新把整首歌曲串連起來，包括音符的順序、音高、歌詞的抑揚頓挫、隱含的情緒等等，於是她能把每一個元素組合起來，成為一首充滿感染力的美好歌曲。小海無法同一時間既學習又複述。

也漸漸嫻熟自己學習的素材。她開始能夠完全靠自己放聲高唱，把曲子唱得相當好了。

這個跡象顯示已經學習得很好，再也不需要海馬迴去提取資訊了。學生對教材了解得越透徹，他的工作記憶就越能直接觸及新皮質，把資訊提取出來，不需要用到海馬迴。

於是我們知道，海馬迴是一種支持的力量。還記得吧，有些學生在考試前花了整晚死背硬記，考試也考得不錯，但事後大部分都忘光。那是因為，他們的工作記憶已經在海馬迴創造出很多的索引連結，同時也在新皮質裡產生平常的微弱連結。海馬迴的索引連結還很新鮮，足以讓學生通過考試。但那些索引連結很快就消退了，而新皮質還沒有透過反覆練習把資訊鞏固起來，於是全部忘光光！過了一、兩個月後，學生想要從新皮質把資訊提取出來，但海馬迴的索引早已消失，根本沒辦法找到長期記憶裡少數僅剩變淡的連結。

小新必須一次又一次反覆練習，才能把所有歌曲唱得正確。不過呢，她的優勢是只要聆聽和練唱夠多次，歌曲就深植心中，她可以好好地大聲唱出來。最棒的是，她對歌曲擁有大量的記憶。她可以記住一輩子的記憶，不需要清除空間才能存放更多記憶。原來小新超有才華，與小海那種很表面的「我只有索引功能」非常不一樣。

那麼，這一切跟你在教室裡當老師有什麼關係呢？

在你的教學課堂上，利用簡短的休息幫助小海

小新和小海提供一項很有價值的見解，就是在你的教學中，簡短的「大腦休息」是很重要的。這些休息就像是靜默的心智間奏；在這種時候，海馬迴轉變成說起悄悄話，對著新皮質重複述說剛剛學到的內容。海馬迴對新皮質說的這些悄悄話，等於是好好複習教材，也會慢慢清除海馬迴裡的索引連結。（註十三）

你的大腦應該要休息多久呢？我們晚上睡覺時，大腦休息八小時，那時整體都在進行記憶的固化[4]。但在一天之中較短暫的休息期間，其實已經把大多數的準備工作都做好了。有項研究顯示，學習之後閉起眼睛休息十五分鐘，可以提升剛學習內容的記憶程度，效果遠超過沒休息而逕自做下一份作業的受試者。（註十四）然而，當今的課堂不會立刻採納閉眼休息十五分鐘吧！

幸好有證據顯示，更短的間隔仍對學習有幫助。就算是不到一分鐘的暫停也有奇效，

---

4 睡覺的時候，你的大腦變成離線狀態，進行修復、更新和大規模的重整。要構成新的突觸和擴充其他突觸，都需要合成蛋白質和其他的建構材料。這包含一些生化反應，在突觸建立起鷹架一般的細胞骨架，並合成大量的巨分子複合物。你整修房子的時候，是寧可搬出去住，還是嘗試住在房子裡，任憑周圍到處敲敲打打？

能讓學生開始對教材有更多了解。為什麼要休息呢？這讓神經元有機會固化。如同認知神經科學家萬斯萊（Erin Wamsley）所指出：

我們一天有各種活動，這些活動之間或之內有很多短暫休息的時刻，固化就發生在這些時候。沒錯，即使學習期間只有短短幾秒鐘的休息，目前也已顯示，與記憶相關的活動會因休息而啟動，也就能預測隨後的考試表現。於是，清醒期間的「休息」絕不是浪費時間，反而對於每日生活形成長期記憶有重要的貢獻，卻受到嚴重低估。（註十五）

大腦的休息可以短到只有二十到四十秒；也許請學生停下來看看其他人，來個互助合作的活動，或者活動結束後再來個二十到四十秒，讓全班的注意力回到你身上。互助合作的活動本身當然也有幫助，不只因為有社交的連結，也因為這樣的活動經常提供必要的提取活動，學生可能會自言自語說道：「好，我們到底該怎麼解答這個題目呢？」

每當你講解某個資訊講了太久，幾乎可以感受到緊繃的氣氛漸漸上升，加上無聊。有個評估方法很實用：學生的注意力持續的時間，大約是他們的年紀加一。於是，七歲的學生能夠專心聽你上課的時間是八分鐘，然後就需要短暫的間隔，做點比較輕鬆的事，或者主動休息。不過呢，當然還是要看你學生的年紀和注意力持續的長度（幼兒園學生如果能注意你

學生剛學習一個概念時，長期記憶裡的神經連結很混亂，沒有盡可能配置得很簡單。

長期記憶裡的神經元隨著時間而固化，因為有海馬迴協助它們重新整理，變成比較簡單又有效率的連結。

新皮質裡的長期記憶固化之後，最後不必經由海馬迴的協助就能取得。

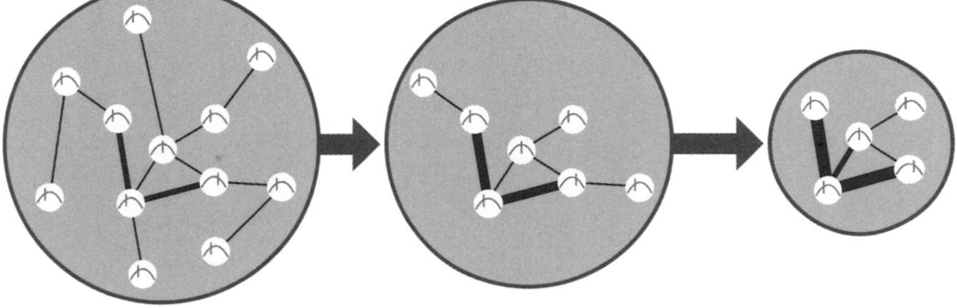

固化過程：學生剛開始學習某件事時，神經的一組組連結還很弱，而且非常缺乏條理，如同左側的圖示。那些連結要花好幾天的時間才會穩定且強化。漸漸的，透過數小時、數天乃至數個月的固化過程，那些連結持續自行細調和重整。含有索引的海馬迴會引導這個過程。[5]

請注意，學生一開始的狀況（最大的圓圈），到最後篩減成剩下核心（最小的圓圈）。你可能很想知道，如果教師一開始加入那麼多額外的素材，最後都不會變成學生留下的一部分知識，那為何要教那麼多呢？不過要記得，把連結放進學生腦中的人並不是教師。只有學生能把連結放入自己腦中，不過教師當然促進這個過程。學生不是完美的人，我們所有人都一樣。剛開始，他們無法把每一件事都好好放進自己腦中。他們把觀念弄錯了、做過了頭、誤解意思，或只是用了不必要的複雜方法去學習那些觀念。那樣一來形成很多無關的連結，等到學生把自己對教材的理解鞏固起來時，一定要把那些無關的連結去除。

記憶往往會隨著時間「產生語義」。也就是說，記憶原本形成之時的脈絡會消除掉，只留下箇中的含義。所以你可能知道自己擁有一個手鐲（語義的知識），但忘了你如何得到手鐲的相關情境。這些語義化的記憶（剝除了背景脈絡，只留下意義或事實）通常深深儲存在新皮質的長期記憶裡。

5 我們先前提過，海馬迴的任務是強化新皮質裡面一些長期記憶的連結，並削弱其他連結；這就是記憶的凝固。（這牽涉到「棘波—時序相關之可塑性」，我們在第一章的全書註釋提過，參見第四一二頁。）在上面的凝固示意圖中，圓點內的正弦波加上垂直線，表示海馬迴如何與新皮質溝通。抵達棘波的相位（即垂直線冒出來的時間位置）決定了連結是否強化或削弱。很多這種情況都發生在睡眠期間，那時候有很多十到十四赫茲的睡眠紡錘波（sleep spindle），一波又一波在腦中到處流轉，用這種激發方式來加強一些連結，同時削弱其他的連結。

五分鐘，你就該慶幸了），同時也要考慮教材的難度。

要轉換成合作形式的活動時，中間的暫停對學生而言很寶貴。然而在合作活動期間，還是必須隨時注意狀況。你會想要在教室裡走動，這樣才能聽到學生說了什麼話，需要的話隨時說明。可惜的是，你很容易落入一個陷阱，想要利用小組活動的時間很快查看一下電子郵件，或者準備下一部分的課程內容。這也是學生不知不覺分心，造成他們失去專注力的原因。畢竟，如果你的注意力沒有一直盯著學生，就像是不小心送出一個訊號，讓學生覺得分心也沒關係。同樣糟糕的是，如果你沒有隨時盯著，學生有可能帶著錯誤的資訊進入下一段課程。

總結來說，你現在看得出來，主動學習提供了非常重要的過場時間，學生既能提取也能理解新教材，同時可以自己進行也能與他人合作。換句話說，主動學習也包含了大腦的短暫休息，以便鞏固資訊。而且，那並不是製作「希臘古壺」之類的無意義方法，也不是用很表面的方式去碰觸「南北戰爭」或「民權」之類的重要議題。這也難怪，如果很明智地把主動學習融入你的教學法，就會發現效果很強大！

現在由你試試看

有一些簡短活動的點子，可以提振學生的精神

在陳述性學習期間，學生來回轉換於這些合作形式的活動之間，所花的時間可以幫助他們的海馬迴卸載資料。不過呢，真正的合作活動也透過另一種方式卸載資料，就是讓學生用比較輕鬆的團隊取向方式進行思考，強化他們學習的主題。我們講課時，急著傳達越來越多的內容，這樣往往犧牲掉一些策略，無法提供機會讓小海卸載資料給小新。現在你明白背後的神經科學機制了，知道那些策略為何有用，如此一來，我們相信你會經常留一點時間給學生。

- **思考—配對—分享**。讓學生思考個一、兩分鐘，接著分組配對，分享各自的想法。「思考—配對—分享」的安靜思考時間，特別能讓海馬迴卸載資料。尤其是讓學生的心情先短暫喘息一下，然後再開始專注於手上的任務。
- **一分鐘做摘要**。請學生用自己理解的方式，把你剛才教的內容寫下來。
- **一分鐘寫下最困惑的地方**。請學生把他們最不懂的地方寫下來。
- **同儕教學**。請學生把你剛才講課的內容「教導」其他學生，或者學伴，接著請他們互換角色，確定每一位學生都與學伴好好複習過教材。
- **簡短的角色扮演**。舉例來說，小學生可以透過角色扮演的方式，演出地球繞著太陽旋轉，或者電子繞著原子核旋轉。

良好的主動學習可讓「小海」功成身退

全世界的教師都一直抱怨，學生似乎記不住他們教過的教材，像是上個月教過的，甚至前一週教的都不記得。為什麼呢？歸根究柢，通常都肇因於小海很「膚淺」的行為；「小海」就是海馬迴。如果小海沒有對小新反覆唱著索引歌，告訴她要加強哪些連結、消除另外一些連結，則新的資訊會消失不見。

但如果學生拖拖拉拉，到了考試的前一天晚上才囫圇吞棗，就沒有時間在新皮質內好好複習。（下一章會多討論這種拖延的情形。）對於很愛拖延的徒步式學生來說，如果工作記憶已經超載，又試圖要消化吸收教材，他們有可能備受打擊。甚至很少有資訊能夠進入海馬迴和新皮質。另一方面，很愛拖延的賽車式學生可以用索引資訊塞滿他們的海馬迴，並且幫新皮質裡的模糊資訊提供初期的連結。這樣可以讓他們在隔天早上考得還不錯。但這種看似成功的囫圇吞棗過程會產生兩個問題。第一，接下來的幾天，如果海馬迴沒有強化新皮質裡新學的資訊，則新皮質的資訊和海馬迴的索引連結都只會漸漸消失，無論學生是賽車式或徒步式都一樣。

第二個問題說不定更糟糕。睡眠時浸潤的神經化學物質與清醒的時候不一樣，活化程

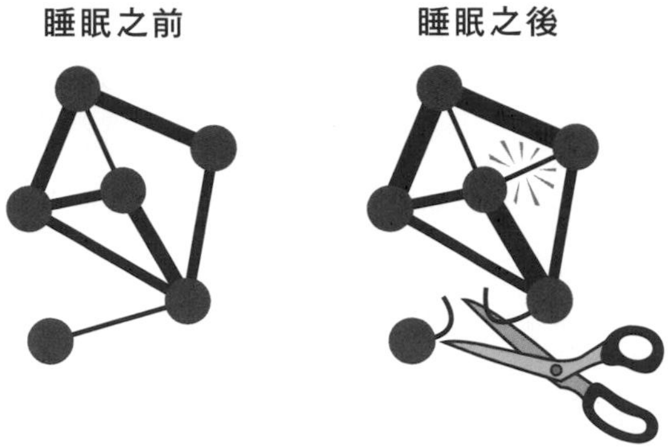

睡眠期間，神經元之間形成新的突觸（也就是連結）。有些原本就存在的連結受到強化，有些則削弱。有些連結一起遭到刪除，如同圖中的剪刀把連結剪掉。（註十六）你想像得到，睡眠在促進凝結的過程中扮演一角。

度也不同；也因此，睡眠能把長期記憶裡新形成的神經連結封存起來。（註十七）一個晚上囫圇吞棗，最後睡眠很短或沒睡，這表示就算有資訊進入新皮質的長期記憶內，也無法持續留存。

身為教師，你想要盡自己的一切努力，促進新皮質產生穩固的連結，於是學生不必仰賴海馬迴裡無法持續很久的索引連結。

你要怎麼做才好呢？可以經常用「形成性評量」（formative assessment）進行檢核，這是沒什麼害處的考試、作業和習題，確保學生一直保持學習。這些檢核能促進教材的提取練習。（註十八）有很多研究證據顯示，提取練習會加速固化新皮質裡的連結，也更快讓海馬迴功成身退。學生學習一些複雜的教材時，如果能主動學習好幾天，就能提供很多機會讓長期記憶發展連結，並加以強化。此外，我們很快會在第六章看到，大量的練習能夠增進學習效果，也是透過有效的程序性系統來建立知識。

如同阿嘉沃和貝恩在《有效教學》書中所指出：

我們通常著重於把資訊放進學生的腦中。其實正相反，認知科學研究最實實在在的一項發現，就是把資訊從學生腦中取出的重要性。根據一個世紀以來的研究，為了改善學習效果，我們必須著重於取出資訊……也就是提取練習。事實上研究顯示，提取練習比教師和學生常用的其他技巧更有效，像是講課、反覆閱讀或寫筆記。（註十九）

良好的主動學習便包含提取練習。那讓學生好好思考，並強迫他們檢查自己新皮質的長期記憶是否開始產生連結。學生越能把自己學習放入新皮質的資訊好好鞏固起來，不必仰賴海馬迴，他們就越能真正開始精通教材。而且，他們的海馬迴也清空了，準備接收新的學習內容。太棒了！

但要真的很棒，學生所留存的必須是有意義的資訊。如同教育記者魏斯勒所指出：「標準的小學讀寫課程，主要著重於不切實際的理解技巧，像是找出主要概念，而非學習內容本身。舉例來說，叫四年級學生記住『推論』的定義，不足以讓他們做出推論或解釋推論。」（註二十）

假設內容很有意義，而且不是製作希臘古壺，那麼表現不太好的學生卡蒂娜和賈爾德所缺少的，正是提取練習。他們沒有用主動的方式學習教材，把教材從腦中提取出來。相反的，他們只是抄寫眼前的材料，或者看著解答，心想這樣就足以存入長期記憶。

以主動的方式學習教材，例如嘗試記住重要的觀念，或者沒有先看答案而按步解答棘手的題目，這樣有助於把樹棘突拉出來，促使它們與軸突建立連結，進而強化。[6]針對各式各樣的內容反覆練習，不只能協助加強神經連結，也能擴大到其他組神經元。

6 從記憶中主動提取重要的觀念，也有助於把那些記憶與其他相關的記憶區分開來。這樣是主動式提取，不只是複習教材而已，可以幫忙把那些長期記憶的連結固定下來。如同 Antony et al., 2017 指出：「重複學習對於相關記憶所啟動的共活化作用較少，因此不像主動式提取那麼適合用來塑造海馬迴和新皮質的記憶情景。」

現在由你試試看

很快輪過一圈

試試看「很快輪過一圈策略」，協助小海和小新釐清重要的資訊，並且牢牢記住。很快輪過一圈的做法：

一、對你的班級提出開放式的問題，這種問題可以引發各式各樣的回答，不只是簡單的對或錯，或只有一個字的答案。（如果每個人都重複同樣的答案，這種策略的興奮感很快就消退了。）

二、給你的學生一分鐘的時間，讓他們在腦中想出答案或寫下來。等到確定所有的學生都提出答案，大家也準備與別人分享，那麼就豎起大拇指向他們示意。或者如果是線上教學，你可以請學生取消靜音，指示他們準備參與回應。

三、點名某個學生請她回答，然後在教室裡很快輪過一圈，請其他學生依序回答（例如一整排從前面到後面，或者如果是線上教學，就用 Google 文件分享一份名單順序）。不要讓任何人添加額外的意見打斷流暢度，連你也不行。

以三十人的班級來說，平常很快輪過一圈可以在四分鐘內完成。以我們的經驗，要求分享的內容只有幾個字或短短一句話，會讓學生覺得很好玩，而且在全班同學面前開口說話也不會覺得受到逼迫。不要停下來更正錯誤。如果你問的問題有絕對正確或錯誤的答案，你就用非語言的方式快速回應，例如豎起大拇指或朝下比。等到每個人都輪過一次，你再指出不正確的答案。很快輪過一圈的方法可以強化學習效果，確定所有學生都「理解」。若要讓很快輪過一圈的方法更有挑戰性，可以請學生不要學別人的答案；也就是說，不要用前面的人說過的答案。如果他們非得重複答案不可，就應該提供獨特的變化或不同的解釋。

以下是一些示範問題：

- 角、平行線和垂直線要怎麼用在真實世界的情境裡？
- 說出身上的一種骨頭，它是哪一種類型。例如扁的、長的、短的、形狀不規則，或者種子骨（sesamoid），還有，若要有額外的挑戰，說出它的功能。
- 說出一種家用品的名稱，以及你會在家中哪個地方找到它。（對於年紀最小和另有母語的學生來說，這樣的提示很有用。）
- 隨著時間過去，生物會有什麼樣的變化？
- 舉出一種文學手法的例子（擬人法、明喻、隱喻、擬聲字、誇飾法等等），以及如何用在故事裡。
- 地理學如何影響殖民時期美國的發展？

良好教學的矛盾之處

你可能注意到了，我們的朋友小海，就是海馬迴，對我們這些教師展示兩種彼此矛盾的任務：

一、**啟動心智**：運用提取練習，直接在學生的新皮質建立連結並加以強化。這是一種強度和要求都很高的心智歷程。

二、**放鬆心智**：要讓海馬迴卸載資訊給新皮質，學生不該參與高強度的心智活動。

所以哪一個才對？輕鬆進行就好？還是要高強度的心智訓練？

兩者都要！最好的答案，也許是把教學想成某種形式的教練。培養優秀的運動員，要結合嚴格的身體運動和與之搭配的放鬆和恢復。這種原則應用於間歇式訓練：時間短暫的高強度訓練，中間穿插時間較長的適度練習。（肌肉和神經元都是可興奮組織，所以很適合拿來相提並論。有時候戲稱為大腦功能的四肢發達理論。）學生漸漸變成「心智運動員」，應該透過類似運動員的訓練方法，讓辛苦和輕鬆的心智歷程交互運用。

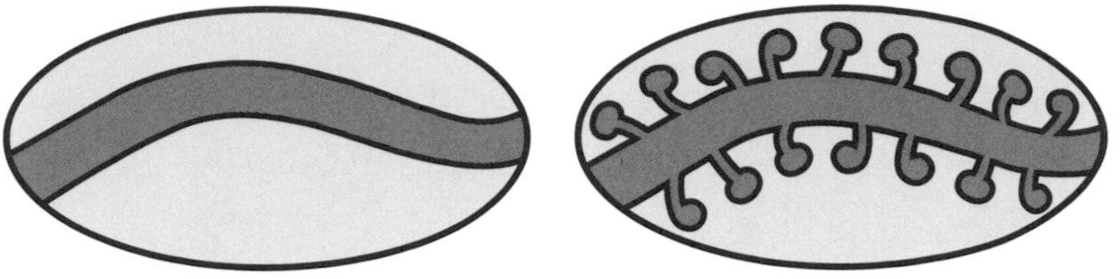

睡眠會加強現存的連結，運動則是製造出 BDNF 這種物質，幫助產生新的樹突棘。換句話說，運動幫助神經元長出重要的延伸部分，於是很容易與其他神經元連結在一起。也因此，運動有促進學習的重要效果。（註二三）

運動是非常重要的

說到身體的運動，我們想要指出的是學習時身體運動的價值。運動在腦中製造出類似肥料的物質，稱為大腦衍生神經滋養因子（brain-derived neurotrophic factor, BDNF）。BDNF 有助於產生新的樹突棘，於是很容易製造新的神經連結。（有點像是握有一點紗線，只是等待編織成某種織品。）光是一小段運動就會提升學生的 BDNF 濃度，正常運動所提升的濃度就更高了。（註二一）

運動也有助於神經的生成，亦即產生新的神經元，這在新的學習和改善情緒方面也都扮演重要角色。（註二二）透過各方面的影響，運動也有助於減輕學習壓力對學生的認知所造成的負面影響。為了達到這種緩衝效果，建議每天至少有一個小時進行適度到劇烈的活動。

（註二四）也因此，為了增加上課時間而減少學生的下課休息時間，這是不好的主意。事實上，運動有助於學生在班上保持專注，學習得更有效率，而且幫助他們整天心情愉快。

你的教學應該要有多少主動的部分？

實情是，相較於一般的聽講，研究者並不知道學生應該花多少比例的時間進行主動學習。最理想的時間長度，會隨著學生的年紀、教材的類型、學生先前預習教材的程度等等許多其他因素而有變化。

這個章節一開始，我們提到一項大規模的整合分析，發現主動學習的課堂表現令人刮目相看，比起傳統的「黑板講解」授課方式好得多。不過這裡有個重點：「主動學習」的時間長度，從整個課堂時間的百分之十到百分之百不一而足，研究者沒有估算真實的長短！（註二五）

換句話說，研究論文也許只能下這樣適度的標題：「用幾次主動的休息打斷你的教學，你的學生會表現得比較好。」這是重要的發現，受到神經科學的強力支持。而我們全都可以用這種方法改善教學效果。

分析你的教學方法

思考─配對─分享

情境設定

我們固然可以挑選任何主題，例如你正在教一堂課，講到人類可以用什麼方式干擾環境的自然循環。一開始，你說明我們的地球是一個封閉系統。地球一直擁有水、氧、碳、氮和其他元素。根據質量守恆定律，物質（以這堂課的例子，是指地球的資源[7]）無法創造或毀滅，不過形式可能會重整或改變。

像你這樣「不依循常識」的教師，你知道要利用學生先前學過的知識。你也知道應該要讓學習變得主動，這樣才能形成神經連結並加以強化。你開始提出以下的開放式問題：

> 地球上所有的水只有不到百分之一是淡水，我們拿淡水來飲用、煮食和種植食物。那麼，我們為什麼還沒有把淡水用完呢？

立刻有幾個人的手舉向空中。你點名簡娜時，她立刻脫口說出答案。雷伊講了句俏皮話，全班開始笑起來。你明白話題有可能很快就改變風向，於是為了讓課程繼續往前走，你提供答案：「孕育萬

7 當然不考慮宇宙塵和隕石。

物的大自然，是循環利用的大師，最好的例子就是水的循環。」你繼續講解這個循環的四個主要部分：降水、蒸發、蒸散，以及凝結。你的目光從黑板轉向學生時，注意到大家眼神呆滯。全班同學正在聆聽，但沒有吸收進去。

有沒有什麼不一樣的教法呢？

與你的學生攜手合作

考慮「思考—配對—分享」方法（註二六），這是馬里蘭大學教授萊曼（Frank Lyman）於一九八一年發展出來。

很快複習一下，「思考—配對—分享」是一種互相合作的學習方法，學生兩人一組或組成小組，一起回答問題或解題。教師提出開放式的問題，讓學生靜靜思考一會兒，構想答案。在這個階段，學生查看自己的筆記，把想法組織起來。這樣讓學生增添一層責任感，把他們最初的答案很快寫下，因此是「思考—書寫—配對—分享」。接著分組，與學伴分享自己的構想，決定哪一個構想是最好的，或者也許想出更好的構想，而最後與全班同學分享他們最後得到的答案。如果是面對面的教學，很容易請學生與旁邊的同學分成一組。線上教學的配對也可以很簡單，只要用滑鼠按幾下，就能把一組組學生放進不同的聊天室。

這裡值得再討論一下「思考—配對—分享」，因為我們現在能夠了解，關鍵的「思考」部分經常受到忽略。「思考」的時候，學生不只能細想你剛才講課的內容，也讓他們小小的海馬迴可以來個「腦部休息」，以便開始卸載資料，讓你剛才講課的部分產生意義。說不定你會希望設定計時器，特別留一點時間給「思考」。等到計時器響了，學生可以開始配對，然後彼此分享。[8]

學生與學伴分享各自的想法時，會發生兩件事。第一，學生能從彼此身上學習，例如得到另一種觀點、解決學習過程的阻礙，也可練習用更清楚的口語表達說出答案。第二，他們漸漸有了自信，能夠在較多人的小組內分享答案或尋求協助。（尋求協助，即使是一對一，對很多學生來說都是很困難的。對我們大人來說也很困難！）為了進一步建立學生的自信，他們彼此分享時，你可以在各組學生之間繞一圈（或者加入聊天室），不時關切一下他們是否走在正確的路徑上。為了讓全班的討論輕鬆一點，你不妨詢問一對答案顯然正確的搭檔，看他們是否樂意與全班分享。考慮挑選最害羞的學生，或者經常不願意與全班分享答案的人；如果知道自己的答案是正確的，而且獲得你親自邀請，會讓她得到勇氣。

有時候邀請答案有點小錯誤的學生，只要他們樂意與全班分享答案，這樣也是有用的。（註二七）大家一起訂正錯誤，能讓你示範解題的策略，也給學生一點時間，後退一步檢視自己的想法。這很重要，讓學生展示錯誤，於是你有機會告訴全班同學，答錯沒什麼大不了的，而且你們班上的氣氛很溫暖又友善，即使同學答錯也沒關係。

碰到答錯的時候，詢問全班同學的意見是很重要的；你要忍耐，不要自己跳下去更正錯誤。學生發表想法之前可能會靜默個幾秒鐘，感覺似乎很漫長，但往往就是在這種時候進行真正的學習。

---

8 語言教學時，「思考—配對—分享」有個常見的變化形式，就是「思考—配對—方形—分享」。學生可能會發現自己的學伴不太講話，於是這種變通的方法可以提供一點協助。人數較多的四人小組（構成完整的「方形」）可提供更多機會使用語言的各種形式、變化和數量。

要避免的事

學生正在分享答案時，注意不要回到你的桌上去查看電子郵件或整理教材。你在學生之間繞來繞去，不只是要確定他們進行得很順利，也可建立融洽的關係，顯示你真的很想知道他們有沒有理解教材的內容。

歸納一些原則

「思考—配對—分享」可以搭配各式各樣的提示，促使學生思考。這可以廣泛用於各種內容領域，從人文學科、社會科學到科學技術方面都可以。

不確定該從什麼地方著手嗎？下面是新手可以嘗試的一些句子。

- 解釋一下＿＿＿＿，用你弟弟妹妹或朋友都可以聽懂的說法。
- 一分鐘腦力激盪，舉出最多的例子或方法，看你想得到可以怎麼做＿＿＿＿。
- 解釋一下，如果＿＿＿＿會有什麼問題。
- 用一個詞彙來描述故事裡的主角。用故事裡主角的特別想法和行動來說明這個詞彙。

這一章的重要觀念

- 一般所理解的「主動學習」定義，是在班上舉辦活動或討論，讓學生投入學習過程。這經常包括某種形式的提取練習，與被動聆聽專家講解是不一樣的。主動學習強調的是較高層次的思考，經常包括學伴或小組討論。
- 從神經科學的觀點來看，主動學習可促進長期記憶裡神經連結的產生與固化，於是不只對教材有基本的理解，也有較高層次的概念理解。這通常也包含在「學起來，連起來」之中的「連起來」階段。不是所有的學習方法都是主動學習。
- 陳述性的學習路徑從工作記憶送出資訊，同時傳送給海馬迴（將資訊製作成索引）以及新皮質（將資訊儲存到長期記憶裡）。
- 工作記憶不斷將資訊傳進海馬迴，等到海馬迴休息時，它會轉向新皮質，一次又一次告知要加強哪些連結、削弱哪些連結，以此強化新皮質的學習效果。
- 學生轉換成合作練習，像是「思考—配對—分享」，或者自行思考教材的內容時，大腦自然會休息。就像運動員進行高強度的體能活動需要搭配休息，學習過程也經歷了奮力的心智運作並搭配心智休息。
- 鼓勵學生進行提取練習，這樣可以加速固化新皮質裡的神經連結。提取練習可讓資訊儲存在長期記憶裡，以後工作記憶比較能直接取用，不必再經過海馬迴。

{ 第四章 }

改善拖延症

番茄鐘工作法幫助學生進入專注模式
有助深層學習，不再逃避困難的課業

你幾乎可以聞到教室裡的緊張氣息。艾莉西亞把她的筆記拿出來，趁著還可以看的時候瞄了最後一眼。她緊張兮兮敲著鉛筆，害她旁邊的麥克很不高興。迪亞哥把指關節扳得喀啦作響，至於塔米卡呢，她是優等生，緊張但有自信，伸手把頭髮撥順。

不過還有山姆。啊，山姆喔！他看起來實在很累。快要考試時，山姆老是一副很想睡覺的樣子。有一次他還真的在考試的時候睡著了，零星寫下的幾個答案沾了他的口水印。（你還記得，在那張紙上打分數要很小心。）

有時候，你班上的學生很疲倦，因為他們的家庭生活很不好過。但山姆不是這樣。沒錯，他的父母是忙碌的專業人士，但他們很愛自己的兒子，一家三口彼此相處融洽。而沒錯，山姆是聰明的小孩，不過他只做自己認為真正有用的事。他會忘記數學課的交換律和結合律。但是想要重新組裝你的汽車引擎？十三歲的山姆，找他就對了。

那麼，山姆和考試到底是怎麼回事？

拖延成性：學生的首要問題

你可能已經從這一章的標題猜到了：山姆是拖延大師。不過呢，他也不想讓父母失望。像這樣，學習動機在陰陽兩極之間擺盪，表示他往往會拖延到最後一刻才念書；也就是說，拖到考試之前的半夜才念書。他盡可能死背硬記，然後在天亮之前勉強睡個幾小時。就算是聰明小孩，也很少有人能在臨時抱佛腳、壓力很大的情況下把書念好。

你可能早就認識一大堆學生的拖延狀況比山姆更嚴重。有時候他們真的很想讀書，不過就是先把所有東西擺到一旁，等到最後一刻再說。於是，他們發現把自己逼入絕境，但是太遲了。到了那時，就連死背硬記也沒用，只好放棄。

如果要你選出學生的最大毛病，拖延成性會是很好的選擇。心理學家史迪爾（Piers Steel）估計：「百分之八十到九十五的大學生很會拖延，大約百分之七十五的學生覺得自己很會拖，而將近有百分之五十的人拖延成性且問題嚴重。」（註一）大學生會這樣，是因為他們在小學到中學的十二年期間有很多時間養成拖延的習慣。如果能早一點對付學生的拖延習慣，你可以讓他們的人生產生巨大的變化。

學生拖延的時候，腦中發生什麼事？

首先，好好了解為何會發生拖延的情形是很有用的。心理學家早已指出各式各樣的理由。最根本的理由也許是這樣：山姆和其他拖延成性的學生（甚至你自己也是！）一想到自己不喜歡或不想做的事，就會活化「腦島皮質」（insular cortex）裡的痛苦感受；腦島皮質

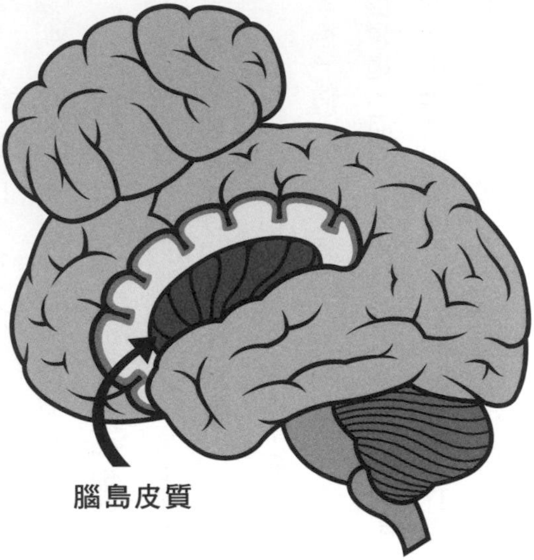

學生一想到他們不喜歡或不想做的事，不安和痛苦的感覺就會從腦島皮質冒出來；腦島皮質是大腦處理痛苦感受的中樞。

是處理痛覺訊號的腦區。（註二）像山姆這樣的人，要如何處理這些不舒服的感受呢？很簡單。他就去想別的事，隨便什麼都好。逃避的舉動很像一種魔法，帶走當下的痛苦感受。但問題是，他只是拖延而已。那樣會付出長期痛苦的代價，像是半夜非常焦慮，結果考試的時候昏睡過去。

更糟的是，山姆在「學起來、連起來」的過程中抄近路。他的大腦需要花時間凝固資訊，並建立新的神經連結。由於山姆在大考的前一晚睡眠不足，即使熬夜念書到很晚，他的大腦也無法讓新產生的樹突棘連接固定住。（註三）剛學到的東西就像把水倒進過濾器……只是再一次完全流過去而已。

賽車式學生的拖延成性

沒想到賽車式學生會是拖延情況最嚴重的人。他們養成這種習慣，是因為小時候學起東西很容易，最後一刻隨便看一眼就足以應付。但是等到開始經歷到比較困難的教材，思考快速的賽車式學生就要面對成績急遽下滑的處境。從初中過渡到高中，或者從高中過渡到大學，都會感覺特別困難，因為這些學生的學習方法其實一直沒有跟上同學的步伐。

徒步式學生的拖延成性

徒步式學生的工作記憶容量較少，但仍可輕鬆勝過賽車式學生。他們能達到這樣的成績，靠的是大量的好好練習，在他們的長期記憶裡廣泛產生一組組連結。即使他們的工作記憶無法容納太多，但留存於長期記憶的一組組連結能夠作為彌補，它們進行大量的處理工作，將工作記憶的負擔減到最低。徒步式學生可以處理困難的心智程序，就像賽車式學生一樣，只不過徒步式學生多半是用長期記憶來處理，而不是工作記憶。

要注意的是，徒步式學生需要比賽車式學生做更多的練習；他們要花時間建立長期記憶的那些連結。也因此，拖延的習慣會對徒步式學生造成很大的挑戰。(註四) 幸好對於學習動機很強的徒步式學生來說，他們早就了解拖延是很危險的。另一方面，賽車式學生可能要到很晚才了解拖延的危險性，到了那時，拖延已經變成很難改變的習慣。

什麼是學習動機？

談到這裡，你可能會想：「關於學習動機，神經科學一定有一些有用的資訊吧！」是的，確實有。事實上，神經科學顯示，「一般常識」（所以很可疑！）激勵學習動機的方法，只是讓學習比較好玩而已，但結果可能事與願違。我們會在第七章再多談談學習動機。

眼下此刻，最好的方法也許是用學習騎腳踏車來比喻學習動機。學騎腳踏車還滿困難的，你預期會摔倒，不免割傷或瘀青。然而，你想要與住家附近所有騎腳踏車的人一樣，騎得既快樂又順利，這種欲望激勵了騎腳踏車的新手，努力克服剛開始的摔車和疼痛。

優秀的教師協助學生克服學習過程的諸多挑戰，在過渡階段提供各種激勵方法，讓學生覺得似乎比較快得到獎賞，值得一天又一天努力付出。到最後，連學生都看出充滿希望，知道精通自己學習的內容會有什麼感受。最棒的教學所能給予的鼓舞和激勵，真是再清楚不過了。

現在由你試試看

教你的學生用「番茄鐘工作法」對付拖延的毛病

要對付拖延的毛病，同時教學生保持專注、避免糟糕的一心多用，最好的方法也許是番茄鐘工作法（Pomodoro Technique）。義大利人西里洛（Francesco Cirillo）在一九八〇年代發展出這種方法。（Pomodoro 是義大利文的「番茄」，因為西里洛用的是番茄形狀的漂亮計時器。）如今我們知道，西里洛提出的方法，完全符合神經科學所說的調整注意力的最佳方法。

番茄鐘工作法很直截了當。某項任務很重要，但很想拖延，則所有的學生（以及你）需要做的是：

一、把所有會讓你分心的事物全部丟開或關掉，特別是智慧型手機的推播通知。
二、將計時器設定二十五分鐘，在這二十五分鐘期間，盡可能專注於手上的工作。
三、心情放鬆五分鐘。
四、需要的話再來一次。經過三、四次番茄鐘工作法後，休息半小時。

這種有效的方法就只是這樣而已，教導學生在短時間內完全專注，也讓他們練習不要對社交媒體上癮。

番茄鐘工作法的放鬆部分特別重要。我們身為教師，往往認為學習唯一發生的時機，是在學生專心的時候。但如同我們透過「合唱寓言」（就是三位主角：指揮、小新和小海）所傳達的，海馬迴不時需要短暫休息一下，以便教導新皮質。你的大腦重新整頓、把新資訊放入定位的時候，你看起來只是休息一下，但其實同時進行一大堆有用的學習。

學生進行輕鬆休息的方法特別重要。如果他們利用休息時間抓起手機瀏覽簡訊和社群媒體，像這樣專注於外來的干擾，會把剛才放進海馬迴的內容覆蓋掉，而不是讓海馬迴卸載內容。（註五）（有點像是新的乘客擠進一節地下鐵車廂，把其他乘客從車廂的另一端推出去，害他們下錯站。）最好的休息方式是心情放鬆，做點動作像是閉上眼睛、到走廊上稍微踱步、喝口水、上廁所、摸摸小狗、畫畫圖，或者聽首喜歡的歌（甚至跟著歌曲跳舞！）。

雖然我們警告不要用手機，但也承認番茄鐘工作法有許多種app，其中「專注森林」（Forest）特別受歡迎；這些app可以讓番茄鐘工作法很像玩遊戲，感覺比較有趣。（註六）雖然番茄鐘工作法最好請學生在家裡運用，不過你也可以在教學時發揮創意試用看看，趁機示範這種方法。要運用番茄鐘工作法，可以請學生在班上安靜做一項作業，做完之後享受一段輕鬆的短暫休息。你當然需要為這種方法調整時間，主要看課堂的時間長度，還有你的學生獨立做作業的能力。我們先前提過經驗法則，以之決定專注的時間長短，那也可以應用於番茄鐘工作法。如果你覺得學生年紀太小，無法完成整整二十五分鐘的番茄鐘工作法，那麼改成與他們的年齡外加一分鐘。因此，舉例來說，九歲的孩子或許可應用「九加一」等於十分鐘的番茄鐘工作法。

學生為何拖拖拉拉？

我拖拖拉拉。你拖拖拉拉。所有人都很愛拖拖拉拉，特別是我們的學生。以下是七年級語文課學生回答「你為什麼拖延？」和「後果是什麼？」這兩個問題所提供的一些理由；此外，我們也附上一些對付拖延習慣的建議。

- 我在班上的時候拖拖拉拉，我不知道該怎麼做作業。我做不好，就被唸了。
- 我喜歡先做簡單的部分，困難的地方就拖拖拉拉。如果太難，我乾脆對老師說我試過了。

對一些學生來說，光是要弄懂怎麼開始動手做，就是很大的障礙了。因此，一開始就採取一對一合作或小組合作，可讓那些學生走上正確的道路。很多學生還有一種常見的掙扎，就是卡在一項很有挑戰的作業上。每當作業變得比較有挑戰時，你要不時回到那些學生旁邊，查看他們的進度，然後適時給予協助。

- 我做自己的家庭作業會拖拖拉拉。我常常精神不濟，沒辦法專心。等到發現自己正在拖延，我驚醒過來，連忙加快速度，回頭做作業。

- 我坐在那裡，盯著非做不可的作業，心想這段時間我可以做好多其他的事。通常老師會對我彈彈手指，把我喚回現實。

無論在家裡或學校，番茄鐘工作法很適合那些知道要做什麼但是不專心的學生。如果學生很期待工作後的短暫休息，例如跟朋友聊天、表演他們最新學習的舞步、抓個點心來吃，或者看個 YouTube 短片，他們會比較甘願繼續做作業。

對一些學生來說，運用番茄鐘工作法可能還不夠。碰到這樣的學生，你要更頻繁回去查看狀況，確定他們做著作業。你可能需要給予比較小的目標，例如給學生這樣的指示：「你有兩分鐘解答第一個題目。」接著一定要再繞回去，確定學生有進展。

- 我拖拖拉拉時，通常是學校老師說要交報告。我拖到預定交報告的前一晚，我媽對我大吼大叫，但她會確定我及時完成。

這位學生已經學到母親會幫她脫離困境，這樣會更加強拖延的習慣。我們教師可以幫學生設定每日在家裡或自修教室要完成的目標，一路設定到交報告的日子。在小學高年級和中學，透過作業簿或電子郵件與父母討論報告內容和每日進度，可以讓學生負起責任。

講到為何拖延，學生有一大堆理由。有些人甚至相信自己的這種說法：「有壓力的時候，我做得比較好。」但你知道實情如何，因為你看得出來，他們做得匆忙又雜亂。

現在的學生真的很忙，所以他們說「我有太多事情要做」並不是亂講。在繁重的課表上，他們覺得最重要的事項，通常是課後的體育活動、社團、跳舞、出遊小組、社群媒體、YouTube、打工和其他更多事。這麼大量的活動，漸漸影響到年紀越來越小的孩子。也難怪學生會被壓垮，把你指派的作業擺到一旁，直到最後一刻再做。他們優先考慮眼前立刻碰到的事，沒有預先想到接下來幾天或未來幾週的事。

為什麼拖延的習慣對學生特別有害

快要大考的最後幾小時，你看到學生在學校餐廳、自修教室，甚至排排站在走廊上，瘋狂背誦他們的筆記卡片。舉例來說，學生正在準備的考試，需要知道美國憲法的全部二十七個修正案。有些學生好幾天前就花時間研讀，並出題考自己，甚至讀到考前的最後一刻。其他看似超厲害的明星學生則拖延到前一晚，花幾個小時背誦，隔天的考試表現一流。

然而，等到考試牽涉到深入了解民主的意義，或者最高法院的功能，同一批厲害的明星學生到最後可能無法通過考試。為什麼呢？因為良好的學習一定要在長期記憶內產生連結，

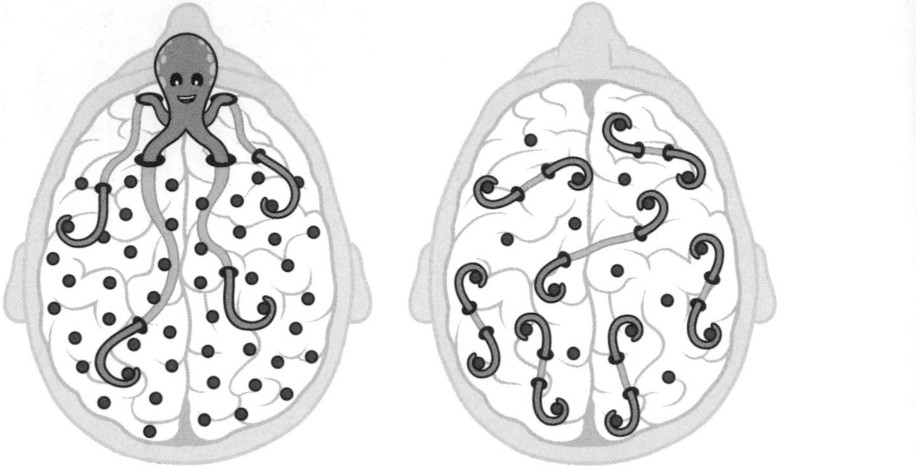

在專注模式（這時工作記憶很專注，觸及長期記憶裡的一組組連結）和發散模式（這時可隨機形成連結）之間切換，能幫助學生理解困難的新觀念。

但通常不只是背誦名詞這麼簡單。深層的學習經常也要理解困難的概念。這種知識要花時間，無論是幼兒園、小學、中學或大學的學生都一樣。

為什麼深層的學習要花時間？因為要產生有創造性的全新神經連結。這並不是無聊的過程，不只是某些神經元隨機與鄰近的神經元輕鬆形成連結而已。這比較是瘋狂測試全新神經連結的過程，而如果形成的連結對於理解某個概念沒有幫助，就要嘗試另一組不同的連結。此外，還有其他不同類型的連結。有時候為了理解困難的概念，甚至需要非常戲劇化的另類連結！學生忙著學習某些嶄新的挑戰時，大腦底下正在進行大量的潛意識分類工作。

大腦要尋找和產生那些戲劇化的新連結，最好的方法是從專注模式（focused mode）進入發散模式（diffuse mode）。（註七）你可能猜到了，專注模式是指你非常專注於某個問題，努力想要解答題目。（或者某個吵鬧不休的學生，一有 iPad 在手，立刻安靜下來，非常專注！）

處於專注模式時，工作記憶在海馬迴和新皮質的神經元之間形成連結。你可以在第一一二頁的插圖看到這個過程。另一方面，發散模式是大腦從外界的專注狀態稍微休息，如同第一一二頁的插圖所示。在發散狀態時，工作記憶沒有參與，而大腦下意識開始產生隨機的連結。發散的思考就是你作著白日夢、沿著走廊漫步時隨便亂想、沖澡或睡覺時做的事。兩者相較，你比較能意識到專注模式的思考。

很重要的是要告訴學生，第一次嘗試某些困難的事情時，無法理解是完全正常的。學生在學習的時候一旦卡住，有些人的第一個反應往往是更用力嘗試。畢竟我們教師常常說，不放棄是很重要的。然而就像搭建紙牌屋，即使只是多放上最輕的一點重量，它也會垮掉，有些學生到最後可能覺得滿心厭惡而放棄，說一些話像是「反正我就是不擅長數學」，或者「我辦不到⋯⋯」，更糟的是「我好討厭⋯⋯」。這與學生有沒有學過所謂的「成長型思維」沒關係，因為他們的情緒凌駕了理性。遭遇到挫折，他們全盤放棄，努力避免痛苦的感受從腦島皮質跳出來。

不過當學生開始陷入挫折時，他絕對應該要後退一步，讓心思從那個概念抽離開來。這種時候，他讓自己的注意力離開那個概念，於是可以進入發散模式。學生休息一下、吃個午餐，或者休息期間到處開開玩笑，這時發散式思考讓他的大腦私下運作，隨機探索新的連結。隨後，等他回到先前覺得挫折的地方，感覺很像變魔術一樣。先前覺得完全搞不懂的部分，突然間好像很簡單！

學習經常在專注和發散模式之間來回擺盪。（有趣的是，到最後研究會發現，透過特定的呼吸技巧，我們可以找到方法，從其中一種模式變成另一個模式。）趁著學生還沒產生挫折感，你先教他們了解專注和發散的過程，這種事先的警告就像施打預防針。鼓勵學生好好學習，直到他們發現自己越來越挫折，這時應該要休息一下。經過幾個小時，或者睡一覺，到了隔天，再回到原本覺得挫折的部分。還記得吧，睡覺的時候，大腦的神經元浸潤於化學物質中，那些化學物質有助於學習過程。

你也想像得到，在兩個學習模式之間切換，肯定要花點時間。而學生拖拖拉拉，等到最後一刻才要做作業時，最缺乏的就是時間。

總之，你教學生學習一種困難的概念時，如果他們開始覺得很掙扎，就應該跳脫開來，透過發散模式去「產生連結」，也就是做點不一樣的事，或者放輕鬆。等到學生回頭研讀那個概念，他們會有令人驚訝的進展。這有點像是射出一架紙飛機，你需要施點力，讓飛機飛進空中，然後它會開始自己滑翔。

一旦知道挫折感差不多達到高峰，那麼就該轉換成另一種模式，或者休息一下，這是很有用的學習應變技巧。這在考試的時候特別有用，因為學生如果碰到某個題目卡住，經常沒辦法逼自己暫時放開。

關鍵重點

「從難題先做」的考試方法

奉勸已經花費寶貴時間努力讀書的學生，有個順利考試的好方法，就是「從困難的題目先做」。要用這種方法，從考卷一到手開始，學生應該要很快瀏覽一下，找到「最難」的題目。他們應該先嘗試解答這個題目。不過一旦覺得自己卡住，通常是卡了一、兩分鐘後，就應該馬上抽離。

要運用「從難題先做」方法，一旦碰到難題而卡住，學生就應該面對現實，轉而去做比較簡單的題目。解答幾題比較容易的題目，會讓發散模式同時在背後處理比較困難的題目。隨後，等到學生的注意力回去看那個難題，通常可以把題目答完，或至少比較有進展。

從難題先著手，這樣的解題效率高多了，遠高於從最簡單的題目開始作答、把最困難的題目留到最後，因為到了考試的最後，學生的腦袋已經很累了，而且面臨所剩時間太短的壓力。這種方法善用發散模式，把大腦當作一種雙核心處理器，在背景處理困難的題目。

當然啦，如果學生沒有好好準備考試，那麼寧可從簡單的題目開始做，可以拿幾分就拿幾分吧。

現在由你試試看

有更多的工具能幫你的學生克服拖延的習慣

一、**與學生一起列出計畫表**。請他們把完成的項目劃掉，這樣會讓學生覺得很自豪，有種達成目標的感受。有些學生也需要別人幫忙列出優先順序，製作出計畫表。

二、**協助你的學生釐清他們的混亂狀況**。如果生活搞得一團亂，很難要他們的學習很有成效。就算學生做了作業，可能也沒辦法交出來，因為找不到作業。讓學生有條有理是成功學習的關鍵。如果學生需要翻找混亂的置物櫃、筆記本或桌面才能找到作業，那麼通常只花十分鐘就能完成的一份作業，他們可能要花費一個多小時。

三、要求學生對自己負責。如果你沒有定期檢查作業，學生就不會做作業。**上課一開始，請學生拿出自己的作業，與學伴或小組一起討論；**同時你繞行教室，查看大家的狀況。一旦知道你和學伴會檢查作業，學生就會把寫完你出的作業列為優先事項。上課一開始就用這種方法還有個附加的好處，就是喚醒學生的記憶，接著再教隨後的課程。找機會嘉獎一下也有幫助喔。

分析你的教學方法

拆解成一個個段落：對付困難的作業

情境設定

你才剛結束強度很高的一週，介紹第二次世界大戰的幾場重要戰役。你幫學生出的作業呢？他們有兩週的時間寫一篇報告，舉出兩個事件，探討它們對戰爭的結果所造成的重要影響。（請注意，這樣是開放式作業。稍後你可以提供作業的具體範例給學生參考，不必擔心他們唯一的辦法是抄你的範例。）

你期待收到的報告有好幾個段落，對於軍事策略寫滿了詳盡的解釋，也舉例說明文化和科技同時對這些重要事件產生了影響。畢竟，你花了好幾天教導這些複雜的觀念，你的學生也寫了詳盡的筆記。

但是等到坐下來閱讀那些報告，你好震驚。你的學生寫得很空泛，重複亂湊一些他們記得的零碎部分。你辛苦讀著那些匆忙寫下的雜亂內容。

蘇聯士兵在史達林格勒戰役（Battle of Stalingrad）發動攻擊。有時候，講述一場戰役只是試圖傳達這些重要的歷史事件，讓那些事件留在學生的心中。

學生的心裡在想什麼

大多數學生心裡想著「我有很多時間」，特別是作業沒有立刻要交的時候。但是對於有拖延傾向的學生來說，時間一下子就過去了。他們拖到前一晚，更糟的是一直拖到上課前的自修時間，於是只好根據筆記，草草拼湊出不連貫的零碎內容。

該拿你的學生怎麼辦

學生表現得不好，背後很大的因素是拖延。要怎麼避免呢？**你要幫忙把作業拆解開來，分成好幾個期中階段，設定不同的交作業日期，而不是放任學生自己決定。**（真的，瀏覽社群媒體遠比撰寫第二次世界大戰的報告更吸引人。）

你的目標是訓練學生寫出一份品質優良的報告，過程中給他們立即的回饋意見。畢竟你最不希望發生的事，就是學生把打過分數的報告領回去，才發現你是真的要他們交出品質優良的報告（已經太遲了）。

以下是一個範例，利用「期中作業」的方法撰寫報告。確認學生趕上每一個交件期限，並在整個過程中提供重要的回饋意見。你每天在學生之間巡視，檢視他們的作業，請他們與學伴分享當天的成果。等到班上多數人都投入寫作或瀏覽彼此的報告，你就去幫忙還有困難的學生。

以「期中作業」方法撰寫報告的範例

交件日期	任務	這項任務協助學生做什麼	學生可以和學伴做什麼
三月六日	擬定論題的草稿，用兩個觀念來支持這項論題。	協助學生早點決定他們想要研究的事件。	提供機會讓學生與學伴腦力激盪。此後很快輪過全班一圈，聽聽每位學生的論點。
三月七日	提供三篇參考文章。每篇文章都應該搭配一個要點，描述這篇參考文章所支持的觀念。	協助學生找出與自己所選事件有關的參考文章，並好好閱讀。也協助學生找到格式正確的參考文章。	學生與學伴分享他們的參考文章。相關研究做得越多越好。結果反而不是三篇，學生可能找到六篇。

交件日期	任務	這項任務協助學生做什麼	學生可以和學伴做什麼
三月十日	寫出報告的大綱	要求學生把每個事件的參考文章整理出有邏輯的論點。你放聲思考，等於協助學生學習整理他們的材料。用另一個主題當作範例，向學生示範撰寫報告的大綱。引導放聲思考的方法，把你對大綱的思考過程說出來。	請學生模仿你放聲思考的方法，對學伴說出自己的大綱。學伴提供建議，並討論出有邏輯的論點，構成報告的每個段落。
三月十二日	擬定前言的草稿	協助學生想辦法激起聽眾的興趣：歷史上的趣聞、驚人的統計數字、比喻等等。學生可以選擇不只一種吸引人注意的技巧，把它們結合起來。	讓這件事成為四人小組之間的良性競爭，與全班分享他們最吸引人的前言，並請大家投票。

交件日期	任務	這項任務協助學生做什麼	學生可以和學伴做什麼
三月十四日	撰寫正文幾個段落的草稿，涵蓋了影響戰爭結果的第一個事件。	這時學生已經做好準備，比較容易發展出豐富的正文段落。提醒學生要用他們的參考資料和大綱作為指引。這樣可以強迫學生不要沉溺於個人意見，多思考他們的證據來源。要求學生把引述參考資料的內容標示出來，這樣一看就知道是否有抄襲的問題。	為了避免只有空洞的陳述（例如「二次大戰是一場規模很大的戰爭，死了很多人」），請學伴從他們的資料來源分享背景材料，例如提出課堂上還沒教過又很有挑戰性的兩個新觀念。這個階段也要鼓勵學伴注意有沒有不小心抄襲。經常有學生太過依賴資料來源。
三月十七日	撰寫正文幾個段落的草稿，涵蓋了影響戰爭結果的第二個事件。	重複先前提過的練習，確定學生順利進行，並讓他們思考不同的觀點。	學生經常覺得很難描述相關的細節。請學伴回答「你想知道哪一方面更多的細節？」這樣的問題。

交件日期	任務	這項任務協助學生做什麼	學生可以和學伴做什麼
三月十九日	總結	學生回頭看那些吸引人注意的部分，再次確認依然切題，並考慮是否緊扣著最後的總結。這項任務也強迫學生確認他們的證據是否連貫，並找出重點列入總結。	請學伴圈出文意轉折處的用字、語詞和句子，讓學生看出報告的流暢度。這時也要仔細挑出文字、文法和標點符號的錯誤。
三月二十一日	定稿的交稿日	花個五分鐘，確定學生交出的作業是你要的格式。前面寫了名字，附上大綱，等等之類。最糟的情況就是要幫一份亂七八糟的報告打分數。	請學伴再次檢查作業，確定可以交了。

學生通常沒有時間管理的技巧，不知如何拆解龐雜的作業，讓它變成幾個小段落；特別是他們經常受到電玩遊戲、運動、簡訊和其他社交活動的吸引。你幫忙把作業分解成幾個較短的篇幅，作為整個報告的構成基礎，這等於擬定了有效的策略，防止他們拖延。在上述例子裡，學生不只學到二次大戰幾次重要戰役的影響，你也教他們想辦法完成龐雜的報告而不必拖延。如此一來，你擬定的是終生有用的技巧。花點時間慶祝他們的成果吧！（而且要記得，有些學生需要看你示範這種方法好幾次，才會開始養成習慣。）

要讓學生在每個階段都專注於作業，不妨嘗試引導他們使用番茄鐘工作法。把計時器設定二十五分鐘，等到所有學生都準備好，意思是把鉛筆削尖、打開 Google Doc 檔案等等，然後按下計時器。時間一到，給學生一點獎勵，讓他們有三到五分鐘的「自由時間」，例如教全班做幾個瑜伽動作、與旁邊同學聊天，或者很快去上個廁所。如果學生知道專心做作業一段適當的時間之後就能休息，他們可以等一下再去廁所，減少其他干擾，保持專注，於是做作業那段時間就會很有成效。

這一章的重要觀念是要避免學生拖拖拉拉。把作業拆開成幾個中間階段，並製作出必備的計畫表，可以避免學生拖到最後一刻。但是，如果沒有把兩個不可或缺的要素納入優良教學法，即評量尺規（rubic）和範例，我們教師也會疏忽大意。

每一份大型作業的一開始，你先向學生提出一份評量尺規，大致描述你要評分的重要特性和技巧，這樣會很有幫助。如此一來，學生會知道他們該把力氣放在哪裡來完成作業。我們建議你構思作業的範例時，同時附上評量尺規。設計範例的過程中，除了把你的期待表達清楚，也規劃一些迷你課程，因為可能會遇到一些比較棘手的學生。

關鍵重點

評量尺規的三個部分，外加一些很有效果的指導方針（註八）

一、你會採用的評分標準：衡量一下什麼是最重要的。這表示要著眼於你所設定的學習成果，即必備的知識和技巧。與作業目標不直接相關的附加標準就沒必要納入。（如果作業的美感和時間都掌握得很好，學生真的應該要因為字體大小用了十一級而非十二級就遭到扣分嗎？）舉例來說，在一般的作文裡，評分標準可能包含了重點、內容、條理、結論，以及文字、文法和標點符號的錯誤。你心裡對「重點」大概有個標準，但學生沒辦法讀出你的心意，也不太可能了解你的標準。一定要很明確。那麼繼續來看評量尺規的下一個部分。

二、針對每一個評分標準的期待，你要做出明確的描述：舉例來說，對於「重點」，你的意思可能是前言必須包括論題，而且整篇報告要用好幾個論點來證明。「內容」可能要包括論點的邏輯，資訊要準確，而且參考資料要減到最少。你的學生需要這些清楚的說明。這樣一來，他們很容易回頭審視自己寫的內容，交出最後的報告之前先自己評估一下。你的期待表達得越準確，學生的成果就越好。

三、給予分數或評分量表：你把每個項目分配滿分為十分之前，考慮一下每一項的認知需求。有些人是綜合很多資料來源而支持某個論點，這遠比挑挑文法錯誤要困難多了。

（不過文法慣例也很重要啦。）與其針對每個標準直接打分數，不妨考慮另一種稍微比較間接的方法，就是使用評分量表，針對每個標準設定不同的層級。於是打分數可以分成：遠遠超出期待（四分）、符合期待（三分）、接近期待（二分）或開始期待（一分）。運用評分量表時，要清楚說明每一種評分層級的期待。

有個問題是，評量尺規經常能幫助教師評估學生對教材的「陳述性」說明。不過呢，如同我們會在第六章看到的，學生或許可以寫出或說出你所期待的字句，但其實未必表示他們理解那些字句的意思。如同研究顯示的結果，談到決定分數的準確度時，評量尺規所提供的安全感，有時候是錯的。（註九）

針對較高的層級進行分析

光是閱讀評量尺規，學生經常不了解自己需要做什麼。（註十）學生拿筆在紙上開始寫，或用手指敲打鍵盤之前，如果能針對你的特定評分標準提出討論或示範例子會很有幫助。單一的例子也許不夠，你可能還是要冒著退回學生作業的風險。正面和反面的例子一起拿來示範，讓學生想像什麼樣子才叫成功。

一、發給每個學生一份普通的報告範本，很類似你要他們在班上完成的作業。要確定範本包含了

學生很容易犯下的一些錯誤類型。請他們用你的評量尺規，對這份普通的範本打分數。（註十二）

二、把學生分成兩人一組，調整彼此的評量尺規。引導全班學生一起討論大家的普遍印象。

三、把你對那份範本所打的分數告訴全班同學，請大家討論。

你開始這樣做之後，如果看到第一份草稿的成果遠比過去好太多，請不要驚訝；當然啦，除了最優秀的學生經常超乎你的預期之外。所有學生會開始了解你有什麼樣的期待，也知道要避免犯下哪些錯誤。

要避免的事

這太常發生了，教師出作業時，對著學生大聲唸出指示，然後問大家有沒有問題。就像俗話說的，學生會像是車頭燈照到的驚慌小鹿……整個人嚇呆，一頭霧水，意思就是完全不會想要舉手發問。教師眼看沒有問題要回答，誤以為學生都知道自己該做什麼，於是繼續下一個單元。

歸納出一些原則

這些練習適用於很多種主題和類型的作業。舉例來說，數學課經過引導練習之後，通常會叫學生利用課堂的最後一段時間，自己解答一些指定的題目。你可以設定一個計時器，結束後讓學生有兩、三分鐘的休息時間，這會讓他們持續專注於習題，不會拖延到課堂的最後。

你的學生越來越熟悉你的期待後，向他們指定一份作業，請他們把作業拆開成好幾個中間階段。

學生也應該幫自己設定整個過程中的各個交件時間，以便完成最後的報告。你希望學生能在課後完成一項特別重要的任務，就是自我負責。

拖延的習慣有點像是慢性毒藥，可以滲透到中學，而且對大學的成績和長期的職業生涯產生遲來的藥效。學習把較大的計畫分割成自己能夠處理的好幾個小任務，這是一種生活的技巧，你會希望你的學生精通這種技巧。

能讓你避免拖延的一些觀念

教師（本書作者芭芭拉、貝絲和泰瑞都包括在內！）碰到要打分數時，往往會拖延。然而如果是報告，由於在學生撰寫報告的過程中，你會一直查看各個階段的狀況，就不會覺得打分數很麻煩。你可能會想，如果把報告拆解成一個個比較小的部分，要打的分數豈不是比較多？嗯，就某方面來說，確實是這樣。不過等學生收到第一次的評語後，他們漸漸了解你對於優秀的作業是認真的。結果呢，他們會開始寫出品質較好的報告。

不過我們面對問題吧，幫書面作業打分數，真的很耗費時間和專注力。我們教師跟學生很像，也會漸漸分心，飄向與工作有關的其他職務、家庭義務和娛樂。

為了對抗你自己的拖延傾向，不妨採用你教導學生的技巧。舉例來說，如果你有一疊六十份報告，也許匆匆瀏覽過所有報告，不要評分，先得到整體的印象，然後再一份份打分數。在最初步驟期間，手上不要拿筆，才不會想要拖慢這個步驟。

接下來，把報告分類成好幾堆，每一堆各自需要不同的專注度。你離開學校前，先幫其中一堆打分數。把另一堆帶回家，趁著廣告時間打分數（如果你會看電視），或者花點時間與家人或你自己好好相處之後再進行。最後一堆則等到隔天早上，比平常早一點起床來處理。

如果是坐在一整堆六十份報告前面，你會花比較多的時間擔心改不完，而不是動手開始改作業。說到底，這表示我們的好朋友，番茄鐘工作法，不只對你的學生有幫助！幫你自己也設定二十五分鐘的計時器，時間到了之後，給你自己三到五分鐘的休息時間放鬆一下，摺摺衣服啦，或者用一杯茶或你喜歡的飲料犒賞自己。

這一章的重要觀念

- 拖延是學生的重大的挑戰。教導你的學生用具體的方法對付拖延，這會是你給他們最重要的禮物。

- 光是想到自己不喜歡或不想做的某件事，就會造成痛苦的感覺，助長你的心思飄去想別的事。結果就是拖延。
- 學生的年紀越大，拖延的習慣會變得更加根深柢固，也就更難改變。
- 番茄鐘工作法特別有用，可以教學生如何著手做作業、持續做作業，而且避免拖延。
- 學習過程中，大腦會在專注模式和發散模式之間切換。專注模式需要極度專心，發散模式則意味著心情放鬆。
- 學生碰到很有挑戰性的作業往往會拖延。建議你的學生先做做看（專注模式）直到覺得很挫折，然後休息一下（發散模式）；學習困難的主題時，需要的時候就在兩個模式之間轉換一下，才能有所進展，減低焦慮。
- 「從難題著手」的考試方法，是從最難的題目先開始做，一旦湧現「卡住」的感覺，則趕快抽離開來，去做比較簡單的題目。這時，發散模式會在背景運作，等到學生回去看那個棘手的題目，就會有進展。
- 有必要催促學生不要拖延。你可以這樣做：
  - 製作計畫表
  - 把混亂的環境清理整齊
  - 提升責任感

{第五章}

大腦演化與教學的關係

大腦可以接受訓練，改變用途

「直接教學法」幫助神經元產生新迴路，學習新素材保羅是天生的運動員。後空翻對他來說就像呼吸一樣自然；他跳起來，雙腿蜷縮往上移向胸口。看哪……他就這樣翻過去了，雙腳落地，乾淨俐落，如同你的期待。棒球？足球？沒問題。他是明星選手。

就算是學騎腳踏車，對保羅來說也很容易。五年前，他看著哥哥羅伯特在嶄新的腳踏車上搖搖晃晃尋求平衡，那輛車是他媽媽辛苦攢錢買下的。接著等到羅伯特進屋去吃午餐，保羅跳上那輛對他來說太大的腳踏車，咻地衝出去加入朋友的行列，彷彿他這輩子一直騎著腳踏車。

但是重點來了：保羅和羅伯特都學會騎腳踏車。而羅伯特呢，就算學得較慢、摔車較多次，他也從未對自己說：「我想，我就是沒有騎腳踏車的基因。」事實上，即使學騎腳踏車導致膝蓋和手肘擦傷，而且經常搞得緊張兮兮，但羅伯特堅持不懈、熬過疼痛，直到學會為止。

為什麼這好像很自然，就是學生相信自己可以騎腳踏車騎得很好，即使學習速度不一樣，而且有時候摔得很痛？但是在學校，學生一旦學習某些科目的速度比較慢，顯然比別人困難，他們卻自我放棄，相信自己對特定的科目沒有天分？

學習還有其他的一些迷思。把小寶寶放在說某種母語的人旁邊，他們很容易就能吸收那種語言。而把小寶寶放在一疊書旁邊，你會發現書的封面頁角有咬痕，但小寶寶還是不懂得如何閱讀。為什麼有那麼多學生覺得閱讀很困難，但他們似乎像海綿一樣吸收自己的母語？而且為什麼學生碰到數學常常覺得很困難？

要回答這些問題，我們需要探索兩個不同的議題。第一，為什麼有些資訊，像是認出某個人的臉，或者講母語，學起來就是比其他資訊簡單許多，而且幾乎所有學生都如此？第二，為什麼有些科目，像是閱讀或數學，有些學生學習起來就是比其他人困難許多？一個六歲孩子，尚未接觸任何教育系統，為何輕而易舉就能學會她的母語，但如果沒有大量的引導教學，她就無法學習閱讀或計算數學？

大腦的發育時間表

要了解學習究竟是如何發生的，我們應該要先讓你有點概念，從嬰兒發育到大人的過程中，人類的大腦如何變化和成長。在最早的嬰兒期，神經元很像候鳥。它們誕生後，遷移到最終的神經家園，這時它們伸出軸突去尋找目標，也就是其他神經元。這樣會形成一團濃密的組織，稱為神經氈（neuropil），裡面滿是彼此交織的軸突和樹狀突。神經氈逐漸成長，在神經元之間提供了大量的新連結（即突觸）。這所有的生長和活性，在兩歲左右到達高峰。

但接著，就像冬天降臨，修剪開始了。隨著孩子成長到青春期，軸突受到喀嚓修剪，減少突觸的數目。在這個過程中，孩子身處的環境很重要。健康且多元的環境，會讓比較多的神經連結保持完整。受到限制且高壓的環境，則會造成修剪過度，很像把植物的大多數枝葉都修剪掉。

你的視覺和聽覺是在大腦的後側進行處理。最後方的這個腦區最早成熟，成熟的時間是童年早期。心智的成熟，意指修修剪剪和失去彈性，會逐漸往大腦的前側移動。最後成熟的腦區是前額葉皮質（prefrontal cortex），那裡是產生計畫和評斷的地方。（這能夠解釋初中生和高中生為何有時候表現得異常成熟。）然而到了成熟階段，調整大腦連結的能力並沒有停止。建立新的突觸連結以及修修剪剪都會持續一輩子。

談到學習，有些事很簡單，有些則很難

如同我們提過的，即使辨認臉孔這項技能很困難，例如臉部辨識運算耗費了數十年的努力研究才實現，但嬰兒很快就學會辨認臉孔。事實上，只有極少數的人無法辨識臉孔，這種情況稱為「臉孔失認症」（prosopagnosia），有些這樣的人甚至認不出自己的臉孔。

同樣的，嬰兒很快也很自然就認識自己的母語。他們的小小腦袋毫不費力就浸潤於那些

字句。大約孩子的一歲前後，透過快速配對（fast-mapping）過程，他們開始加速學習字彙；只需要聽個幾次，小孩子就能學會一個字。（註一）研究人員估計，小孩子在二十到二十四個月的年紀之間，應用的字彙數量突然變成三倍。在這同時，他們也正在吸收句法結構！

辨認臉孔和學習如何說出母語，或許可說是「簡單的事」，我們稱之為「生物初級素材」。（註二）我們的大腦自然而然就學會這種形式的資訊。神經元幾乎好像是透過魔法而連結起來，其實那種魔法是透過好幾千個世代的演化選擇而打磨出來的。嬰兒建立起神經構造，能夠辨認周圍的人臉並與之交談，他們才能生存。沒有這種能力的嬰兒就會死去。

關鍵重點

簡單的事相對於困難的事

我們的大腦天生便適合學習某些類型的資訊，學起來很輕鬆。至於其他類型的資訊，由於不是我們物種演化所必需，學習起來會比較困難。雖然最簡單的方法是把「簡單的事」和「困難的事」視為兩種不同的類別，但事實上，這兩種類別看似不同，其實有所重疊。

簡單的事（生物的初級素材）

- 辨識臉孔

- 學習母語

困難的事（生物的二級素材）

- 學習閱讀或寫字
- 計算數學

相較於簡單的事，則是我們所稱的「困難的事」，亦即生物的二級素材。那些技巧和能力是人類還沒有演化出來的，不過隨著我們到達成年期，經過大量的練習，可能變得好像很簡單。我們確實沒有演化成能夠抓起筆電瀏覽新聞標題，或者用複雜的數學程式計算自己要繳的稅。而且，我們的學生並不是天生就知道怎麼解答代數題目或正確使用分號。要做這些事，或者做一些我們預期一個可信賴的成年人會做的其他類型活動，必須經過很多年的專門訓練，才能閱讀、寫作和解答複雜的數學，更別提地理學、政治學、經濟學和歷史學。

演化包含了一段持續發育出工具的過程，包括牙齒、魚鰭、足蹄和嘴喙。這有點像賭博。每生出一個新的後代，就像隨意扔擲一顆遺傳骰子；如果工具有最微小的一點改進，就像是擲骰子贏了，表示他們把自己的基因傳遞給下一代。大腦當然是那些工具的一部分。演化對大腦進行了選擇和塑造，與其他所有工具並無二致。

演化篩選工具和大腦的同時，有一種大腦，也就是人類的大腦，發展出特別有彈性、用途很廣泛的認知處理能力。這種彈性的範圍異常廣泛，與其他物種的認知能力非常不一樣。[1]事實上，有些神經迴路原本發展成其他用途，但如果改變它們的用途，人類的大腦也可以做出過去的演化時代無法想像的技能。舉例來說，大腦負責「辨認臉孔」的腦區可以改變用途，讓我們學會閱讀；這點等一下會看到。

換句話說，學習困難的事，也就是二級素材，我們的大腦必須在很多方面加以延伸和重新接線，而那些方面在過去的人類演化史上是不需要做的。（不過請記住，說到「困難的事」這個詞，我們指的是過去不曾自然而然演化出來的事項。我們學習的很多事情都是介於困難和簡單之間，甚至連學習用玻璃杯喝水都不見得很簡單！）

「神經再利用假說」（neuronal recycling hypothesis）是由重要的神經科學家狄漢（Stanislas Dehaene）提出，他也另外做出類似的結論。（註三）像是閱讀和數學之類的能力，牽涉到大腦一些腦區的重新配置，那些腦區原本用於其他目的。不過狄漢的結論又更進一步。從演化的觀點來看，大腦重新配置時，總是選擇功能最類似的一些腦區，最後產生一個

1 這並不是說動物無法做一些相當厲害的技能，包括有些鸚鵡可以學碧昂絲唱歌，還有一些黑猩猩、大象、海豚甚至昆蟲會使用工具。

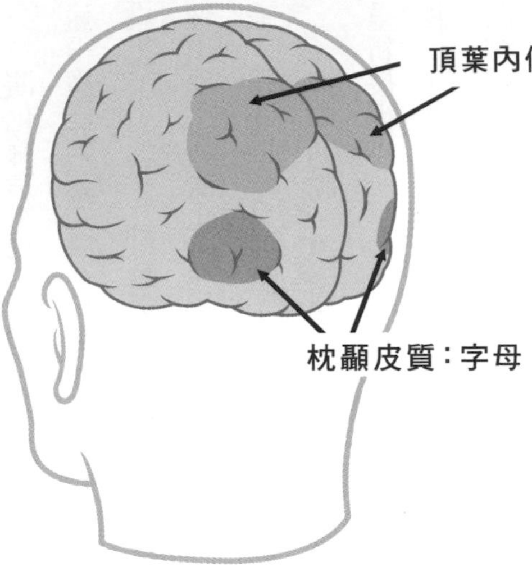

英文字母似乎總是「侵入」枕顳皮質，這個腦區原本用來偵測物體和情景的特性。記數法則是「侵入」大腦左右兩側的頂葉內側皮質，這個腦區負責產生數量的初步概念。發生這些侵入的情形，與某個人成長於哪一種文化是沒有關係的，而是像候鳥一樣，永遠都遷移回到同一些地區。

人類努力想獲得的全新能力。英文的字母，以及中文的表意文字，永遠都好像會侵入枕顳皮質（occipitotemporal cortex），這個腦區原本用來偵測物體和情景。無論世界上哪一個地方或哪一種文化的人，只要學習閱讀，就會出現這種侵入枕顳皮質的現象。記數法則侵入大腦左右兩側的頂葉內側皮質（intraparietal cortex），這個腦區負責產生數量的初步概念；同樣的，與哪一種文化沒有關係。

換句話說，如同狄漢提出的結論，大腦雖然很有彈性，但不是超級有彈性；不是到處都可以冒出新的技能，而是某種程度限制於一些腦區，那些地方原本就存在一些特定的神經連結和解剖構造。由於有這樣的彈性限制，因此有些腦傷可以修復，因為是把所需的功能轉移到其他相關的腦區；至於其他腦傷不可能修復，則是因為需要重新連線的部分實在太多了。[2]

直接教學較能幫助學生努力理解較困難的教材

改變神經迴路的用途並不容易。學習一種新的概念或技巧，經常要花好幾天或好幾週的時間慎重練習，並搭配矯正式回饋。而且像是數學、教學或醫學等領域，要花費好多年的功夫才能變成專家。也因此，全世界都發展出一些教育系統，促使神經迴路改變用途。可惜的是，孩子們一旦離開托兒所和幼兒園那種比較好玩的學習方式，而且學校作業開始變得比較困難之後，他們的內心就對學習失去興趣。由教師來承擔責難是不公平的。

孩子如果沒有接觸過優質的教育系統，或者家庭或文化不願利用優質教育系統所提供的學習形式，他們在現代世界就處於不利的地位。他們的大腦沒有得到「改變用途」的訓練，

2 即使如此，中風病人的照護方式依然有了重大變革。過去叫病人躺在床上，直到康復為止；但如今，最好的做法是盡快展開物理治療，可讓復原速度較快，成果也較好。物理治療需要大量的練習。一點都不有趣，但是真的很有效。這是因為受損的神經元如果能夠盡快活化，才有機會救回來。有一本引人入勝的書，談到各種不同類型腦傷的復原方法，以及如何讓腦傷不只復原，更能得到全新的感覺；參見神經科學家伊葛門（David Eagleman）所著的《即時連線》（*Livewired*）一書（Pantheon, 2020）。

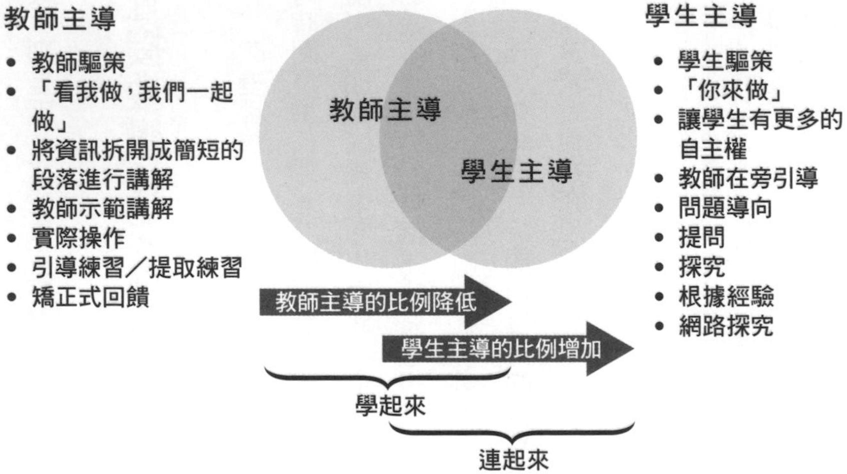

談到教師指導的教學法和學生主導的教學法，經常有人將兩者視為彼此對立的方法。但實際上，由教師指導的教學法可以幫助學生，讓他們成功建立由自己主導的學習過程。越困難（生物二級）的素材，學生就越需要輔導（由教師主導的方法），才能讓他們邁向獨立（由學生主導的方法）。等到學生加強他們的神經連結，就能在學習中得到自主權。

那是優良教育的核心。結果呢？一旦成為年紀較長的學生和成年人，他們會發現自己很難掌握一些觀念和技巧，而受過比較良好教育的其他人則覺得很簡單。

學生開始面對越來越困難的教材時，要讓他們的大腦重新連線，最有效的方法是什麼呢？證據顯示，生物二級素材（也就是較難的素材）如果越多，則需要比較直接的教學法。（註四）為什麼呢？也許最好先描述所謂的「直接教學法」的定義。

教師主導的教學法與學生主導的學習法相通

什麼是直接教學？

教師主導的學習中，由教師引導課程，建構教學方法，直到學生能夠嫻熟教材為止。你可以把教師想成電影導演，用劇本裡的一行行台詞和註解提供給演員，讓他們對整體配置有點概念，有時提出真誠的範例來帶出情緒。就像最好的導演，最好的教師會親自動手、直接坦率、隨時注意，而且講解得明確又詳盡。不過呢，良好的學習當然不會受限於劇本；最後會包括學生自己的即興表演。隨著學生體驗到越來越成功的學習過程，教師的支援應該會漸漸退下。

經常有人把「直接教學」[3]視為「教師主導的學習」的同義詞。（註五）教師經常稱之為「看我做，我們一起做，你來做」。教師講解新的內容或技能，為學生提供專家的指引。把困難的新資訊拆開成比較簡單、比較容易理解的小段落，這樣就不會讓學生感到不知所措，而學生漸漸熟練精通的過程中，教師在旁監督。

直接教學運用「學起來，連起來」的教學法。在「學起來」時期，教師講解新的概念

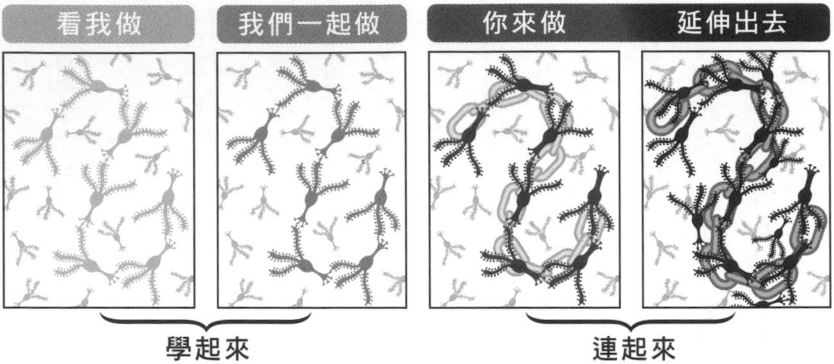

我們可在這裡看到，第一章描述過的「學起來，連起來」所形成的一組組連結，如何與「看我做，我們一起做，你來做」之間彼此相關，並延伸到直接教學的各個階段。

或技能（也就是「看我做」），這時散落各處的神經元開始產生連結。然而，直接教學並不是教師把概念講解完畢就停止。教師的簡單講解，並沒有讓神經元之間形成持續的連結。不過在直接教學時，教師用不同的範例和論證去說明新的內容，而學生一邊跟上進度，一邊有很多練習的機會。在練習期間，教師要隨時注意，提供矯正式回饋（這就是「我們一起做」階段）。於是，「學起來」這個時期，同時強調直接教學的「看我做」和「我們一起做」這兩個階段。

到了「你來做」的階段，學生自己練習很多次，能夠獨立示範他們理解的部分。「連起來」時期是從直接教學的「你來做」階段開始，但不是到這裡就停了。我們不只希望學生能夠強化他們的神經連結，也希望他們的學習能夠更加延伸。學生在很多不同的狀況下練習，等於增添新的資訊，並考量不同的觀點。（註六）如此一來，他們就讓自己正在強化和延伸的神經通路產生額外的連結。如同吉爾里（David Geary）所指出：「這些連結有很多都不是天生就很強固，因此大部分的二級學習都需要花時間大量練習，才能確保新的連結維持住（也就是說，確定學生把新的知識長期保存起來）。」（註七）

這種「看我做、我們一起做、你來做」的方法像是搭起鷹架，支持較困難教材的教學過程，而且逐漸將學習教材的責任放到學生身上。剛開始，能不能順利了解題目、概念或技能，由教師負起責任。到了引導練習（就是「我們一起做」）時期，老師慢慢將責任放到學生身上。關於搭鷹架，有一點要注意：如果太早移除鷹架，新學到的資訊尚未在「小新」（就是新皮質裡的長期記憶）那邊建立起來且穩固強化。也因此，我們的學生在餐桌上做功課時感到很挫折，或者考試時突然整個人呆掉。他們需要花更多時間，與教師一起進行直接

3 應該要在這裡講清楚，我們說的「直接教學」（Direct Instruction, DI，英文首字大寫）和傳統的直接教學（direct instruction, di）是不一樣的。DI是指美國教育家恩格曼（Siegfried Engelmann）在一九六〇年代發展出來的原創方法。這是一種循序漸進、按表操課的教學法，需要把一些概念組織成很有條理的課程，運用一些謹慎挑選、清楚明確的例子來說明那些概念，而教導那些例子的方法要遵循恩格曼的指引。於是，DI指的是市面上買得到的劇本式教案課程，例如「閱讀大師」（Reading Master）和「教導算術和閱讀的直接教學系統」（Direct Instruction System for Teaching Arithmetic and Reading, DISTAR）。英文首字小寫的「di」，則是指學校教師根據DI發展出來的教學法，比較沒那麼嚴謹。

講課	主動學習	講課	主動學習	講課	主動學習	講課	主動學習

以直接教學法上課一小時的範例

直接教學融合了講課（或者示範）和大量的主動學習。主動學習與講課如何搭配最理想呢？由研究看來沒有確切的結論，但我們確實知道，混合進行是很重要的！我們等一下會看到，講課搭配主動學習，對於增進你的教學成效會有意想不到的效果。

教學的「我們一起做」階段。

等到學生能在教師的監督下，在班上熟練地說明概念，那麼大可指派幾個有代表性的題目當作家庭作業。理想上，學生放學後完成家庭作業，或者隔天在自習教室做完，這樣就經過了好幾個小時。家庭作業能防止遺忘，鞏固新學的知識。

直接教學有沒有包含主動學習呢？當然有，而且很多！直接教學對所有類型的學生都有效，但特別有效的是初學者，或工作記憶容量較少的學生。（註八）有些學生苦於注意力方面的問題，而這種方法讓他們能夠專注於課程中的重要觀念。想要教學生解答化學方程式嗎？運用直接教學。想要說明何種因素導致「冷戰」結束嗎？運用直接教學吧。無論哪一種課程，教師把大量的資訊拆開成能夠理解的部分，讓學生試著學習，或者提取和複習。要記住，說到底，教學的重點是我們把哪些部分從學生的腦袋提取出來，而非試著放進哪些部分。

有效教學的一些原則

以下的列表是由教育心理學家羅森謝（Barak Rosenshine）（註九）提出，對於教師主導教學法的成效提供了清楚的概述。（你可能已經固定運用這些策略。）

- 開始上課時，先對前一次學習做簡短的回顧。
- 以幾個小步驟介紹新的教材，每個步驟之後都讓學生練習。
- 限制學生一次接收的教材量。
- 給予清楚且詳細的指令和說明。
- 提出大量的問題，確認是否理解。
- 提供高階的主動學習，讓所有學生都有很多範例可參考。
- 學生開始練習時提供指導。
- 放聲思考，示範各個步驟。
- 針對要解答的題目提供範本。
- 請學生說明自己學到的內容。
- 確認所有學生的回答。

- 提供有系統的回饋和修正意見。
- 需要的話重新教導教材。
- 準備讓學生獨自練習。
- 學生開始獨自練習時在旁邊監督。

直接教學相對於單純講課和其他的被動形式

有一部查理布朗的卡通提供了例證，顯示單純講課的效果很差。查理布朗的老師對她的學生講述知識就是財富，但所有人只聽到：「哇，哇哇，哇，哇……」這並不是要說，學習光是看著教師聽講是沒有用的。聽講可以包括強烈的認知過程。事實上會因為太強烈了，學生過沒多久就覺得很累而聽不下去。也因此，上課聽講（有時候稱為「講課加板書」）稱為被動式活動。學生可能看起來很專心，但完全沒跟上。

講課要怎麼轉換成直接教學呢？教師要把經過慎重考慮、包含重要觀念的完整課程，小心切開成較短的片段知識。接著，把這些簡短的寶貴資訊分散到許許多多的提取、練習、小組討論和其他方法之間，讓學生能用比較主動的方式學習教材。而不光是看著教師聽講。

說實在的，學習複雜的生物二級素材，並不是一場觀眾很多的運動比賽；它需要學生主動去努力理解教材。所謂的努力理解，可以像複習筆記這麼簡單，聽完五到七分鐘的講課之後，找一位學伴一起複習。

教師也希望學生被動學習的時間不要拉得太長，像是給學生觀看的影片或聆聽的錄音不要太冗長。[4]閱讀分析《哈姆雷特》這齣戲劇後，給學生看影片可能像是一段很長的休息（更別提你也有機會趕快去改考卷），但其實是浪費了寶貴的教學時間。父母最不希望聽到的，就是問孩子當天在學校做什麼，結果答案是「我們看了一部電影」。他們可以回家再看。同樣的，學生被動觀看或聆聽時，分心的舉動就會偷偷冒出來。

關鍵重點

「輪流朗讀」的缺點

對很多學生來說，不得不在全班面前朗讀，就像是學著抓住一隻扭來扭去的爬行類動物。在

4 你可能很想知道，「冗長」到底是指多長？這從幼兒園到高中的十二個年級可能有非常巨大的差異。熟練的教師通常能感受到「太長」了，因為從教室的側邊或後面看著學生，煩躁不安或打瞌睡都是很確定的指標。同樣的，記住以下這點會很有幫助：注意力持續的時間，大約是學生的年紀再加一。

課堂上輪流朗讀是很常見的練習閱讀方法，學生一個接一個朗讀內容段落，這樣並沒有讓學習變得比較簡單，反而是快要輪到時，學生會像爬行類一樣越來越焦躁。

從許多方面來看，輪流朗讀很類似單純講課最糟糕的幾個面向，強迫學生聆聽很長一段時間，而如果有聽沒有懂，他們也不會變得比較聰明。

播放一些短片，做為高品質直接教學的一部分，那麼設定觀看目標、向學生提出引導的問題（可以是填空題、選擇題和簡答題）是個好主意。（註十）學生一邊看影片，一邊回答引導的問題。中間不時停下來也是好主意，可提供額外的解說，釐清困惑的部分，並請學生提出意見和感想。身為在旁監督的教師，你可以請學生做一些與影片有關的事，說說自己看到什麼，或者看了以後對自己身處的世界有什麼感受。

我們想要強調的是，單純講課和直接教學是不一樣的，因為很多人都搞混。舉例來說，這本書的共同作者貝絲，她與同事聊天時會講到「直接教學」這個詞，卻聽到「對呀，講課」這樣的回應。或者有位教師可能回答：「是的，我用直接教學法；上課的大部分時間由我解說教材，然後出作業給學生去練習。」這些冗長的講課時間並不是直接教學，而是令人沮喪的獨角戲，並且放任學生在課後自己嘗試練習。難怪學生（特別是徒步式學生）會覺得學習令人非常沮喪！

直接教學相對於學生主導的學習法

直接教學，或者教師主導的學習法，可以想成是站在教學法的連續光譜的一端。那麼，學生主導的學習法則是在光譜的另一端，也是我們對於「最不需要教師指導之學習法」的統稱，其中包括發現式學習、探究式學習、問題導向的學習、實驗式學習，以及建構式學習。[5]我們比較喜歡「由學生主導的學習法」這樣的用詞，而不用比較主流的用法，像是「以學生為中心」，因為「由學生主導」比較能夠描述實際的情況。在大多數的例子裡，學生真的主導他們自己的學習過程。

讓學生來主導學習時，要把學生視為專家，他們努力研究、發現和建構自己的目標。既然如此，教師為學生提供學習所需的教材，但要克制自己不要提供特定的指導、資訊或答案。（註十一）

直接教學和學生主導的學習這兩者都很需要主動式學習。直接教學需要由教師帶領學生一點一滴慢慢學習教材，一路上讓學生示範自己熟練的程度；學生主導的學習則是給學生更多獨立學習的空間。教師擔任專家的角色在旁引導，學生則根據過去的經驗或做過的實驗

5 探究式學習和問題導向的學習有一些方法比較微妙，有些方面包含了教師主導的學習。

而找出自己的目標。

教導一些特定的教材時，經常太早就開始運用學生主導的學習法。初學者會發現自己很容易感到挫折，因為他們所處的情境必須嘗試自學一些複雜的素材，但可能還不是很熟悉。事實上，談到以陳述性方式學習的概念時，學生唯有先了解道路交通規則，而且可以執行適當的駕駛技術，才能夠掌控方向盤，駕駛自己的學習之車。

直接教學和學生主導的學習，兩者都很講究時間和場合。在直接教學的「看我做」和「我們一起做」期間，學生「學起來」。等到學生顯示自己已經很熟練，就很適合讓學生來主導學習，因為教材存入了新皮質，雖然還沒有很穩固。到了這時，學生有能力「連起來」，也就是說，憑著一己之力強化神經連結並加以延伸。透過這種方法，光譜的兩端通力合作。畢竟，教育的目標是教導學生學習新的資訊和技能，他們才能漸漸獨立學習。教師也會有額外的收穫；等到學生很熟悉教材了，就讓他們挺進到學生主導的學習法，像是網路探究式教學（WebQuest）[6]，那麼教師有額外的時間多盯著其他徒步式學生，他們可能還苦苦掙扎於同樣的教材。

現在由你試試看

讓學生持續投入

一旦發現學生面露困惑的神情，或者盯著電子裝置的時間比看著我們教師的時間還要多，就表示我們講課太久了。實行直接教學時，要讓徒步式和賽車式學生都很投入，就要不時使用形成性評量（formative assessment），像是我們在這整個章節一直介紹的方法：

- 暫停和回想
- 配對和重新配對
- 一分鐘歸納
- 一分鐘提出最困惑的地方
- 在教室裡很快巡過一圈
- 思考—配對—分享

6 在網路探究式教學中，對學生提供一種網站架構和一些關鍵字，讓他們針對真實世界的問題，去網路上搜尋特定的資訊和解答。

或者試用「改變情境」，重新燃起學生的興趣：

- 講述一則簡短的「相關」故事
- 提出一個問題，點燃好奇心
- 增添幽默之處
- 放點音樂
- 加上活動
- 站起來伸展身子
- 到教室外面去學習

為何有必要採取直接教學？

比較簡單的生物初級素材有著美好的一面，即學習不只輕而易舉，也很好玩。認識人和交朋友，都是必要的初級活動，也是大多數學生自然而然喜歡做的事。同樣的，與那些朋友聊天、玩玩具或與別人一起玩等等，這所有活動都是我們天生就會做的。

然而，這些初級活動所具有的輕鬆好玩性質，卻有可能誤導教師、學生、父母和社區人士，以為所有的學習應該永遠都這麼簡單又好玩。

並不是這樣的。

二級素材，究其本質而言，學習起來比較困難。（註十二）要專注、努力，並且付出心血。有益的難度（desirable difficulty），這是由加州大學洛杉磯分校的認知心理學家畢約克（Robert Bjork）倡導的重要研究領域，提出的觀念包括良好的學習需要悉心努力。（註十三）「刻意練習」（deliberate practice）這個概念也一樣，若要達成飛快的學習進展，有一種方法很好，就是努力學習教材中最困難的部分。（註十四）

對教師來說，學習二級素材似乎很簡單，但對初學者來說並非如此。也因此，在一千多年前，就連簡單的算術也很少有人會。（註十五）要學習這種二級資訊，面臨的障礙就是學生的工作記憶是有限的。學生第一次看到一個題目，很難知道要怎麼解答；經常有數千個不正確的選項，卻只有少數正確的方法。然而，工作記憶一次只能保留少數的選項。如果太早採用學生主導的學習法，學生要花費很長一段時間試過所有可能的方法，才能找到正確的答案。他們會感到挫折而乾脆放棄。（註十六）

最後呢，設置一組新的神經連結與二級素材有關，例如了解一項法案成為法律的過程、消化系統的運作方式、代數的平衡式等等，表示將神經連結移動位置、向外延伸、改變用途。這並不容易。也因此，直接教學才會如此至關重要，因為你身為教師要小心搭設鷹架，

你可以把初級學習想像成這樣，其中包含的神經路徑彼此非常靠近。在這張可愛歡樂的圖畫中，如同左圖所示，很容易看出那些路徑應該往哪裡發展。但是二級學習就像在濃密的神經叢林裡努力砍出一條路徑。不只是很難爬行穿越藤蔓和到處延伸的樹突樹木，甚至也很難得知你到底往哪個方向前進。每踏出一步都有更多的機會感到困惑和錯誤；只不過再多個走幾步，你就發現自己正在兜圈子。

提供引導。學生需要「學起來」，設置最初的微弱神經連結，於是往後可以比較穩固地「連起來」。那麼，原先就運用直接教學的一些國家表現出較高的學業成績，應該就沒什麼好驚訝的了。（註十七）學生對於困難的概念和技能變得熟練後，就可運用發現式學習了。但是要介紹比較困難的教材時，教師如果沒有小心引導，學生有可能在森林裡迷路。工作記憶容量較少的徒步式學生，吃的苦通常是最多的。

然而，這正是我們應該

要澄清的一點。工作記憶的容量比較少並不是缺點，只是一種差異，表示需要用到其他的教學和學習方法。舉例來說，本書共同作者芭芭拉的工作記憶容量比較少，但這提供了刺激因素，支持她以充滿創意的方式達到成功學習。為了熟讀新的素材，她有時候需要花費比較多的力氣嗎？是的。但她覺得，她的徒步式大腦讓她能用新鮮的眼光看待這個世界，那是工作記憶容量較大的同事有可能看漏或忽略的。

師長有沒有可能對學生過度引導呢？也有可能。我們讓學生從學習的困境中脫身，他們反而要受苦。韌性就像一種細膩的舞蹈。假如父母或教師幫忙過了頭，學生可能會學到只要坦白自己的挫折，就有人會幫他們完成作業，也許是餐桌旁的父母，或者隔天的老師，他們會說：「沒關係。至少你試過了。」也正因如此，直接教學法才會如此寶貴，就是架設鷹架協助學生得出答案，而不是直接給他們答案。

分析你的教學方法

直接教學

背景設定

你正在教八年級的生物課。今天的課程是繼續介紹遺傳學，你要向學生介紹「龐尼特方格」

（Punnett square），這是用來預測基因型和表現型的方法。（實際上，這可以用於所有年級和所有內容領域，學生從中學到一些事實、概念和步驟。）

你要對學生怎麼做

開始上課時，你要抓住學生的注意力，問他們能不能抖動耳朵或捲起舌頭。這些特性，加上髮色和身高之類的特徵，都是遺傳性狀的範例。激發學生的興趣之時，你同時也把他們新學到的內容與已有的知識連結起來。

你透過「思考—書寫—配對—分享」的方法，喚醒學生昨天上課的記憶。你請學生解釋生物的性狀如何從一代傳給下一代。他們的答案顯示可以繼續往下講。但如果他們忘了一些重要觀念，這時就可以提供修正，並增添一些重要的細節。

你請學生捲起舌頭時，課程就變得與個人有關，並提供激起興趣的誘因。你請學生回顧昨天的教材時，等於是喚醒他們先前的知識。課堂上所有這些前面介紹的部分，都是直接教學的一部分，同樣也可作為其他教學方法的一部分。[7]

然而，一頭鑽進課程的主體之前，學生需要知道他們最終的目標。換句話說，如果學生知道自己瞄準哪個地方，會比較容易擊中目標。（註十八）在今天的課程中解釋這一點，告訴學生要學的是如何填完自己的龐尼特方格。於是，學生開始聽課、應用、練習，再用有系統的方法做更多練習，沒有一次就灌輸太多內容，害他們不知所措。

值得指出的是，在孟德爾（Gregor Mendel）之前，科學家對於遺傳性狀一無所知。二級知識有時候要花好幾個世紀才能產生。（註十九）

第一部分：製作龐尼特方格

看我做

在這個階段，由你講解事實和範例。範例越複雜，你的講解速度就要越慢。你的學生聽著你加強解釋他們已經學過的字彙，但這次有新的內容。你解釋一個範例，子代接收到酒窩的一個顯性對偶基因，加上沒有酒窩的一個隱性對偶基因，這樣的子代是有酒窩的。你告訴他們，顯性的對偶基因蓋過隱性的對偶基因。也因此，我們的一些性狀，像是酒窩，會與我們的親生母親一樣，而其他一些性狀與親生父親一樣。

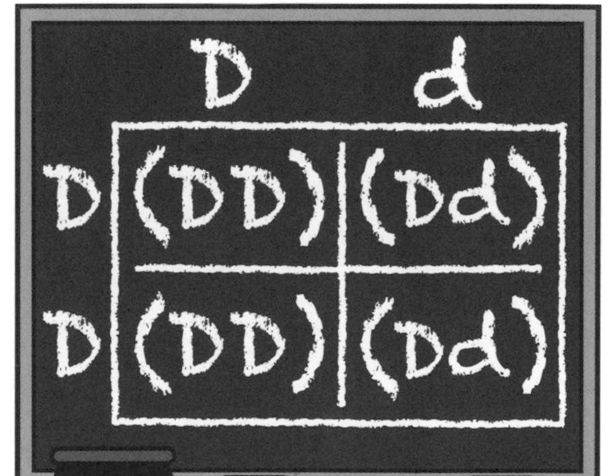

龐尼特方格。母親的基因型顯示在最左側，父親的基因型則在方格的上方。對偶基因的編寫方法是用大寫字母表示顯性基因，小寫字母為隱性基因。

7 當然有很多不同的教學方式：直接教學，探究式教學，概念獲得，蘇格拉底式研討法，字彙習得，歸納模式，翻轉課堂，統整模式……等等。我們深入探討直接教學，是因為關於它效果的證據非常完整。但無論使用何種教學模式，剛開始透過介紹抓住學生的注意力，再喚醒他們先前的知識，緊接著帶入新的學習，提出焦點問題等等，能夠這樣做就是好的教學法。

這時學生感到很好奇，你怎麼預測哪些性狀很有可能是遺傳而來，哪些性狀又不是。你向他們保證，這並不是魔術；他們自己呢，只要運用龐尼特方格，也可以弄懂來龍去脈。現在他們看出自己的生命有哪些關聯了——更別提龐尼特方格有多好玩！

你在黑板上畫出二乘二的龐尼特方格。向學生講解怎麼填寫龐尼特方格時，你把講解的步驟寫在黑板上。你要預先考慮學生可能會在哪裡遇到困難，納入額外的解說和有用的提示。

我們一起做

觀看你解說步驟之後，學生需要練習。請他們與學伴合作，這樣可以討論彼此的思考過程，並且安心地把剛學到的新名詞說出來：異形合子（heterozygous）和同型合子（homozygous），顯性和隱性。學生把龐尼特方格填好後，你繞教室一圈，靠近學生，聆聽他們如何運用新的專有名詞，並檢查有沒有錯誤。如果學生還沒有掌握概念，那麼花點時間指出他們的錯誤，必要的話重新教一次。

你來做

你出幾個新的題目給學生，請他們自己做完。這種「靠他們自己」的練習，有助於穩固學習，並建立自動自發的習慣。你要忍住，不要太早介紹比較困難的教材。唯有等到學生顯得很熟練，你才準備繼續講解課程的下一個段落，讓進度更進一步。

第二部分：解析龐尼特方格

看我做

基因型顯示有百分之二十五的機率是同型合子顯性，百分之五十的機會是異型合子，百分之二十五的機率是同型合子隱性，因此比例是一比二比一。表現型是由基因型推測而來，於是有百分之七十五的機會有酒窩，百分之二十五的機會沒有酒窩。

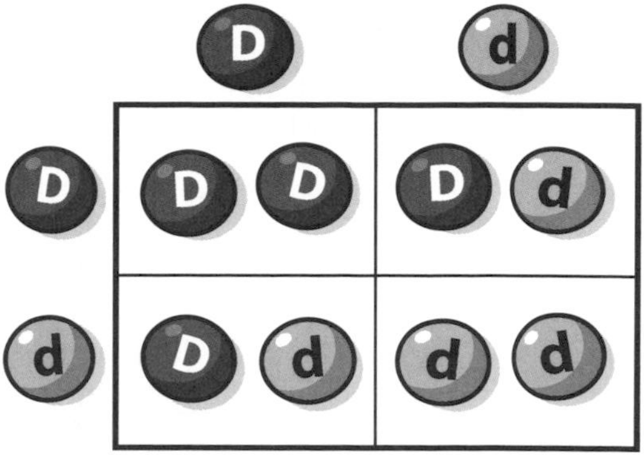

表現型	基因型	彩虹糖範例
酒窩	同型合子顯性（DD）	D 代表深灰色
沒有酒窩	同型合子隱性（dd）	d 代表 淺灰色
酒窩	異型合子（Dd）	

如果在龐尼特方格裡面加入機率和比例，就會變得比較複雜。父母的對偶基因可以有很多不同的組合方式。不妨用M&M's巧克力或彩虹糖代表對偶基因，用視覺化的方式讓學生看到基因如何傳遞給後代。

練習過三、四種不同的情節後，漸漸變得越來越有挑戰性。讓你的範例留在黑板上，於是在接下來的「我們一起做」練習階段，學生可以指著黑板上的內容。

我們一起做

為學生提供大量的練習。根據學生準備就緒的程度，以下是你能夠對教學方法所做的差異化。先前有較多統計學知識的學生很快就能領悟課程的這個層面，這些學生馬上就對練習感到不耐煩，也許讓他們先預習一些題目，能跳到進度的前面去。其他學生則會需要你幫忙複習，有些時候要重新教一次。他們的練習內容一開始應該要很類似你直接教的模型。

你來做

你評估學生已有足夠的練習後，撤掉所有的支援。確定再也看不到剛才那些模型的任何線索。這時，學生應該不會驚慌失措。如果真的有錯，他們還是可以透過你的回饋意見幫忙找出錯誤。

提出更多的性狀，更多的變異；學生也對這一切感到更加困惑。繼續帶著學生經歷「看我做，我們一起做，你來做」的直接教學模式，而讓他們展開「我們一起做」之前，要確定你沒有在「看我做」的階段給了太多資訊。等到學生反覆操作一些概念，變得很熟練了，你可以讓課程開始轉變，包含比較多學生主導的探究式學習，或者問題導向學習。透過這種方法，你會有比較多的時間協助比較跟不上的學生，進行一對一指導和小組指導。而往後的幾週，你也會想要拿這些概念考考他們，讓沒有遺忘的學生溫習一番。

要避免的事

在「看我做」階段，小心不要太單調。學生的注意力完全放在我們教師身上時，我們很容易陷入講課模式。不過學生的工作記憶容量是有限的。基本原則：碰到工作記憶容量較少的學生，每次呈現的資訊段落需要切得比較短（「看我做」的部分），加上多給他們一些機會好好練習提取資訊（「我們一起做」的部分）。

呈現資訊時，小心不要講得太快。學生需要時間去消化新的資訊。回想一下，「小海」要把你說的話傳達給「小新」所要花費的時間。這樣應該能幫助你講得慢一點。

關鍵重點

專長的詛咒

哈德格拉夫（Roman Hardgrave）是教育網站「邊際革命大學」（Marginal Revolution University）的學習設計長。他有以下的觀察評論：（註二十）

教師需要：一、先了解自己的專長對於教學方法造成什麼樣的妨礙；二、建立一個試驗系統，主動找出他們無法有效傳達的那些領域，並加以修正。

我與一些教師透過影片合作時，經常看到這種現象：他們說，有些事他們似乎全憑直覺就知道，但是初學者覺得很困惑。那是他們經常只說些專業術語，沒有好好介紹內容。

要修正這種狀況，第一步是想想你以前學習的時候覺得哪一方面很困難。第二步是仔細留意你的學生透露的徵兆，那表示你講解的內容很難懂。例如，很多學生全都犯了同樣的錯誤。或者你請學生講解某個部分，他們的講法與你的講法有何不同？你要注意這些徵兆，然後回頭修正你的教學方法。

歸納出一些原則

直接教學適用於廣泛的概念與技能。無論你教學生的是特定內容的詞彙、找出兩點之間線段斜率的程序、北半球的天氣模式，還是撰寫論題的基礎，從直接教學著手，可讓所有學生有公平學習的環境。

準備你的課程時，試著想想你最初學習這項素材時，在哪個方面奮鬥得最辛苦。（註二一）像是要平衡化學方程式，或者找出小說《梅岡城故事》書中的反諷例子，往往不是你自然而然就能弄懂。學生很想要成功學習。試著把困難的材料拆開成較小的部分，避免認知方面負荷太重，讓學生體驗到小小的勝利，於是朝向更有挑戰的教材逐漸邁進。

對於長期記憶，比較有效率的方法是不時練習五到十分鐘的小段落，而且複習個幾天到幾星期，這樣比一整個小時都做同樣而單調的大量練習要有用多了。一段大量的練習（填鴨式學習），短時間效果很好，但短期學習並非目標。學生一旦開始遺忘，就得更加努力才能喚起記憶。額外的努力會阻礙遺忘，強化學習效果，於是比較容易長期記住和運用資訊。（註二二）資訊和技能的長期記憶讓學生有所準備，能夠做更多的獨立學習，讓他們能好好進行學生主導的學習。如果學生一開始沒有好好了解牛頓定律，以及垂直力和水平力如何作用，他們就不知道要怎麼成功建造一座橋梁。

這一章的重要觀念

- 生物的初級素材，也就是「簡單的事」，包括了我們大腦天生就內建要學習的資訊。牽涉到的能力像是辨認臉孔，以及學習如何說母語。
- 生物的二級素材包括了「困難的事」，像是數學和閱讀。要學習這些類型的素材，我們的大腦必須重新連線，連線方式是人類過去的演化史上沒有產生過的。
- 採取直接教學時，教師把要講解的新內容拆開成較短的段落，接著再進行主動的提取或練習。講課和直接教學是不一樣的。講課經常是被動的，直接教學則在整堂課之中穿插主動式學習。
- 二級素材的學習很有挑戰，因為學生的工作記憶是有限的。有證據指出，直接教學比較適合用來教導生物二級素材，因為學生若要熟悉比較困難的概念，很需要直接教學所提供的引導、支援和主動學習。
- 等到學生能夠自己演練得很熟（「學起來」），素材就儲存到新皮質裡，即使還不是相當穩定。到了這時，學生準備好要「連起來」，也就是透過由學生主導的經驗，獨自強化神經連結，並使之向外延伸。

{ 第六章 }

主動學習

為什麼透過程序性系統學來的知識
運用起來比陳述性系統更加快速且自動

春末一個美好的星期五，你們剛剛成群結隊穿越停車場，帶著這個週末要打分數的一袋報告。你的車子開出停車場時，看到有個懷孕的年輕女子揮著手。那是貝拉，你們學校新來的教師。突然間，你想起明天是貝拉的產前派對。啊！你不只忘了要去參加派對，連要送她的禮物也還沒準備好！

你的注意力馬上落在要買什麼禮物送給貝拉。這個嘛，她是不是很愛滑雪？不過滑雪相關的東西適合嬰兒嗎？喔對了，你得重新安排明天的計畫，你本來要跟另一半去看你們女兒的壘球比賽。

二十分鐘後，依然沉浸於貝拉和產前派對的思緒，你到家了。你完全不記得開車過程的點點滴滴。

你是怎麼回到家的？

你刻意一想，很容易就能想像回家的路程——第一個紅綠燈向左轉，沿著公路一直走到二十四號出口，最後是幾個熟悉的轉彎，再停到你家車道上。不過你開車的時候完全沒有意識到這些事。這種潛意識的思考，跟學習有沒有關係呢？

是的，有關係！在這一章，我們要探討的領域經常受到忽略，就是大部分為無意識[1]狀態的程序性學習。要開始討論程序性學習，我們會先比較一下第三章討論過的陳述性學習。

陳述性學習會意識到想什麼、做什麼程序性學習則是人們習慣活動的基礎

資訊傳進和傳出新皮質而得到長期記憶，主要透過兩大路徑。兩條路徑分別組成各自的學習系統，即陳述性學習和程序性學習。

我們在第三章探討了陳述性學習。我們在那裡看到，陳述性的想法如何從工作記憶移動到海馬迴，最後進入新皮質的長期記憶。如果我們透過一個個步驟，對學生示範或講述他們要做什麼，或者說明一些事實或關係，這樣就是透過他們的陳述性記憶系統進行教學。採取陳述性學習系統，學生（多半[2]）會意識到自己在想什麼和學什麼。（註一）

不過大腦有點像火箭，針對各個必要的任務設有備援的冗餘系統。大腦可以透過第二

1 從神經科學研究的觀點來看，「潛意識」（unconscious）這個詞指的可能是某人處於意識層次之下（例如昏迷或植物人狀態），或者我們沒有意識到但依然處理的資訊（例如被遮蔽的物體之間閃過的字樣）。另一方面，「無意識」（nonconscious）就比較沒有清楚的定義，通常指的是我們沒有意識到的事。歐洲有些研究者傾向用「無意識」來避開佛洛伊德的潛意識概念。

2 我們說「多半」，是要讓議題在這裡比較容易討論。實際上，研究人員並不確定外顯知識（explicit knowledge）的背後是否多半都是陳述性記憶。也可能有一部分是內隱系統，我們執行這個系統的過程中，並沒有意識到自己在做什麼。

條路徑獲得資訊並交給長期記憶；這是備用的系統，甚至不需要我們透過意識去思考。有了這樣的程序性學習系統，我們可以把看到、聽到或感受到的資訊，透過基底核和相關構造的篩選和轉移，送入長期記憶。[3]（註二）

程序性系統是習慣性活動的基礎。大家經常認為，這種學習與學校利用教材來學習是非常不一樣的。事實上，從一九六〇年代的認知革命開始，與習慣有關的程序性學習的重要性，基本上不再受到青睞。直到最近，針對程序性學習的研究才又捲土重來。（註三）所謂的捲土重來，其實還沒有納入教育體系。這一章就是想要改正這點。

基底核從整個新皮質接收輸入資訊，然後投射回去新皮質，[4]形成巨大的神經迴路。這樣的迴路繞一圈要花一百毫秒。這個迴路能讓你學習一連串的動作和想法，並在長期記憶裡建置一組組的神經連結。接下來，這些連結在大腦產生一些狀態和活性，與思考、語言和唱歌有關。舉例來說，如果你伸手碰觸到火爐，得到的回饋是「好痛！」於是你學到不要碰觸火爐。或者你品嚐一顆很甜的莓果，於是以多巴胺為基礎的強化學習系統（我們會在第八章學到更多）會協助你的大腦重新連線，於是你會一直注意那些美味的莓果。

工作記憶並不會產生程序性的連結組合。（註四）不過只要產生那樣的連結，工作記憶就可以擷取它們。工作記憶一旦擷取程序性的連結，你就變得可以意識到那些事，或至少意識到一些重要的部分，除非是太小的細節（舉例來說，你騎腳踏車可以有意識地右轉，但沒有思考騎腳踏車右轉的肌肉運作細節）。透過工作記憶，自覺的意識變得更多，你就進展到陳述性系統了。或許正因如此，如果你當下意識到自己打籃球的罰球動作、打高爾夫球的揮桿動作，或者拉弓射箭的瞄準動作時，你反而可能失去準頭。「人箭合一」可能是個簡單的判斷方法，表示留在程序性系統而不是陳述性系統，因此你的想法可以流動得快速又順暢。

這與發表演說很類似。本書共同作者貝絲擔任演說隊的指導老師時，她的學生發表演說太多次了，甚至不必多想自己說了什麼。但如果有事情讓學生分心，把他們從「出神」的狀態拉出來，結果就完全搞砸了。貝絲幾乎可以看到他們的神經傳導轉換了路徑，從原本的程序性系統，即話語不用多想就流洩出來，轉換到陳述性系統，於是他們跌跌撞撞，試圖釐清自己講到哪裡，以及需要講什麼內容才能回到原本的脈絡。

然而，經驗豐富的教師有個優勢，他們可以把自己的教學內容講得非常熟練，彷彿嘴巴可以設定成自動講話的程序性模式，同時陳述性的工作記憶又可以搶先一步，解讀學生的表情和準備一些問題（像是看看麥迪森，他好像又在教室後面的角落開始小搗蛋）。這樣好

3 請注意，在這本書裡，我們遵循神經科學的傳統，認為陳述性和程序性的路徑都與某些實質的大腦系統有關，而不是與外顯或內隱的思考有關。

4 嚴格說來，是整個大腦皮質。不過如同以往，「小新」扮演最吃重的角色！

像變得很容易，不只可以在兩種模式之間切換轉變，也可以同時運用兩種模式。確實沒錯，打毛線或勾針編織的初學者，會以陳述性的方式專心學習處理毛線；至於打毛線的專家就可以一邊聊天、一邊開心編織。

到目前為止，這種程序性系統很低調，甚至沒有用到工作記憶或海馬迴；至少，通常沒用到。程序性學習反而是漸漸發生，日復一日，主要發生在大腦皮質神經路徑和基底核之間迴路的神經網絡內。

透過程序性系統來教學，意思是給學生做大量的練習。練習要花時間，因此程序性學習的速度比陳述性學習慢一些。不過我們等一下會看到，一旦透過程序性系統學會某件事，它的處理和執行狀況，都會比陳述性系統所形成的知識更加快速且自動。

自動化與程序性學習的價值

平常一場二十分鐘的TED演講，據說練習時間需要花上七十個小時。因此，為了即將到來的TED演講，芭芭拉練習了好幾個星期。結果呢？雖然芭芭拉很緊張，但話語流洩出來既順暢又自動。你或許可以把她頭上腳下吊掛起來，她還是可以講得一樣流暢。演說過程中，芭芭拉意識到自己動著嘴巴。但她不必多想自己在講什麼，這樣也好，因為她太緊張了，根本無法思考！

如今，芭芭拉在鏡頭和觀眾面前很有經驗了，講熟悉的題目對她來說很容易，也可以加進新內容，但相關的深入見解或笑話還是不行。（她真正的挑戰是碰到分成兩部分的問題。要回答第一個問題時，好多觀點湧進她腦中，但由於她的工作記憶有限，經常得請發問的人重新講第二個問題。）

即使面臨十二個小時的時差，或者無可避免的講者夢魘，像是必須發表三個小時的演講，面對黑暗中一大群戴著口罩、保持社交距離的聽眾，而且沒有簡報檔，因為整個州突然大停電，也會發現芭芭拉狀況很好。她似乎很快就站穩腳步，不過這只是因為先前有過大量的練習，讓她能夠快速思考主題的相關問題，感覺外在世界似乎慢下來，讓她有很多時間思考該怎麼反應。大家可能沒想到，像這樣反應速度快，很像是熟練的網球、棒球和板球員。這實在是很大的改變，畢竟她以前光是面對很小群的觀眾就緊張兮兮，覺得自己連呼吸都很困難，遑論是演講！

有趣的是，這種以程序為基礎，對演講素材的安心感，讓芭芭拉在觀眾面前很放鬆。這很基本又重要，因為對芭芭拉和她的共同作者來說，他們在這個領域做研究，觀眾的問題能夠提供最有效果和創意的推動力。舉例來說，在瑞士巴塞爾的諾華公司（Novartis），觀眾問了一個問題：學習運動項目要如何結合學業科目的學習，才能協助點燃好奇心，進而產生「啊哈！」的頓悟時刻，發現到認知科學家烏爾曼（Michael Ullman）的重要研究主體。（等一下會更深入談到烏爾曼，以及好奇心！）我們都已知道，學習不只是一條單行道。講者和觀眾都可以彼此身上學到東西。

放心吧，芭芭拉不管在什麼樣的場合，例如在奧克蘭大學很歡樂的系上會議、在線上參加共同作者泰瑞很出色的神經科學課程，或者在家裡，在歐克莉家的愉快喧鬧聲中，她還是必須停下來，想一想自己想要說什麼。

如同我們提過的，賽車式學生，他們在新的學習領域原本就有一些知識或技能，可以比較仰賴他們學習速度很快的陳述性學習系統。另一方面，徒步式學生，他們對主題很陌生，或者工作記憶容量有限，則是比較仰賴他們學習速度較慢（但是運用起來比較快！）的程序性學習系統。

對於這些系統的選擇，並不是有意識的。舉例來說，學生如果患有注意力不足過動症和閱讀障礙，似乎傾向於主要仰賴他們的陳述性系統；至於如果學生的工作記憶容量較少，則傾向於比較仰賴他們的程序性系統。（註五）在這些情況中，真正的挑戰是在可能的範圍內，勸導學生兩種系統都運用。

關鍵重點

閱讀障礙和程序性系統

閱讀障礙提供了一種很有說服力的範例，顯示程序性系統沒有按照平常的方式運作會發生什麼狀況。看起來，閱讀障礙不只是閱讀方面的問題。它源自一種更基本的問題，與自動化技能有關，這是程序性系統的工作。(註六) 舉例來說，有閱讀障礙的小孩，經常很難學會綁鞋帶，寫字也一團糟。有些閱讀障礙的孩子則是發展出特殊的陳述性記憶能力，用來彌補他們有問題的程序性學習系統。

大多數的孩子會讓程序性和陳述性系統一起運作，鞏固他們的學習。舉例來說，閱讀或計算數學，通常都要同時納入陳述性和程序性系統一起運用。在學習過程中，如果有其中一種系統運作不順，或者教師只強調其中一種學習系統，學生學習起來就比較困難，無法達到全方位的成功學習。

學習同一個資訊，陳述性和程序性學習並用

程序性系統並不是心智方面的怠惰。人類這麼聰明，有個原因就是擁有一些獨特的基因，比較容易運用程序性系統，就說，比老鼠容易好了。（註七）雖然程序性學習比較花時間，但人們一旦利用程序性系統學習資訊，一眨眼就能快速運用。

烏爾曼是美國喬治城大學的神經科學家，在語言學習方面發展出開創性的陳述性—程序性理論。他發現有一點很重要，就是要了解兩種學習系統各有所長，各自特別擅長獲取哪些類型的資訊；但是，兩種學習系統經常都可以學習同一個主題的相關資訊。隨後在第一八六到一九三頁的表格，便是描述這兩種不同系統很多不一樣的特性和含義。大致上是這樣：除非要特別挑戰哪一種路徑，否則學生獲取資訊時，可以把陳述性和程序性系統都用上。**用陳述性的方法學習資訊比較有彈性，但是回想起來的速度比較慢。用程序性的方法學習資訊可以流暢運用，速度快到簡直不可思議，但是比較沒有彈性。**（不妨這樣想，如果鍵盤的按鍵配置變得不一樣，要重新學習用鍵盤輸入文字會有多困難。）

與此相關的是「忘卻學習」（unlearning），就是把個人觀察所建立的知識都忘掉；另外是「共有知識」（common knowledge），這也許是學習很多不同領域的知識時最有挑戰的

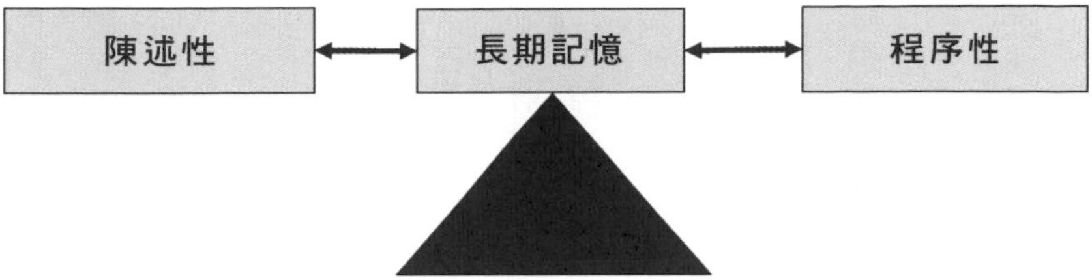

你可以把陳述性和程序性學習想像成一種蹺蹺板。每當使用其中一種系統來學習時，另一種系統處於待命狀態。但是到最後，把兩種系統都用來學習資訊，才是最有效、最有彈性的學習方式。

層面，包括物理學、心理學、法律和商業。這可能很有難度，因為「忘卻學習」包含了曾經以程序性方式學到的錯誤資訊。要忘卻學習時，一般推薦的方法是對新觀念進行大量的練習，而練習當然是程序性學習的基礎。

你可以把這兩種記憶系統想成一種蹺蹺板。當強調其中一種系統時，就不強調另一種。（註八）不過一旦兩種系統各自學到資訊，所得的知識就變成彼此互補：獲得資訊的兩種方式，都可以增加你對教材的整體理解和運用能力。

剛開始，教師經常用按部就班的方式講解某個概念，這正是學生用陳述性系統學習的最佳方式[5]。因此，學生從教師身上學習時，或者以偏向學生主導的方式從彼此身上學習時，都是透過陳述性路徑，然後在長期記憶裡存放一個個連結。那些陳述性的連結可以透過提取練習加以強化。可是，

5 我們不禁要想，每次碰到新的裝置，想要弄懂該如何使用時，大家似乎要不是閱讀說明書，就是乾脆胡亂摸索，直到弄懂用法為止。說也奇怪，這讓人聯想到陳述性和程序性的學習過程。

你要怎麼讓學生同樣開始建構他們的程序性連結呢？「練習」經常是把程序性和陳述性兩種連結都建構起來的最佳方式。（可惜沒有什麼魔術按鈕，沒辦法在陳述性或程序性系統之間切換開關。）

一般來說，課本的章節傳達了陳述性知識。另一方面，章節末尾列出的題目，用意也是引入程序性系統。要協助學生熟悉教材，解釋和題目都有必要。

本書作者泰瑞在大學主修物理學，他學習電子學和磁學時，熟記馬克士威方程式（Maxwell's equations），那是由電池和磁鐵的許多實驗推導而來的。他了解電子學和磁學嗎？不了解，因為要等到他把方程式應用於某個題目，像是設計無線電的天線，他才學到那些方程式的重要性。利用程序性學習去解答電磁學的很多不同題目後，泰瑞產生了直覺，能夠理解方程式真正的意義、如何利用馬克士威方程式，以及如何快速解答新的題目。

我們再看另一個例子。在生物課上，教師向學生介紹顯微鏡。學生也許會畫下顯微鏡的圖解，並針對各個零件和使用方法寫下筆記；這種資訊透過陳述性路徑傳向新皮質。但如果學生花時間透過顯微鏡檢視細胞和培養物，操作每個步驟和稱呼各個零件就變成他們的第二天性（程序性），甚至不用多想就能說出來。等到教師增加更多的樣本給學生觀察，並提供解說，那麼學生就回到陳述性的路徑。

陳述性學習很容易了解，因為我們對它是有意識的，至少意識到一部分。但我們多半沒有意識到程序性系統，可能也因如此，牽涉到這種學習形式的研究不像陳述性學習的研究走在那麼前面。如果你很難意識到某個系統，要努力了解它就有點困難啊！[6]

剛開始，研究人員判斷程序性系統牽涉到動作技能，像是學習打棒球，或者操作手鋸。我們也把程序性系統視為建立習慣的關鍵，例如看到某人對你揮手，你會自動揮手回應。簡單來說，程序性路徑似乎只包括一些簡單的日常例行任務。

但近來的研究已顯示，要學習一些極度複雜的觀念和活動時，程序性系統也至關重要；相關的學習包括綁鞋帶、理解複雜的數學模型、能夠很快就自然而然說出某種語言等等。程序性系統從你正在做、正在看、正在聽的事情進行觀察與學習，吸收其中的模式並使之內化，就像你小時候學習英文的字形；或者要學習快速破解魔術方塊時，你無意識取用內在的數學模式。由於你學到的資訊不需要經過工作記憶（也因此你沒有意識到這種思考形式），因此可以比較快速破解魔術方塊。（註九）不過這也表示，就算你知道如何破解魔術方塊（你

6 這其實很複雜，學生剛開始透過其中一種系統學習某個概念或技巧時，那種系統就掌控了概念或觀念，於是要轉變成與另一個系統互相分擔的速度就變慢了。例如你透過解說動詞時態和句型結構，以陳述性的方式學習一種新語言的文法時，則要用程序性的方式學習語言就變得比較困難。（等到你能夠毫不費力就說出形式完整的句子，你就知道語言已經轉變成程序性的路徑。）然而，透過程序性路徑學習文法的速度比較慢，所以一般通常認為，值得先用陳述性的方法開始學習新的語言。

以程序性系統來解），也無法簡單說明破解的方法（這必須動用到陳述性系統）。

我們的想法如下。舉例來說，你正騎著腳踏車，突然看到路上有顆石頭。你還沒意識到眼前的情況，就已經轉動把手，繞過那顆石頭。

直到繞過那顆石頭之後，你才意識到發生什麼事。有這種意識的延遲，是因為資訊進入大腦後方的視覺中心，由基底核周圍好幾層整齊的神經元負責處理，然後直接送到新皮質內的長期記憶連結。完全沒有經過工作記憶，那裡的處理速度慢得多。你的身體做出反應，不必由你告訴它該做什麼事！

甚至還有更巧妙的招數。騎腳踏車越來越熟練後，你的思考過程甚至不需要傳送訊號經過基底核。你反而可以從視覺中心直接傳送訊號給運動皮質神經元，激發你的動作。（註十）有了足夠的熟練度，那麼沿著樹林裡的山路往下騎時，你可以對突然出現的石頭、坑洞、凹槽和植物根部做出異常迅速的反應。你可以想像得到，在騎車期間，你無法說明自己大腦傳送給身體的那些複雜指令，更別說更粗略的感受了。但就算無法說明自己如何辦到，你還是辦到了。在生活的其他領域，你也會沒有多想便做出反應和行為，那時所用的多半是程序性路徑。（如同我們等一下要討論的，某些衝動型的青少年行為，背後可能發生了程序性路徑的反常現象。）

讓我們回到你開車回家的路上，即不用思考就能完成的事。你剛搬家的最初幾個星期能夠這樣嗎？不行。你回得了家，但必須專心開車，因為需要用到你的意識，也就是陳述性系統。要等到你開車回家很多次，直到你的程序性學習系統熟悉資訊為止。一旦熟悉了，你可以一路開車回家，沒有意識到其中的過程。（註十一）不過呢，如果前方的車子突然來個意想不到的煞車，你的程序性系統會很快踩下煞車，同時傳訊通知工作記憶，將注意力轉向週遭環境，於是你可以透過意識想清楚接下來該做什麼。

陳述性系統的學習速度很快，經常是率先獲取資訊的系統。程序性系統慢慢跟隨其後，學習方式非常不一樣，是透過練習。（是的，這便是主動學習的練習那麼有價值的背後重要原因。）程序性學習的神奇之處並不是學習起來有多快（經常慢到可憐啊！），而是一旦變得熟練，就能讓資訊很快付諸使用。無論你是要操控腳踏車繞過坑洞、立刻看出10／5可以簡化成2、直覺認出某個形狀是字母「d」，或者用你的母語正確使用某個動詞的過去式等等，程序性學習系統幫助你毫不費力就辦到。透過練習，你（還有你的學生！）比較少使用陳述性系統所留存的神經連結，用得較多的反而是程序性系統儲存的神經連結。不過像這樣轉換到程序性系統，並不會把陳述性記憶系統裡還留存的資訊清除掉。

學生透過他們的陳述性和程序性系統交替學習時，就表示資訊儲存在新皮質內長期記憶的兩個不同地方。（註十二）這有點像是有兩條腿。如果只有一條腿，你可以站立。但是若有兩條腿，不只能站得比較穩，也比較容易向前移動。

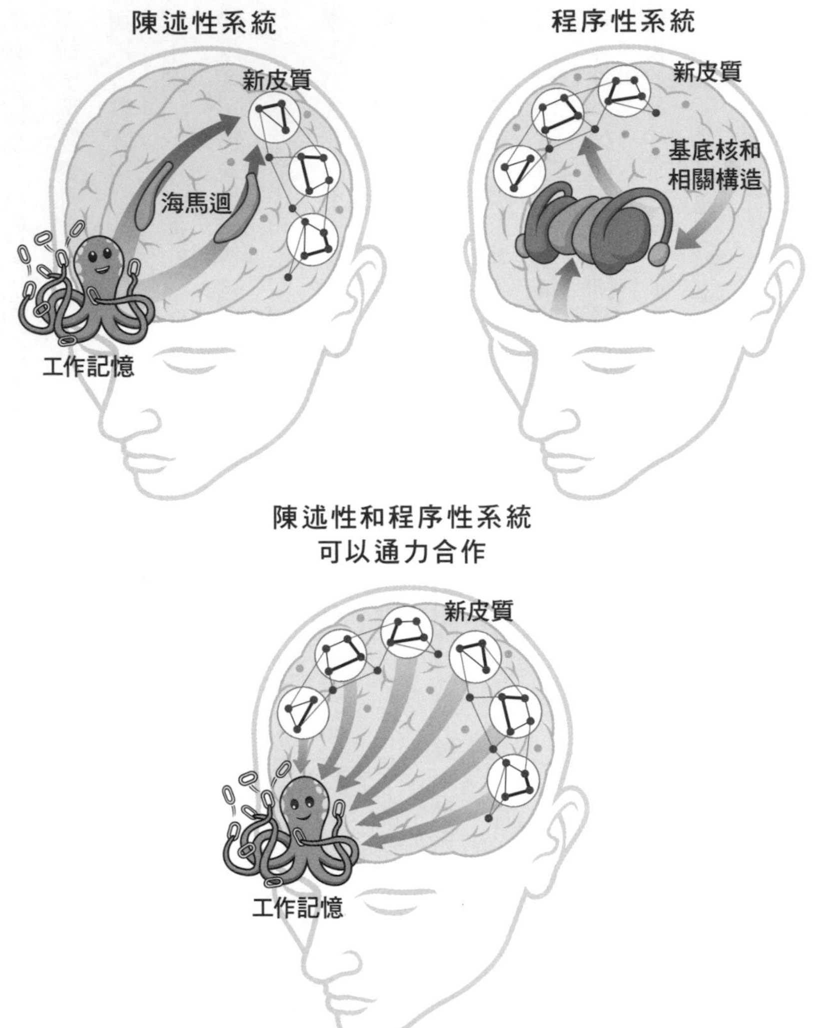

上左：陳述性系統最初源自你的工作記憶，穿越海馬迴，進入新皮質的長期記憶。

上右：基底核的程序性系統從整個大腦皮質接收輸入訊號，包括感覺輸入區（程序性系統的習慣性部分由此開始，例如從你的視覺或聽覺系統傳向大腦的後側），以及前額葉皮質（程序性系統的目標導向部分），透過基底核和相關構造，最後在長期記憶裡面產生一組組連結。（註十三）工作記憶可以透過程序性系統取得先前存放的連結。

下圖：工作記憶可以抓取事先建立好的一組組連結，那些連結是先前由陳述性或程序性系統所產生。

陳述性學習讓學生比較快順利開始，但整體表現比較差。透過陳述性「以及」程序性方式進行學習，表示學生可以用快速又有彈性的方式學到知識。詳盡的指示，搭配一連串連續、清楚、循序漸進的步驟，可以增加陳述性記憶的學習。假如缺少詳盡的指示，則可透過程序性記憶提升學習效果。舉例來說，小孩子可以透過程序性的方式學習母語，不需要詳盡又正式的指示。（註十四）

也許有些建構式的教學法[7]鼓勵程序性的學習，讓學生自己選取模式。這種「沉浸式學習」（immersion learning）是值得讚賞的目標，小心運用的話，在孩子小時候有較強的程序性學習系統時，可以運作得相當好。不過等到孩子漸漸長大，他們的陳述性系統通常會增強，程序性系統則變弱。一旦孩子連想都不用想（真的不誇張！）就能掌握母語的複雜文法，教師可以幫助青少年學習另一種新的語言，方法是透過陳述性的指示搭配程序性的練習，也就是透過主動練習。

7 建構主義有很多不同的詮釋。不過建構式教學法的核心是認為，知識是由學生自己主動建構而成。根據這種方法，我們不是期待教師傳授知識，反而希望教師對學生提供機會和鼓勵，讓他們建構自己的知識。參見 Fosnot, 2013。

更深入了解程序性系統

假設有隻奇怪的小狗在你面前遊蕩。你對這隻狗可能產生某種直覺，意識到快樂的感受，或者憂慮或恐懼的感受。這些感受之所以冒出來，源自於你以前與小狗相處的經驗。你的大腦已經學習到善意的小狗通常是什麼樣子，而好鬥或危險的小狗又是什麼樣子。那隻小狗為何會讓你感到快樂或緊張，你可能無法用言語來形容。你甚至可能不記得過去有什麼經驗導致你有現在的感受。然而，如果你試著探究自己為何對小狗有特定的感受，偶爾心頭會浮現某段清晰的記憶。不過說也奇怪，那樣的回憶可能也只是某種合理化的解釋，而不是你的大腦真的回想起來了。為什麼會這樣呢？這是因為程序性系統的神祕「黑盒子」。我們不知道黑盒子裡面有什麼，不過那裡收納著意想不到的大量想法。

程序性系統可以想像成有一道前門，是為了目標導向的活動而開設；還有一道後門，那是為了習慣性動作而開。前門的路徑多半從大腦前方的工作記憶接受指令。舉例來說，你可能告訴自己，「依循瑜伽的拜日式動作」，於是你的意念從大腦前方的工作記憶流入基底核。接著，資訊由基底核進行處理，最後再送上去到大腦皮質。結果呢？你發現自己開始擺出姿勢。

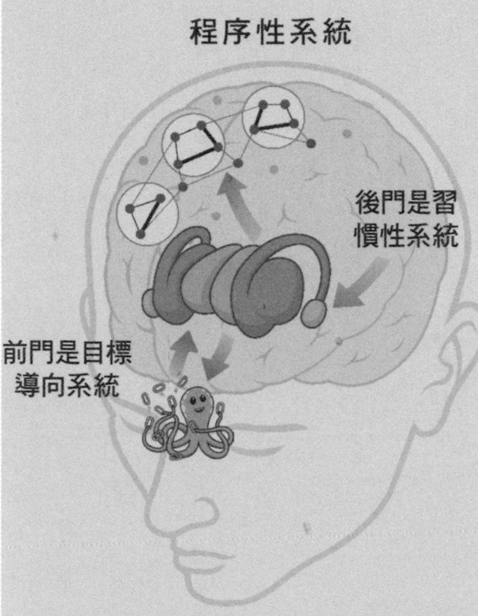

程序性的記憶系統有一道前門，提供給目標導向的活動；另外有一道後門，提供給習慣性動作。

每當你說著自己的母語，或者學得很精通的另一種語言時，目標導向的程序性系統也會發揮作用。舉例來說，如果你想喝馬鈴薯湯，你的程序性系統會協助你對朋友衝口說出「馬鈴薯湯」，連多想一下都不必；然而，如果你和朋友是在匈牙利，用你精通的匈牙利語說話，同樣想喝馬鈴薯湯的欲望，會讓你衝口說出「krumpli leves」。

奈特（Jim Knight）為教師提供一種厲害的教學訓練課程。他指出，教師選出自己教學領域很想達到的一個目標時，他的訓練課程是最有效的。他觀察指出：

> 我們已發現，大家把策略應用於現實生活的工作之後，證實真的有用。教師大可去上一千個工作坊、聽說一千種點子，但要真的有用，就要開始把那些點子以實際的方式

應用在他們的課堂上，開始將所學的東西變成自己的，並且牢牢記住。

有個重點是這樣，我們沒有嘗試要求教師做任何事。我們的訓練是由教師的目標來引導，也發現以學生為主的目標是最好的。舉例來說，如果有一位教師設定的目標是至少有百分之九十的學生能寫出有條理的正確句子，然後教師開始學習新的策略，幫助她達到那個目標，那麼我們會讓這位教師把學習和記住的部分內化成自己的東西。因此，那正是我們試著建立的訓練課程。但無論是什麼樣的目標，都必須由教師自己來選擇。在我們的經驗裡，如果是其他人設定的目標，大家不會有動機去完成。

奈特的訓練系統會這麼有效，就是因為採納了教師自己的目標，這樣也能讓教師的程序性系統參與其中。

至於後門的習慣性動作入口，就像很多後門一樣，比較鬼祟一點。這是用在感覺動作方面，沒有刻意去想的學習和活動，例如騎腳踏車、放鬆時把雙腳翹到腳凳上、寫信，或者聳肩以表示你真的不知道。習慣性動作的入口把感覺輸入連結到運動輸出，稱為制約反應（conditioned response）。後門入口源起於大腦的後側（這是當然的了），攜帶的資訊是你看到、聽到或其他的感覺。那些資訊接下來流入基底核的後側，然後回到大腦皮質。

你可能也猜到了，基底核正是一種切換系統，處於習慣性動作（沒有多想）或目標導向（有意識地展開）這兩類程序性活動之間。如果我們不用慣用手來寫字，最能清楚看出上述的狀況。舉例來說，如果慣用手是右手，那麼連想都不用想，就可以用大腦的習慣性部分來寫字。但如果慣用右手，卻嘗試用左手來寫字，那麼注意囉！突然間，我們無法使用習慣性動作的入口通往程序性系統，轉而必須用到目標導向的前門入口，那裡是由我們有意識（陳述性）的思考來驅動。我們的程序性系統其實還沒有學會用左手來寫字，於是寫起字來非常不靈活；這種時候，必須讓有意識的思考一直想著自己嘗試做的事

程序性的目標導向系統，正是陳述性和程序性系統可以攜手合作的地方。陳述性系統是你可以意識到的，它會「指點」程序性學習系統的黑盒子。然而，黑盒子會跑出什麼東西則是個謎，至少對你的陳述性系統來說是如此。那有點像是隨意扳動電燈開關，看看哪一個開關能打開哪一盞燈。你的學習過程所經歷的錯誤和成功，無論是學習寫字、說話或瑜伽動作，都會塑造你的反射作用。你會清楚意識到自己犯的錯誤，但不會意識到程序性系統如何從這些錯誤獲得學習，舉例來說，於是漸漸能夠寫字寫得流暢又自動。這也能解釋，為何用意識來控制會那麼慢又缺乏效率。隨著大量的重複動作，程序性系統慢慢得到學習，於是從陳述性系統那裡接手，讓你寫起字來既流暢又自動，或者其他所有的程序性動作也是如此。

附帶一提，陳述性和程序性系統之間的交互作用並不是一條單行道。陳述性系統的目標是有意識的，但可以受到基底核的程序性系統以無意識的方式加以驅動。程序性學習的運作方式是透過一種價值函數（value function），經由多年來處理世界上許多複雜變動狀況的經驗而建構起來。價值函數協助程序性系統，把未來得到的獎賞增加到最大。有些獎賞是典型固有的（像是食物和飲水），或者牽涉到較遠的報償（像是美國歷史課的學期成績拿到A）。如果你問某個人為何做某個決定，他們會敘述一個故事，所做的決定是根據那個故事，與程序性系統的價值函數沒什麼關係。這是因為，要意識到程序性目標導向學習的價值函數是很困難的，與

意識到騎腳踏車的程序性習慣導向價值函數一樣困難。坦白說，談到程序性系統的黑盒子，陳述性系統可說是一無所知。

上述這些，不只能解釋你對小狗的直覺為何很難付諸言語，也能解釋某些主題（包括多年來在餐桌上吵成一團的話題）為何在對話時那麼緊張。我們的想法有一部分是受到無意識的動機所驅動，是由程序性系統引發的。這就表示，那種有意識的陳述性討論，有時候（也許根本是經常）無法理解真正的動機。

大多數的小孩子學習時，程序性和陳述性系統都會參與支援。舉例來說，閱讀或計算數學，一般都同步用上陳述性和程序性系統。在學習過程中，如果有其中一個系統運作不順，或者教師只強調其中一個學習系統，學生就比較難以達到成功的全面性學習。

比較陳述性系統和程序性系統

陳述性和程序性學習系統構成兩種非常不一樣的學習方式，可以融合彼此之力，讓學生成功學習（註十五）。這個表格提供兩種系統的比較。請注意，兩個系統都可以執行另一種系統的一些任務或功能。

陳述性學習系統	程序性學習系統
主要是利用工作記憶和海馬迴連接到長期記憶。	主要是利用額葉和基底核的迴路連接到長期記憶。也與小腦有連結。

多半是有意識的。（你明確意識到自己的想法和學習，就像你專心按照指示，為新工作填好表格。）	大部分是無意識的。（你只會含糊意識到自己的想法和學習，就像你沒有特別多想就能開車回家。）
對於來自各種領域和形式的知識片段提供快速的連結和關聯，包括： • 誰（例如朋友或明星） • 什麼事（例如事實和意義） • 哪裡（例如地標） • 何時（事件發生的時間）	支持無意識的學習和處理，利用以下的知覺動作和認知系統： • 方法（例如技能、任務和功能） • 習慣（例如在有些文化裡，點頭表示「對」）
主要支持以下相關知識的學習、表述和運用	
• 事實，也稱「語意記憶」（semantic memory）。例如銅元素的簡稱是 Cu。 • 事件，也稱「情節記憶」（episodic memory）。這些是你個人經歷到的記憶，像是昨天放學後去找校長。	• 憑直覺知道規則，不需要有人明確告知。（例如打棒球時預測球棒要揮到哪裡，或者說「一顆」蘋果而不是「一球」蘋果。） • 判斷各個類別和它們的差異（例如有生命和無生命的生物，或者分數相對於小數。）

陳述性學習系統	程序性學習系統
兩個系統可用不同的方式學習相同的資訊	
• 陳述性系統可讓你透過地標（例如某棟高樓）找到本地的咖啡店。 • 對於學習英語作為第二語言的學生，會學到動詞的詞性變化規則，例如「**I walk, he walks**」。學生用到這樣的英文字時，也許要花點時間才能回想起適當的時態。不過學生能夠解釋為何用這種時態。 • 學生學習乘法表，也許會對自己說「5 × 3 = 5 + 5 + 5 = 15」。或者看到一個表格有三欄，每一欄有五顆豆子，於是總共有十五顆豆子填滿表格。	• 程序性系統可讓你依循熟悉的路徑（在路口向左轉，然後向右轉）找到常去的咖啡店，你甚至沒有意識到自己怎麼走。 • 學生剛開始學母語時，沒有人教文法規則。學生可以用那些文法講得嘰哩呱啦，甚至不用思考，但要請她說明為何用某種動詞形式，她可能說不出來。 • 學生已計算「5 × 3 = 15」很多次，也用了很多種計算方式，他們可以立刻就憑直覺知道 5 × 3 = 15。
學習的情境也會影響學生，讓他們傾向於仰賴其中一種系統。 不同的教學形式可以協助學生把資訊分別輸入兩個系統。	
學生「接受指示」時，就會應用陳述性系統。 例如這樣的指示：	學生「未受指示」時，則會應用程序性系統。 例如這樣的時候：

• 明確描述規則和事實，例如說明「PEMDAS」[8]這個簡稱的意思，以便記住數學運算的次序；或說明拼字的規則，例如 there、their 和 they're 之間的差別。 • 請學生找出特定的規則或模式。 • 慢一點給予回饋意見或不給。牽涉到加法或乘法表的練習作業，如果慢一點給回饋意見或不給，就表示學生沒什麼機會用程序化的方式把那些數學變成自己的知識。於是，即使像「7+5=12」這麼簡單的算式，學生也只好求助於較慢的陳述性記憶，或用手指計算。	• 學習語言時缺乏明確的指示，採取沉浸式的環境。 • 有干擾，降低了對資訊的專注度（例如準備開車回家時，突然想起新來教師的產前派對！） • 規則或模式很複雜，不是顯而易見，例如魔術方塊。 • 學生有很多機會透過主動練習來演練，無論是身體的技能（例如彈鋼琴或打籃球）或者心智的技能（例如心算）。課堂上的主動學習在某些方面顯得很有效，因為似乎啟動了程序式學習。 • 學生很快就收到任務的回饋意見，包括他們的預測。例如周圍有人以德語為母語，於是學生能夠預測怎麼樣用恰當的方式說出一個德語句子。她說出句子後，剛認識的德國朋友提供回饋意見，於是很快就證實或反駁她的預測。這對於程序化的過程特別有益，最後讓新學的語言變得自動化。

	陳述性學習系統	程序性學習系統
一般的特性	• 剛開始學習速度很快：陳述性系統的學習速度相當快。資訊即使只接觸到一次也有可能學起來，不過額外的接觸會加強記憶。 • 使用起來較慢：雖然陳述性記憶的學習速度可能比較快，但這種系統使用起來較慢。初學語言的學生，有時候覺得說起新的語言很困難，這是因為太仰賴自己的陳述性系統，沒有足夠的程序性練習（沒有足夠的主動式提取練習）。學生學習數學如果沒有變得自動化，就會陷入泥淖，因為無法很快看出關聯性，像是 1/ (1/k) = k，立刻就可以簡化你的步驟。 • 很有彈性：透過陳述性系統來學習，知識可以廣泛通用，使用也很有彈性；比較容易在各個領域之間轉換各種觀念。（例如	• 剛開始學習速度較慢：用程序性系統來學習，通常需要練習，於是經常比陳述性記憶的學習速度慢很多。 • 使用起來較快：到最後，程序性系統的提取和使用都比陳述性系統更快速。程序性系統提供了流暢度和自動化，例如說起母語或另一種精通的語言，能夠說得很快又不用思考；寫起英文句子，能夠從開頭的大寫字母到結尾用上適當的標點符號；或者能把常見的分數如 1/4，轉換成有小數點的 0.25。 • 缺乏彈性：程序性系統也包含習慣，這是不用思考的動作，因為是透過不斷重複而學起來的。我們經常沒有意識到其中牽涉的過程，因此用這種系統獲得的資訊很難

學生在自然課學過熱傳導，回到家裡煮馬鈴薯，可能會覺得用金屬叉穿過馬鈴薯比較容易煮熟。）	廣泛通用或彈性使用。就像一道磚牆，資訊牢固又可靠，但很難改變！
陳述性記憶在童年時期持續增進，到了青少年後期／成年初期達到高原般的平線區，然後隨著年齡緩緩下降。	程序性系統在生命早期便建立完成，也因此小孩子能夠輕鬆學習語言，特別是文法（主要以程序性方式來學習）。[9]等到小孩長大，這種系統似乎衰退了。（註十六）
工作記憶容量較大的人，通常陳述性的記憶學習系統比較強。	工作記憶容量較小的人，程序性的記憶學習系統比較強，或者比較優先使用。
額葉控制程序的參與會增進陳述性學習。正念訓練可增進前額葉控制程序，似乎能增進陳述性學習。（註十七）	前額葉的參與（集中注意力）沒有益處，很多例子都傷害了程序性學習。正念訓練似乎會抑制程序性學習，因為排除了基底核，而且對大腦額葉區的主動控制增加了。（註十八）
較高的雌激素濃度與促進陳述性學習有關，如同慣用左手。特定的基因可增進陳述性學習，這點每個人狀況不同。	較低的雌激素與促進程序性學習有關。有些基因也許可讓陳述性學習加快轉換到程序性學習，至於其他基因可能只增進程序性學習。（註十九）

陳述性學習系統	程序性學習系統
陳述性系統或許能協助補償以下狀況，或甚至獲得補強：（註二十） • 閱讀障礙 • 注意力不足過動症 • 算數障礙 • 發展性語言障礙 • 構音異常和發展性口吃 • 強迫症	程序性系統或許能協助補償以下狀況，或甚至獲得補強：（註二一） • 自閉症類群障礙症 • 妥瑞氏症

兩種學習系統之間的相似度也很重要：

- 兩種系統似乎都執行了穩固的程序，增強記憶。
- 睡眠和運動對兩種記憶系統展現了類似的效果，都能增進學習。
- 如果其中一個系統失去功能，結果會比較仰賴另一個系統，提升其功能。
- 兩個系統經常攜手合作。例如常聽到一句話「get your act together」（有條不紊），是透過陳述性系統學習到。但萬一需要用到過去式，例如「you got your act together」呢？原來動詞的時態變化是透過程序性系統來處理，快速又不用思考。於是發音，以及後來的寫字和學數學，都會變得比較容易，因為程序性系統可以快速又方便取得一些基礎的資訊，而那些資訊同時也受到陳述性系統的使用。

- 其中一種系統學到的知識，並不會轉移或轉換成另一種系統的知識。兩種系統是各自獲得自己的知識。舉例來說，學生練習寫字並接受回饋意見後，漸漸較少仰賴陳述性方式所學習的文法，反而變成比較仰賴程序性方式所學習的文法。透過其中一種路徑所學的部分，會由那種系統儲存於自己在新皮質的儲存區域。即使兩個系統有各自的儲存區域，陳述性系統也能使用程序性系統所儲存的知識，就像閱讀一本書、拋球給朋友、讓車子倒車，或者由陳述性系統把剛學的字詞，例如「新語症」（neologism）插入程序性系統所建構的文法正確的句子裡。兩種系統到底是如何無縫接軌、攜手合作呢？事實上很複雜，至今還不是很了解。
- 隨著時間進展，兩種記憶系統都越來越少仰賴「轉接構造」（即海馬迴和基底核），反而直接仰賴新皮質的長期記憶。

8 解答方程式要依照數學的運算次序，學生經常學到的順序是括號（Parentheses）、指數（Exponents）、乘法（Multiplication）和除法（Division），加法（Addition）和減法（Subtraction），簡稱為「PEMDAS」。

9 這會造成奇特的影響：一個人的基底核若有損傷，則會失去母語的語法流暢度（原本是透過早期的程序性優勢控制而學到），但長大之後學的語言還是可以說（比較是用陳述性的方法來學習）。參見 Ullman, 2020。

如何讓學生把陳述性和程序性系統都用於學習

只要有可能辦到，優秀的教師會確保學生把兩種不同的學習系統都用上。例如學習數學，學生可以意識到自己如何透過陳述性學習系統解答某個題目。但他們應該也做了大量的練習題，也就是大量的主動學習，以便發展相關的無意識模式，那牽涉到他們的程序性學習系統。

原來學習數學的一些重要方面，例如加法或減法等主題，很可能牽涉到程序性記憶。處理算術的腦區，與腦中關於程序性記憶的部位有相當的重疊。（註二二）過去研究人員認為，從一開始學習用手指做計算，轉變成比較快速理解「2＋3＝5」，只是一種機械化的熟記過程。然而後來漸漸釐清，加法的速度變得比較快，是因為透過程序性系統而變得自動化。看來孩子練習過一些數學事實後，可以像是使用母語的文法那樣，運用起來既快速又有效率，因為他們計算數學和說母語所用的一些系統是一樣的。（註二三）

坐在教室裡學習語言時，學生可以透過陳述性系統，學到西班牙文動詞詞性變化的正確規則。但是等到要練習西班牙文的文法，透過口語練習、學習單，或者與西班牙母語人士練習對話（這個最好），就是透過程序性系統來學習（至少有一部分是）。很多學生主要是透過陳述性系統來學習外國語，也因此一旦處於某個情境，需要主動講話時，往往會愣在那裡。他們不是沒學過；他們學過了，只是仰賴陳述性的方式學習教材，還沒有在自己記憶的程序性部分進行夠多的練習。

有時候教導得越少越好，就像你在嬰兒時期剛開始學習母語那樣。這樣一來，學習會繞過陳述性路徑，仰賴程序性系統。小孩子有很強的程序性學習系統，這可能是孩子年幼時，蒙特梭利學校和瑞吉歐學校那麼有效果的一個原因，他們都為孩子提供較多的探索經驗。

但不能因為這樣就給學生一張作業紙或考卷，只說：「你去算出來。」那樣對於進階的生物二級素材是無效的，或甚至很多看似簡單的活動都無效。舉例來說，你不能光拿一隻鞋子給小孩，就期待他知道怎麼綁鞋帶。應該要透過說明，小心搭設鷹架加以協助，再搭配主動練習，即精心設計的大量練習，如此這般依序進行。

針對比較進階的素材搭設鷹架有個有趣的訣竅，牽涉到一種教學方法論，稱為「概念獲得」（concept attainment）。（註二四）透過這種方法，教師提出概念的實例和非例（non-example）。學生先理解概念的一般性質，提出可能的定義。教師為學生提供進一步的實例，以檢驗他們提出的假說，並鞏固他們的定義。透過這種方法，學生對概念發展出自己的理解。

舉例來說，如果教師想要教學生了解無機化合物的重要特性，她會針對這個概念，向學生提出一連串的「是」和「否」的例子。「是」的例子涵括了無機化合物的全部特性，而「否」的例子可能帶有一些特性，但非全部。學生紀錄自己的觀察，將概念的重要特性條列出來。等到學生認為他們對無機化合物有了定義，接著教師增加更多有挑戰性的例子，測試學生提出的定義。學生理解概念後，下一步是請他們將自己學到的內容應用於新的作業，像是找出更多「是」的例子。有時候，「概念獲得」用在課堂的一開始來吸引學生，接下來才進入直接教學。

現在由你試試看

教導學生認識兩種學習方法

有時候學生不相信他們需要練習。你都還沒有多出幾題，幾乎就聽到他們嘀咕抱怨。他們以為只要回答幾個題目，或者自己完成幾份作業，就已經很熟悉你教的概念或技能了。為了不讓他們繼續抗拒，你要好好解釋學習是如何發生的。畢竟，能夠學習到如何學習是一種後設的技能，讓學生一輩子都受用。

告訴你的學生，他們有一條「說明式」（陳述性）的學習路徑，透過說明來學習；另外有一條「練習式」（程序性）的學習路徑，是透過練習來學習。兩種路徑對學習都很重要。學生需要自己練習的原因，是要幫助他們發展出第二種「練習式」路徑。

增進程序性學習效果的兩種最佳策略

假如陳述性和程序性系統都用上，學生的學習效果最好，那麼如果想要透過特定的系統增進他們的理解，最佳的教學方法是什麼呢？不出所料，無論透過哪一個系統，主動練習都是學習的核心。不過其中有細微的差異，對其中一種系統的支援優於另一種系統。

說到增進陳述性學習的最佳方法，你現在大概了然於胸。當然就是提取練習。針對嘗試學習的內容，提取練習幫助學生刻意集中注意力（這是陳述性的方式）。

不過談到程序性學習，最好的對策是使用「交替學習」或「間隔式重複法」。我們就先從交替學習來著手。（註二五）

交替學習

「交替學習」是學生針對一個主題進行混合練習，而不只是在一段時間內重複一些其實都相同的素材和題目。舉例來說，假如你正在學習印象派繪畫，「段落練習」（blocked practice）就表示，你會見到莫內的五幅繪畫作品，另外的幾組五幅畫作分別由竇加、雷諾瓦和畢卡索所繪，有點像這樣：莫莫莫莫莫竇竇竇竇竇雷雷雷雷雷畢畢畢畢畢。然而，「交替學習」表示學習的時候把不同的藝術家混在一起，因此你的學習看起來比較像這樣：莫莫竇竇雷雷畢畢莫竇雷畢莫竇雷畢莫竇雷畢。

或者再舉一例，你正在教西班牙文，很容易就能把現在式、過去式、未完成過去式和條件式等各個時態分成幾個段落來練習。學習之後，學生覺得他們已經對各個時態很熟悉了。不過，等到練習期間把各個時態混在一起（就是交替學習），學生才開始了解使用上的真正差異。（註二六）

如果你正在教英語文學，可以試著交替插入一些文學修辭，像是明喻、隱喻、誇飾、擬人、擬聲和頭韻等等。舉例來說，本書共同作者貝絲運用直接教學法，教導學生辨認出每一種文學修辭。她先介紹每一種修辭的定義和範例（「看我做」），然後請學生創作自己的例子，與全班分享，並鼓勵大家回應（「我們一起做」）。她發現，等到考試的時候，學生很容易就能詳述定義並舉例（「你來做」），但經常顯示對於概念沒有真正的理解。也就是說，如果隨機提起一些術語，學生其實無法對那些修辭想出自己原創的範例。他們也無法指出散布於文章各處的範例，即使那些範例非常明顯也一樣。學生需要更多練習，而且不只是關於定義的陳述式記憶，那與學生是否真正了解教材其實沒什麼關係。貝絲為了給學生更多挑戰，增加他們的成就感，並讓學習成果變得牢固，她請學生每次閱讀一篇新的文學作品時，都要玩一次「找出文學修辭」的尋寶遊戲。那些修辭穿插在文學作品裡，讓學習速度一

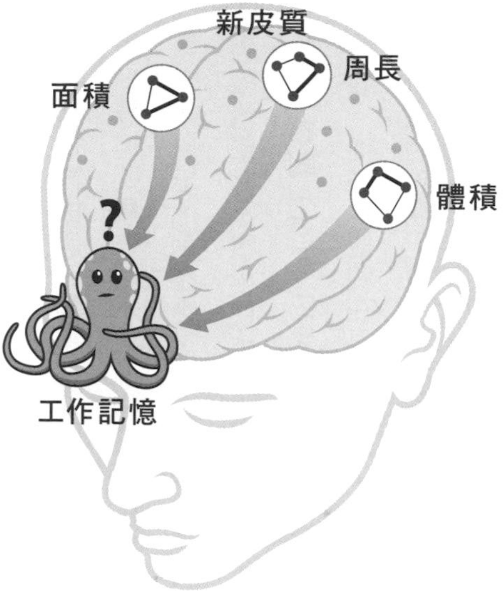

交替學習：還記得每一個「圓點」都代表一個神經元吧。要計算面積、周長或體積時，每一項分別牽涉到不同組的神經連結。交替學習協助學生辨認出這些連結組合之間的細微差異，於是要解答特定的題目時，他們知道要調動哪一組神經連結。交替練習看起來會很像這樣：面周體周面周體面周面。

開始顯得很慢。（不只一個學生抱怨。）不過等到學生的理解程度突飛猛進，他們在文本裡看出修辭的速度變得比較快，答對的頻率也提高了。漸漸的，學生把自己閱讀文學作品找到的修辭拿出來當作範例，貝絲就可憑直覺得知，學生透過他們的程序性路徑，把修辭變成自己的知識了。幾個月後，在學生自己的作品裡，貝絲看到他們能夠熟練運用擬聲字、擬人化、隱喻等等修辭，甚至能夠解釋自己如何刻意運用每一種修辭，以及為何那樣運用。

如果你教的是數學，舉例來說，你可能希望交替進行很多種計算，包括面積、周長和體積等等任意變換。透過這種方式，學生不會只習慣運算一種公式，以免必須解題時，心裡最先想到的就只有那唯一的公式。

（註二七）

我們曾經提過，訓練是非常好的事，但實施「段落練習」就不一樣了。學生學得基本觀念後，被迫要額外做一大堆幾乎全都一樣的題目。到了練習的後段部分，學生的注意力不太能集中，只是把動作應付完畢。段落練習浪費了寶貴的教學時間，多半無法增進學習效果。透過段落學習，學生似乎學習得比較快，但不像交替學習能夠把資訊盡可能留存到最久。（註二八）布朗（Peter Brown）和他的共同作者所寫的《超牢記憶法》（*Make It Stick*）是很有見地的一本書，他們在書中指出：「集中練習（massed practice）讓我們產生很熟練的感覺，因為是透過短期記憶讓資訊反覆循環，不必由長期記憶重建學習。」

交替學習幾乎可以協助學生學習任何一種科目，包括體育、數學、音樂、美術和語文。就算是看似簡單的概念，像是學習書寫不同的字母（例如 a、h、y），交替學習都比段落練習帶來更多好處。（註二九）（附帶一提，如果你認為「概念獲得」與交替練習有關，你說對了。）

交替學習可以促進程序性記憶，因為讓學生練習注意到「模式」，也就是說，察覺到類似項目或技巧之間的細微差異。觀看、聆聽和操作某件事很多很多次之後，能夠察覺到一些模式，而且直覺上變得熟練，這正是程序性記憶特別擅長的部分；這表示一些相似的類別，例如海豹相對於海獅、西班牙文的過去式相對於未完成過去式時態等等，非常適合進行交替練習。（註三十）然而，有些類別之間的差異比較明顯，像是狗和貓；或是數學課教導何時使用某種統計學技巧，相對於美術課教導何時使用某種繪畫技巧，那麼交替練習就沒有帶來什麼益處。這些類別之間的差異實在太明顯了，不需要花時間多加練習就能學會。

說也奇怪，學生認為交替練習的學習成果並沒有比較好，因為這樣學習比較花力氣。不像以前只要把同一件事反覆練習、稍微苦思一下就很容易想出答案。但是像交替學習這樣花力氣的學習，就像心理學家畢約克曾發現的，是「有益的難度」。（註三一）

就以足球當作例子好了。足球選手（即使是世界級的也一樣）比較常用強壯的那條腿來練習，少用較弱的另一條腿，因為用強壯的那條腿比較能踢出滿意的好球。這稱為「義肢症候群」[10]（peg leg syndrome），較弱的那條腿沒有得到需要的練習，表示可能輸掉比賽，因為球員比賽時需要熟練運用兩條腿。越困難的學習，越是創造出有益的難度，於是能迎向持久的學習。

你使用的教學法，需要學生花費較多的時間和心力，得到的獎賞是學習成果比較好。面臨的挑戰則是要說服學生，因為他們多數人接受的是比較符合直覺的段落教學，但效果沒

10 這裡的「義肢」，源自西班牙文的「pierna de palo」（木腿），是瘋迷足球的智利人所用的詞，例如本書作者芭芭拉的外甥。

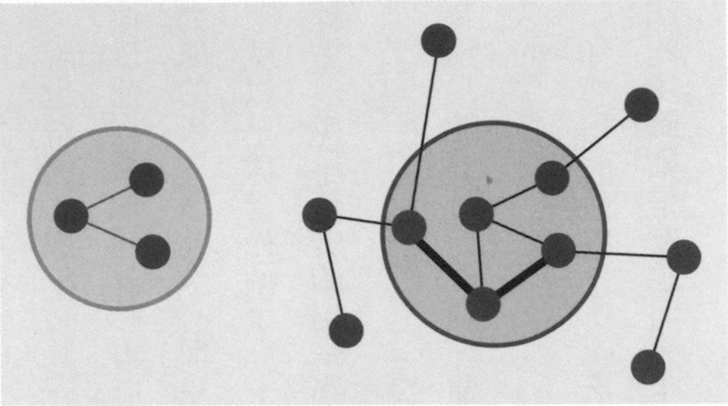

「有益的難度」這個詞，意思是要理解和記憶某個概念時，心智要建立一組堅固的神經連結所需付出的努力。（註三二）比起只是匆匆瀏覽資訊，建立一組堅固的神經連結是很花功夫的！舉例來說，如果學生要學習「人」這個漢字，她可能要花幾秒鐘凝視這個字。在最好的狀況下，這樣會產生一組微弱的連結，如同左圖所示。等到她下一次嘗試提取這個漢字時，原本的微弱連結很可能消失了。

但她如果花時間想像「人」這個字是一個人有兩條腿做出跑步的動作，甚至用兩根手指比劃一番（或用自己的兩條腿），那麼她把這個新字編碼成自己已知的事物，於是比較堅固。這種比較強大的概念式詳述，是要花時間和力氣的，但比較能夠創造一組堅固且持續的連結。你可以想像成編織一張較大的蜘蛛網，能夠捕捉較多的飛蠅。（隨後的穩固過程可以把事物記得更牢固。）有益的難度當然也可以應用於更複雜的概念。學習很順利的學生自己發展出來的學習方法，經常具備有益的難度。

附帶一提，學習一個新的外語單字時，做出有意義的手勢似乎對學生特別有幫助，讓他們能記住那個字，並牢記新字的意思。（註三三）舉例來說，要試著記住某種外國語言代表「很高」的單字，教師（以及學生）可以把右手舉高，同時說出那個字。要記住「連結」這個詞，學生可以把兩隻手的手指勾在一起。對於剛學習某種外國語的學生來說，第一次書寫生字或發音，其實不太能活化神經元的活性。搭配那些生字的圖片還比較能活化神經元的活性。但是呢，搭配新字做出有意義的手勢，能夠產生最多的神經活性，而且很明顯的是，這樣的活性與生字的意義產生很大的關聯。換句話說，有意義的手勢讓生字產生比較深刻的編碼（比較堅固且優質的神經連結），至於光是閱讀或聆聽那個生字，產生的編碼比較淺薄（神經連結比較弱）。

有像交替教學這麼好，特別是段落教學看似很快就產生好結果。我們這些運用大腦知識的教師，採用違背直覺的方法，像是交替學習和有益的難度，卻是可以教出差異的原因！（註三四）

關於學習，好的一面是透過適當的教學法，人類幾乎每一件事都能變得更好。但學習也有不好的一面：所謂的進步，通常完全只跟學生學到什麼有關。做了很多看似幾乎相同的工作，其實收穫很少甚至沒有收穫。這種現象稱為「專一性的詛咒」。（註三五）

有什麼對策呢？就是用一大組各種不同的實例進行訓練。（註三六）因此，交替學習也有助於「學習遷移」，即學生有能力把某個情境下學到的東西應用於另一個情境。（註三七）

附帶一提，交替練習很類似學生會在考試時遇到的狀況；這與大多數課本所提供的段落練習是不一樣的。以下舉個例子。你出一系列的題目給學生當家庭作業，用畢氏定理來解題，於是他們對答題駕輕就熟，知道要用哪個步驟。然而在班上的期末考，以及現實生活中，會有很多種不同類型的題目，經常完全沒有線索能看出學生必須用哪一種解法。因此，要挑出哪一組神經連結來練習是很重要的。

再順便一提，很多學校和大學努力設計出簡短、濃縮、緊湊的學習課程，有可能對學生產生不良的後果，因為比較沒有時間進行間隔式重複和穩固的程序。（註三八）

手寫字優於打字的價值

這裡很適合提出「在教室學習，手寫字優於打字」的重要性，至少在學習早期是如此。如同發展神經心理學教授范德米爾（Audrey van der Meer）曾指出：

使用紙和筆，能讓大腦有更多的「鉤子」，把你的記憶懸掛起來。用手寫字可在大腦的感覺運動腦區引發非常多的活性。拿著筆碰觸到紙張，看著你寫出一個個字，聆聽你寫字時發出的聲音，這些動作活化了大量的感覺。這些感覺體驗讓不同的腦區之間產生接觸，開啟了大腦的學習之路。這樣不只能學習得較好，也能記憶得較好，因此幫助孩子度過手寫字的無聊學習時期是很重要的，即使花費較長的時間也值得。（註三九）

關於交替學習和有益難度的注意事項

談到交替學習和有益的難度時，我們自然而然傾向於認為「越多就越好」。不過，如同克里斯托杜盧（Daisy Christodoulou）在她的著作《教育的七種迷思》（*Seven Myths About Education*）所提出的精闢見解：「我有一位同事與很多自然科教師共事，他最近對我說，看到英文課堂最近很流行交替學習，他非常擔心。他說看到很多課堂都這樣，學生遭到大量

各式題目的轟炸，卻沒有完全理解相關的概念，於是他去問那些教師，到底想要達成什麼目標，他們說是『交替學習』。」（註四十）

想當然耳，任何技巧都可有能遭到誤用，但挑戰在於要知道何時應該給予有益的難度。嬰兒仰賴程序性路徑學習得很好，但較大的孩子與成年人就不一樣了，他們剛開始學習時比較仰賴陳述性系統，經常需要有人說明資訊和示範程序，才能夠提取和運用，於是常常需要相當分量的段落練習，以便把基本的陳述性連結存放在適當的地方，再著手進行交替學習。工作記憶的限制也顯示，如果同時塞了太多東西給學生，神經連結就無法好好形成陳述性系統。這也表示沒什麼東西變成我們內在的知識，無法讓程序性系統進行監控和學習，這樣顯然會拖慢學習的過程。

現在由你試試看

交替學習

教師經常想知道，究竟要怎麼把交替學習應用於他們的學科。教學是很廣泛的，沒有單一的方法。有種方法是用「以終為始」的方法來著手，一開始先想像最後的目標。想想看，結束一個單元的學習後，你會給學生什麼樣的期末考試。學生經常會搞混的主題有哪些？該用小數的時候，他們會用分數嗎？他們學外國語時，會不會搞混動詞的時態？他們會一直抱著籃球而不傳球嗎？身為教師或教練的你，上述所有的領域都可以用交替練習來處理，無論你是在教室裡解答題目、在課堂上進行主動學習，或者指派家庭作業。你不希望只是教學生「如何」把事情做好。你也希望教他們該在「何時」把事情做好。

建立基模

既然我們談到一組組神經連結，這正是絕佳的時機，可以回頭談談基模（schema）。（註四一）你可以把基模想成是一種上層的神經模式，是一組神經層架，學生很容易在上面設置新的概念。為何這麼容易呢？因為學生有充足的練習，他們的心智已經開始把一般的模式結合起來。

基模把學生所學的各種不同概念結合在一起，包括程序性和陳述性兩部分都有。基模是原有知識的精髓，與敘事和主要觀點、概念和類別，以及統計常性（statistical regularity）的知識等方面有很密切的關係。（註四二）

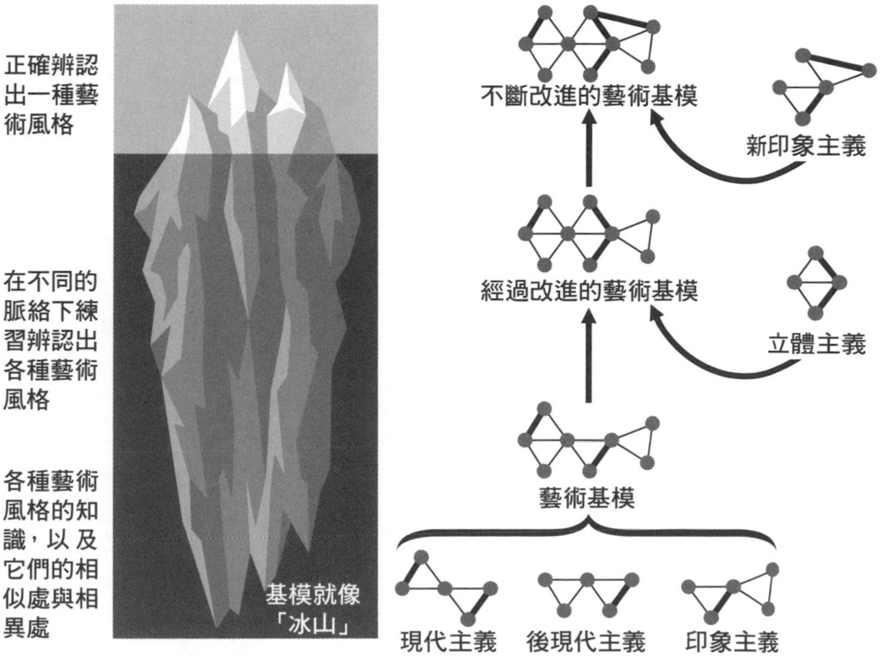

基模：學生根據他們的學習內容，逐漸發展出基模。這個例子是一位學生漸漸改進她的「藝術風格」基模。你可以把一些個別的連結組合想成微型的基模，例如底下那一排，包括現代主義、後現代主義和印象主義，隨著學生練習這些概念而往上升（在不同風格之間交替練習，有助於加快微型基模的實踐發展）。學習這三種風格，有助於學生發展出簡單的藝術基模。這種簡單的基模讓學生比較容易更進一步，繼續學習「立體主義」之類的重要概念。換句話說，學生有一種神經構造，讓她比別人更容易接受立體主義，放在先前學過的微型基模旁邊。同樣的，擁有事先存在的基模，讓學生能接受「新印象主義」這類新風格。隨著更多的練習和學習，基模變得越大也越堅固，於是越容易接受每一種新風格。

這幅插圖顯示的是藝術相關基模的發展過程，但也很容易應用於各種不同的數學運算，像是加法、減法、乘法和除法。或者也可以探討化學的一些基本概念、彈奏某種樂器、地質學、舞蹈、時尚設計、籃球或語言學習，只要你說得出來都行。

有很多證據顯示，基模妥善放在新皮質裡，不是海馬迴。（這樣是有道理的，因為「小海」只存放比較粗略的索引式素材。）事實上，基模越牢固，海馬迴就越不可能參與其中。有趣的是，基模塑造出我們對於所學事物的想法。正面和負面的想法都可以有，主要看我們拆解和重組素材、以新鮮的眼光看待它的能力，或者克服原先偏見和成見的能力，究竟達到何種程度而定。交替學習之所以如此重要，有一部分的原因是能夠協助學生創造基模。

基模很重要，是因為如同第二〇七頁的插圖所示，與先前所學的其他素材比起來，基模可讓新的學習內容比較容易存放起來；換句話說，新皮質可以學習得比較快。（註四三）例如一名棋弈高手，他擁有異常完整的棋弈相關基模，這些專業的基模讓棋弈高手能夠很快就精通其他新的下棋模式。無論學生學習什麼內容，都是依循這樣的模式。基模是學習的架構，而架構越大，就越容易讓架構變得更大。到最後，如同我們會在下一章看到的，基模也能協助學生提升學習動機。

有個常見的誤解是這樣的：專業的詞彙就等同於學生對某個科目建立的基模。詞彙是基模的「一部分」，但絕非全部。舉例來說，學生可能學到各種不同三角形的所有專有名詞（等腰三角形，等邊三角形，不等邊三角形），不過還需要知道很多其他的事，包括如何用這些三角形進行計算，才能發展出健全的幾何學基模或各組基模。或者，學生可能學了藝術相關的專業詞彙（印象派，後期印象派，立體派，裝飾藝術），但他們也得在各種不同的情境下好好理解和運用這些詞彙，才能建立堅固的基模。棋弈高手或許會發展出下棋相關的專業詞彙（各個棋子和常見棋步的名稱），但若要建立基模，也需要知道特定情境下最好的棋步是什麼。他們甚至需要一些技能，在緊要關頭能讓對手感到震懾。專業詞彙經常只是基模這座龐大冰山的一角而已。

學習有一個目標，就是到最後，學生應該要把我們所教的新教材或新技能轉移到新的情境。這可以做到某個程度，但新教材的差異越大，要轉移就越困難。（註四四）不過呢，你可以盡量向學生介紹教材內容的最多用途，用這種方法拓展學生的轉移能力；也就是說，擴大他們的基模。（註四五）而且要鼓勵你的學生自己探索看看。沒想到的是，提取練習也可以協助轉移，甚至可以遠遠轉移到相當不一樣的領域。（註四六）如果你的學生無法輕輕鬆鬆就把新學到的知識轉移到各式各樣的領域和情境，也不要對他們太嚴厲。即使是專家來轉移也會經歷一番掙扎，就像熟練的教師在嚴重特殊傳染性肺炎（COVID）期間也備受考驗，被迫在一夜之間把他們擅長的面對面教學技巧轉移成線上教學。

附帶一提，基模的發展會對「布魯姆分類法」（Bloom's taxonomy）和「韋伯知識深度」（Webb's Depth of Knowledge）這兩種學習分類法的較高等級層次奠定良好的基礎。（註四七）基模表現得很明確，較高等級的概念式理解，是從熟練度較低且較簡單的層次發展而來。換句話說，不可能直接跳上山頂，也不可能只專注於較高的理解層次。我們期待未來會

發展出新的學習分類法，是以神經生物學的考量為基礎。（註四八）

現在由你試試看

運用圖像組織圖來建立學生的基模

教師、神經科學家和工程師三個人齊聚一堂，撰寫一本書。教師看著一張圖像組織圖。神經科學家看著互相連接的神經元。工程師看著一張 Excel 表單。[11] 每個人對寫書的過程有不同的基模，主要根據（你也猜得到）各自先前的知識和經驗，那做為他們每個人基模的架構。

你可以透過圖像組織圖，幫助學生建立內在的基模。圖像組織圖是用視覺來表達內容，例如顯示出相似度和差異性、重要的屬性，以及某些概念的階層式結構。不像概念圖的結構容易變動、即興隨性，圖像組織圖則是採取標示清楚的表格、圖解和曲線圖，學生要顯示的不只是各個類別和概念之間有何關聯，也包括彼此的對照。這樣的組織圖能讓學生更深入了解內容，列出各個重要的觀念，然後互相比較，以便察覺到背後的模式和產生的影響。根據研究，圖像組織圖甚至比寫筆記更好，畢竟寫筆記純粹只是序列性的活動。另一方面，製作一張圖像組織圖則是生成式的活動，協助學生在心裡把教材重組成精簡的結構。（註四九）圖像組織圖可讓學生的基模變得堅固，甚至擴充。

舉例來說，在英文課堂上，一年級學生建立他們對敘事元素的基模；聽完一則故事後，他們完成故事地圖（story map），描述主角、背景設定和事件順序，如同第二一二頁的圖像組織圖所示。他們為好幾個故事這樣做，完成好幾個圖像組織圖，於是漸漸了解各個故事之間的敘事元素有什麼樣的相似度。歷經一個又一個故事，他們開始看出故事的各個部分如何組合起來，形成完整的故事。到了初中和高中，學生可以擴充他們的敘事元素基模。他們的程度已經不只能看出故事的開頭、中段和結尾，更能解釋情節的鋪陳、衝突、高潮、收尾，以及結局。他們不只能描述各個主要角色，也能解釋主角的情節如何影響故事的高潮。

以下有幾個訣竅，利用圖像組織圖的力量建立學生的基模：（註五十）

一、針對某個概念，為學生提供表面層次的理解，然後你再介紹圖像組織圖。學生如果對知識不了解就無法轉移。

二、接下來，為學生提供圖像組織圖的範本，但需要他們自己把內容填進去。這可以當作

11 舉例來說，在第一八六至一九三頁描述陳述性和程序性學習路徑之重要特性的表格，就是芭芭拉製作圖像組織圖的方法，用來了解兩種路徑之間的相似度和差異性。第二〇七頁描繪的是與藝術風格有關的神經連結組合，那是泰瑞思考基模的方式。貝絲則運用她身為教師的廣泛觀點，看出芭芭拉和泰瑞的觀點都讓圖像組織圖運用起來非常紮實。（而且貝絲增添了冰山的圖繪，協助我們所有人更加了解：人們看似了解的部分，其實只是底下「神經複雜度」這座冰山的一角而已。）

名字：

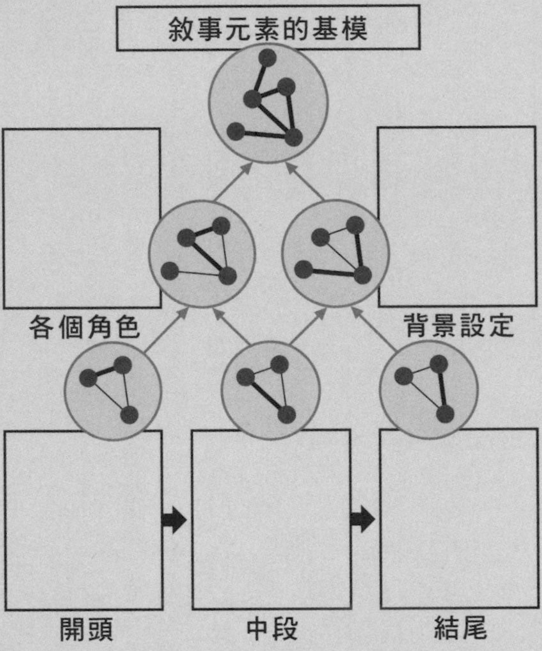

圖像組織圖，就是把一個基模的重要特性展示在紙張上，可以幫助學生發展出他們內在的基模。上圖是一張故事地圖，幫助學生確認和看出一則短篇故事的重要敘事元素。等到學生用很多故事練習過後，這樣的圖像組織圖有助於建立他們內在的基模。

鷹架，讓學生建構自己內在的基模。

三、如果學生對教材已有概念，而且希望增進自己已經存在的基模，那麼讓他們製作自己的圖像組織圖。於是，教學生認識各式各樣的組織圖，可以適用於他們正在學習的各種概念形式。學生可以製作自己的圖表，進行比較和對照，為一連串的事件製作時間表，並用圖表整理彼此之間的因果關係。

四、最後，請學生將他們的組織圖應用於接下來的活動，像是討論、撰寫報告，以及深入研究等等，以便鞏固和擴充他們的學習成果。

以這項作業來說，我們要求你為自己教導的科目發展出（或找到）一種圖像組織圖，協助學生從學習的內容找出一些關鍵要素加以比較。不然也可以支持你的學生發展出圖像組織圖，給你們全班或他們自己使用。祝你們玩得愉快！

間隔式重複法

到了最後，我們要介紹另一種「有益的難度」教學法，可在長期記憶內產生神經連結，稱為「間隔式重複法」。間隔重複，就像是與之緊密相關的「提取練習」技巧，不只能協助陳述性學習，也對程序性學習有益。

剛開始學習一項概念時，你的大腦奮力想要產生連結，只要能用的方法全部用上。那些連結常常不見得是最好的神經元配置方式，無法捕捉到你正在學習的精髓。

要讓那些連結自己重新整理一番，產生比較簡潔、優良、深入且堅固的連結，最好的方法就是休息一下。然後一次次回去學習那個概念。過一段時間之後回頭學習，這就是間隔重複的重點，成為大腦有能力穩固資訊的基礎，如同我們先前在第八十三頁看到的插圖。這樣的反覆學習，甚至能讓程序性系統產生的連結和陳述性系統產生的其他連結找到方法結合起來，只要都與同樣的概念有關就可以。（註五一）

複習之間的間隔應該要多久呢？幾分鐘，幾小時，幾天，幾週，還是幾個月？可惜這沒有簡單的答案，我們只知道睡眠有幫助，還有心情放鬆一陣子，加上單純度過一段時間。（註五二）如果學生希望在一週後即將來臨的考試中記住教材，就應該在接下來的一週內每天複習。假如你想要學生記住內容，因為希望他們在一年內都知道這些事，那麼每三週瀏覽一次是個好主意。（註五三）

但是每個人的情況都不一樣。有些學生對資訊記得比較牢，其他人則不然。這種運作不只牽涉到學生先前對教材的經驗（即原本就存在的基模），同時牽涉到他們大腦創造心智連結的能力，包括他們的內在動機。附帶一提，交替學習本身看起來很像是間隔重複的一種形式，或許稍微可說明它為何有能力幫助學生記住資訊。

適量的家庭作業的價值

過多的家庭作業，像是一個晚上要做三、四個小時的作業，已經成為引發爭辯的議題，導致有些學校完全取消家庭作業。這很糟糕，把有用的東西跟著沒用的部分一起丟掉。適量的家庭作業可讓學生加強他們對教材的陳述性理解，並發展自制的能力。然而最重要的也許是這樣：要讓學生對教材產生程序性的理解，做家庭作業是一種很好的方法，因為兼具間隔重複和交替學習的性質。

每次談到家庭作業，少即是多。你出的作業要重「質」，「量」不必多。如果學生需要花太多時間做家庭作業，一定覺得很無聊，會抗拒完成作業。家庭作業與其出了四十題，不如試試七題。為了插入交替學習和間隔重複，可從今天的課程出兩個習題，從上一堂課出三題，再從久一點之前的課程出兩題。

在時間方面有沒有最有效的擊球點？即不同年紀的學生，針對不同的科目，應該花多少時間做家庭作業？可惜到目前為止沒有發表這樣的研究。針對每一個人「最適量的家庭作業」問題，我們可能永遠都沒有準確的答案。實情是，一切都要回歸到作業的品質和學生的動機。適當的指導方針是這樣的，例如生物二級素材，像是數學、閱讀和寫作，由於需要大幅度的神經重新連線，大概最有機會從家庭作業練習得到益處。每日做簡短的練習，得到的幫助遠大於好幾天才預定做一次較長的練習。

關於作業要花多少時間，上述的指導方針雖然有用，但只是初步的嘗試而已。其他要考慮的建議還包括：（註五四）

一、永遠等到課堂的最後再出作業。如果課堂的一開始就把作業寫在黑板上，學生會想在課堂上開始寫。

二、隔天到了課堂上，要先做好規畫，加入家庭作業所包含的重要觀念。

三、要讓家庭作業至少占課程成績的一小部分。

四、快要下課前的幾分鐘，請學生開始做家庭作業。學生會很想把已經開始做的作業趕快做完。此外，如果學生有額外的問題，這幾分鐘能讓你協助他們解決問題。

五、絕對不要用家庭作業當作懲罰。

父母對家庭作業的態度很重要。只提供適度的引導和建議，學生一定比較願意努力和接受，父母最好不要一直在旁邊繞來繞去，想要控制和糾正。從這個意義來看，如果父母的教育背景有限，但是對學習和家庭作業抱持積極的態度，這樣對學生發展自己的後設認知技能是有益處的。（註五五）

學生經常想要盡可能快速解決掉家庭作業。一項作業花費的時間越久，他們通常就不想花時間去做完。他們會說試過了，但是做不出來。於是教師協助他們完成，這當然就是典型的「使能行為」（enabling behavior）。你要為學生提供家庭作業的練習機會時，最好的策略就是根據交替學習法，經常給予很簡短的作業。

能夠解釋一個概念，未必證明能夠理解那個概念

教師經常認為，如果學生可以用口頭來解釋某個概念，就表示對教材有真正的概念理解。但是說來可惜，那未必是對的。學生可能只是像反芻一樣，運用他們的陳述性系統，把記得的部分用口頭來解釋。舉例來說，認知科學家鄧巴（Kevin Dunbar）和他的同事已經發現，能夠清楚且正確表達牛頓運動定律的成年人，他們的腦部活性模式其實與不懂牛頓運動的成年人是一樣的。如同認知心理學家吉爾里所指出：「深層的概念理解與清楚的概念陳述，其實是兩回事。」（註五六）

有些學生會透過他們的程序性系統理解某個概念，例如文法的某個重點，或者數學的分數化簡；但如果要用口頭來說明自己的理解，他們會發現有困難。[12]工作記憶較差的學生，經常是透過他們很像徒步的程序性系統來學習，一旦碰到教師堅持認為陳述性系統才是說明

知識的唯一方式，他們會變得很挫折，覺得有剝奪感。舉例來說，如果學生可能有某種程度的自閉症類群障礙症，卻反覆要求他把自己的理解程度用言語說出來，也就是用陳述性系統提出說明，於是他們到學校和教室來學習時，有可能把自己封閉起來。還有一個令人驚訝的例子，就是專家反轉效應（expertise reversal effect）。學生可能真的理解內容，但是變得失去動力，因為他們明明已經憑著直覺理解內容，卻被迫結結巴巴慢慢口頭說明，結果講得亂七八糟。學生是很多不同的個體，有時候良好的教學方式表示你要了解，如果學生知道怎麼得到正確的答案，而且樂於學習教材，這樣就夠了。

融合陳述性和程序性學習

你用什麼教學方法，就會引發你的學生依循不同的學習方法。你用簡單明確的直接教學法來提供一連串的說明，或甚至只是吸引學生注意一些規則或模式，都可以透過陳述性記憶系統來增進學習效果。另一方面，練習可以讓學習轉而運用程序性系統。

學生剛開始透過陳述性系統學習某項事實時，例如 2 × 3 = 6，他們將這種資訊儲存成一組神經連結。等到他們練習 2 × 3 = 6，又把這樣的學習儲存成另一組連結。學習簡單的加法、減法以及乘法表，讓學生透過練習，對數字之間的關係發展出程序性的直覺式理解。

同樣的，學生學習「色輪」的一些重要知識時，像是藍色混合黃色變成綠色，他們是透過陳述性系統來學習。然而，等到學生「練習」混合顏料的色彩時，則是透過程序性系統來了解顏色之間的關係。陳述性和程序性系統一起運作，最終產生了藝術。學生以陳述性方式學習時，可以訴諸於話語文字；以程序性方式學到的就未必能如此，即使兩方面對學習都很重要。

現在由你試試看

運用交替學習和間隔重複這兩種方法，加強你學生的陳述性和程序性路徑

要建立學生的程序性和陳述性記憶，有一些非常棒的工具，就是經常讓他們在學校和家裡做些簡短的作業。這些作業應該永遠都要包括一些像開胃菜的題目，讓學生專注於他們正在學

12 即使是最優秀的一些編輯，他們獲得自己編輯才能的方法，也不是透過不斷小心研究文法和標點符號。他們獲得自己豐沛的編輯技巧，反而是透過大量的閱讀。我們作者群可以在這裡掛保證，有時候優秀的編輯可以大幅改善作品，但未必真的意識到那些修改為什麼比較好。參見 Dreyer, 2019。

習的核心概念。接著，他們應該要進展到交替練習的題目，包含了學生最常搞混的一些概念，再加上以前學過幾個題目（即間隔重複）。以學習語言來說，學生越能用上沉浸式的學習法，搭配立即的回饋意見和自然而然交替學習，當然就越能透過程序性系統，把資訊建立起來。

學生喜歡有成就感，因此如果要對付更困難的題目就會抗拒，轉而坐等你提供答案。好的教學法有個基本的部分，就是要幫助你的學生體認到自己做了很好的學習練習，於是會有比較好的獨立學習能力。為了達到這點，要向他們說明，如果是運動，有一種傾向是仰賴你最擅長的部分，就像有些足球選手傾向於仰賴他們比較強壯的那條腿；然後向他們說明，這樣為何是不好的學習策略。要向他們解釋，在學習的時候，很值得好好追求比較有挑戰的資訊，不該傾向於逃避。學生應該要在他們的「強壯腿」（也就是自認已經了解的教材）以及「虛弱腿」（即正在學習的新教材）之間輪流學習。

另外再進一步解釋，你出的題目是讓一些略有差異的概念交替出現，目標是要讓學生的兩條「學習腿」一樣強壯，不光是強化原本就強壯的那條腿。

最後，把學生分成兩人一組，請他們向彼此說明你剛才教的事，就是為何需要追求學習過程中比較有挑戰性的部分。你也請他們分享自己的生活中的例子，什麼樣的情況就是追求比較有挑戰性的事，最後達到的成果會比他們想像中更多。

這一章的重要觀念

- 大腦透過兩種主要的路徑，即陳述性路徑和程序性路徑，把資訊儲存在長期記憶裡。在新皮質的長期記憶裡，這兩條路徑分別儲存各自的資訊。
- 陳述性路徑（多半）是有意識的，可以快速學習和儲存資訊。程序性路徑則是無意識的，學習和儲存資訊的速度很慢。
- 一旦學到資訊，程序性系統取用資訊的速度遠比陳述性系統快得多。但程序性學習比較沒有彈性。如果讓鍵盤上一些按鍵改變位置，你的打字速度突然就變得沒那麼快了！
- 盡可能確保學生把陳述性和程序性系統都用來獲取資訊，這點很重要。這樣讓他們解決問題時很靈活、適應力強，而且動作快。
- 在直接教學的「看我做」階段，教師提供給學生的說明和示範，能夠加強他們的陳述性學習。等到教完之後展開練習（「我們一起做」），學生開始活化他們的程序性路徑，這樣能幫助他們自動自發學習（最後是大量的練習！）。
- 程序性系統在嬰兒和幼童時期很強勢，但後來變弱了。陳述性系統在童年時期很弱，隨著孩子長大成人而漸漸強化。

- 「交替學習」是在教導某一主題時，讓學生進行混合練習，包括一些相似而容易搞混的部分，而不是讓他們針對同一主題進行幾乎相同的反覆練習。
- 「有益的難度」會耗費大量的心力去建立一組堅固的神經連結，以便理解和記住某種概念。
- 基模是一組「神經層架」，把學生學習某個科目所產生的各組不同連結蒐集在一起。如果事先有基模，則學生比較容易學習某個科目的新教材。
- 「間隔重複」是指教材的提取練習橫跨好幾天或好幾個月之久。
- 研究者認為，若要透過程序性系統來學習，交替練習和間隔重複都是最好的方法。
- 比較重要的是，學生要表現出自己知道如何應用某個概念，而不是表現出自己有能力清楚說明。有能力解釋某個概念，未必就證明能夠理解那個概念。

{ 第七章 }

為你的班級建立習慣

如何用程序性記憶與適度獎勵
營造運作順暢的教室秩序

第三節的上課鈴聲響了。郝錫冠老師的學生安靜坐著，在筆記本裡寫著「鈴響作業」（bell ringer），那是很短的作業，寫在黑板上，學生一進教室就要先完成那些作業。今天的鈴響作業是寫下昨天閱讀課的感想。四位學生一組，每一組有個籃子裝著教材，放在他們共用桌子的正中央。寫完鈴響作業之後，學生伸手到籃子裡，拿出這堂課需要用到的教材。郝錫冠老師在籃子裡放了地圖和各種顏色的自黏貼紙，準備講解今天要上的短篇故事。

走廊對面是蔣布廳老師的教室，鈴響的時候，少數幾位晚到的學生才剛走到門口。削鉛筆機那邊大排長龍。查理準備走去他的座位時，踢到傑克掉在地上的書。兩個男生以兇惡的眼神彼此互瞪。在教室的另一端，

蔣布廳老師氣呼呼抬起頭，因為兩位學生問說：「我們今天有要做什麼嗎？」她把上課要用的東西收拾好，然後叫學生坐下，請他們把筆記本拿出來。一堆手高舉者——班上有一半的同學需要去置物櫃拿他們的筆記本。

重點：兩位老師真的都盡力了。不過像郝錫冠這樣的資深教師，她的教室運作起來就像是鐘錶的機械裝置，教學時間的每一秒都經過精密計算。蔣布廳老師則是還沒開始就被打敗了。

出了什麼問題？在這一章，我們要把先前學過的神經科學做個統整，於是你可以看出，只要把你的教學法做點調整，班上的氣氛會產生多大的改變。提示：一切都要回溯到程序性學習。

程序的習慣所構成的力量

回想上一章開頭那個想像的情景。你能夠一邊開車、一邊考慮同事的產前派對，沒有專心看著開車回家的路況。怎麼會這樣？你剛開始要熟悉回家的路途時，是使用「陳述性」系統所存放的長期記憶連結。但是漸漸的，隨著一次又一次練習開車回家，你的「程序性」系統也儲存了自己的一組組連結。你沒有意識到自己在思考，心智和身體就開始知道要做什麼。你變得很習慣經由習慣的路線開車回家，如果有時候必須離開那條路線去辦其他事，可能會發現自己錯過某個轉彎，像平常一樣繼續開車回家！

這是程序性記憶的力量：例行程序培養出習慣。你可以用這樣的力量去營造一個運作順暢的教室。只要有些連結存放在長期記憶裡，程序性記憶的速度就很快；基底核有「跳蛙神技」，讓習慣性動作能夠快速且自動執行。利用程序性系統，你可以協助學生發展出一些習慣，讓所有學生在你的教室感受到正面的體驗。

不過呢，好習慣很少是偶然發生的。我們也許覺得，知道怎麼樣很有效率取得用品，或以尊敬的態度尋求老師的注意，這些都是常識，但如同我們在這整本書所顯示的，常識未必真的那麼常見。

我們教師很容易這樣想像：學生懷抱目標進入教室，大家互助合作，一路順暢邁向下一個目的地。對我們教師來說，學生應該要做什麼是理所當然的，如果他們沒有做到，我們會很洩氣。但問題就出在這裡：你的學生看不出你在想什麼。他們無法知道你在想什麼，這就表示你在展開教學的最初幾天內，必須確定學生完全了解你有什麼樣的期望。這樣有助於支持他們發展出正確的習慣。

打好基礎，建立程序性的教室環境

即使到了開學的前一天，你還來得及在教室裡建立一種歡迎和豐富的氣氛。學生稍微知道可以期待什麼之後，就會減少苦惱（這是不好的壓力）。（註一）這樣會產生良性壓力（eutress），即令人興奮的新經驗或成就感會帶來充滿期待的健康壓力。（註二）（下一章會再多談談壓力。）

開學第一天之前

準備傳送訊息給學生和家長做自我介紹，並讓學生知道開學的第一天要期待什麼。你的訊息應該也要對未來的課程做些有趣的描述。（把它想成廣告文，介紹一部萬眾期待的驚悚電影。這種時候不要寫成無聊的說明書或一堆目標。）你的簡訊應該要紓解學生的焦慮，提醒他們所有可能需要的用品。（沒有一位家長想在開學的前一晚才衝去商店買三孔活頁夾！）

開學日

等到開學的第一天終於來臨，你的學生告別了相對自由的暑假生活。他們有些人天色還沒亮就醒來，抵達學校後發現自己從一間教室移動到另一間教室，就這樣過了七小時。即使去廁所也需要徵求同意。要協助學生應付這樣的過渡時期，你的最佳對策是模仿一些經驗豐富的教師，針對開學的第一天擬定計畫。舉例來說，黃紹裘和露絲瑪麗．黃（Harry and Rosemary Wong）這對夫妻是暢銷書《如何成為高效能教師》（*The First Days of School*）的作者，他們預先考慮學生會在開學日碰到的問題，擬訂一項計畫來解決每一個問題。這項計畫協助學生從暑假不用按照劇本演出的日子，轉換到學校按表操課的行事曆。

以下是一般的開學日問答檢核表，引導你進行自己的準備工作：（註三）

□ **我是不是在正確的教室裡？**（這也適用於線上的虛擬教室！）

我們全都知道，在開學的第一天，學生奔波於課堂間，想找到下一堂課的教室，心裡有多麼慌亂；特別是如果剛轉入新的學校，對於建築物的平面配置很不熟。因此，把你的教師名字、教哪一個年級，以及你教的科目（可以這樣標示的話），張貼在你的教室門邊，以便容易看見。學生遲到十分鐘才走進來，整班學生都盯著他，我們會滿心同情。我們知道他跑錯教室，承受了兩次尷尬的情境；一次是在眾目睽睽之下離開另一間教室，另一次是進入你的教室。

□ 我要坐哪裡？

事先把座位安排好。有些學生人緣好，而且有好同學上同一堂課，當然會想要跟朋友坐在一起。他們努力說服你，說他們不會分心等等之類。不要相信他們。讓學生坐在朋友旁邊，表示他們很容易講悄悄話，增加彼此分心的機會。一群人的力量不容小覷；讓朋友們坐在一起，最後會吸走班上的注意力。在剛開學前幾天的關鍵時期，把學生安排在不熟的人旁邊，可讓上述行為減到最少。這樣也會讓他們開始發展新友誼。

指派座位的方法，也可讓害羞和缺乏自信的學生減少壓力。人類天生就需要歸屬感：學生準備在教室裡坐下來時，沒有人希望遭到排斥。與成年人相比，年輕人如果遭受社會排斥，產生的神經反應會特別強烈。（註四）安排座位可避免遭到排斥的沮喪感受。

開學的第一天，本書作者貝絲在門口歡迎她的學生，遞給每一位學生一張卡片。每張卡片的形狀和花色，都是從九種不同口味的「幸運符」（Lucky Charms）穀片盒子裁切下來，也從她教室的天花板垂掛下來（撲克牌也有很好的效果）。給每位學生一張卡片後，她指示學生看著天花板，依照卡片的花色找到自己的座位。四張桌子一組，由穀片盒來安排標示。

學生依照他們收到的卡片，找到符合的穀片盒花色，坐進那個小組。她這樣的系統，讓學生從任意選擇全班的一個座位，縮減成選擇四人一組的其中一個座位，於是學生對自己要坐的地方還是有點決定權。經驗豐富的教師有個訣竅：學生通常和朋友一起走進教室。因此要運用策略，遞出不同顏色的卡片，打散朋友的群體。在開學的第一日，把學生分配成一個個群組坐在一起，這樣自動解決了合作小組的分配問題，這一點我們會在下一章再描述。

□ 我的教師是誰？

你要自我介紹。你會花一百八十天與你的學生在一起。與他們聊聊，分享一點個人資訊。學生會對你的寵物、你喜歡的運動隊伍和你的嗜好感興趣。與你的學生好好相處。讓他們知道，你在他們這個年級的時候是什麼樣子。你擔心什麼事？有什麼目標？你在他們的年紀時，有沒有什麼生活中的事件，對你敘述的故事增添一點意外的轉折？

不需要講得鉅細靡遺，你與學生分享這類資訊時，是要跟他們開始建立個人的關係。很多人會開始對你講起他們的寵物、他們做什麼樣的運動，以及他們在校外喜歡做什麼事。隨著漸漸信任你，他們會分享自己的掙扎和恐懼。彼此的關係對教學來說很重要。常言道：「除非知道你有多關心他們，否則學生不在乎你知道多少事。」

□我們要做什麼？

針對你要教的內容，點燃學生的興趣。你的課程內容很重要，但不要在開學的第一天就深深鑽進課程裡。開學日應該要像是一部預告片。舉例來說，如果你教的是化學，不妨用簡單的實驗把液體變成氣體，讓他們驚嘆一下。他們一定很想知道你是怎麼辦到的。絕對不要說出來。記住，你要引他們上鉤，於是他們會很興奮，想要回來學習更多事。如果你給了答案，那就像提供結局，扼殺了滿懷期待的好奇心。

如果你教的是英文課，不妨參考學生未來一整個學年要讀的故事，用主角的戲劇化個性和故事的衝突事件來吸引他們的興趣。你甚至可以選出其中一篇故事，從聽眾裡選出幾個「角色」，演出短短的一幕。不管學生年紀多大，這種做法永遠都適用。共同作者芭芭拉曾經請她的大學部學生演出冰箱的各個零件，讓他們從課程的第一天就對冷凝器、壓縮機和蒸發器大感驚奇。（更別提他們的教授也是！）要記住，第一天表示要激發他們的好奇心和學習熱忱，於是他們會很興奮，想要回來學習更多東西。

□有什麼樣的期待？

要讓學生知道你的教室可以接受什麼樣的舉止，因此要好好教導你對行為舉止的期待和程序（以後會再談到程序的部分）。等到學生了解你的規矩是有道理的，他們比較有可能買帳，願意遵循那些規矩。

對於小學或中學的學生，適合給他們一種廣泛的期待（例如要「很好」或「還好」，不能「惡劣」）。共同作者貝絲把這種廣泛的原則應用於很多方面。如果剛開學的一、兩天就向學生提出一份詳細的清單，列出他們「不能做」的每一件事，實在是很倒胃口。因此，與其一直盯著負面的事，不如玩得開心一點！請一組組學生集思廣益，舉出範例，所謂的「很好」和「惡劣」看起來和聽起來是什麼樣的事。讓學生閒聊一些特定的行為舉止，他們會變得比較輕鬆自然，特別是開始脫口說出「屁啦」。

把大家拉回來，全班一起討論，並繪製圖表（圖像組織圖！），針對可接受的行為舉止產生共識。把每個形容詞在圖表上分開列出，以這個例子來說，把「很好」和「惡劣」分開列出。在表格的一側畫上一對眼睛，另一側則畫一隻耳朵。要確定你們的討論涵蓋一些重要的行為舉止，以免學生漏掉，例如要先舉手才能發言，以及不要打斷別人講話。

你在課堂上建立的期待，經常包含一些服從的行為。你可以把大家針對服從的討論，用來拓展你的教學內容，強化那些行為在社會情緒方面的意義。（註五）指出學生正在學習和練習的重要生活技能。舉例來說，學生輪流發言時，其他人會覺得參與其中很自在，因為他們知道每個人都有機會獲得別人的聆聽。透過這些討論和圖表，學生對於預期中的行為舉止建立了清楚的圖像。接著把圖表張貼在教室裡，讓學生容易參考。隨著學年的推進，還可以加上其他行為。由於這些規則是學生制定的，他們有發言權，而且能接受。

很好	
參與活動 坐直身子 別人說話時看著他 自己的東西整理好 先舉手才能發言 把教材放在桌上	說話要說清楚，並用適當的音量和語氣 有人問問題要回答 別人發言時要安靜聆聽 要說「請」和「謝謝」

惡劣	
上課聊天 忽略別人 沒有獲得允許就使用某種裝置、app或工具 把教材放在置物櫃裡沒帶來	打斷別人說話 對別人說不好聽的話 抱怨 提出惡意的評語

第一週：建立流程

流程是做一件事的既定方式。流程提供了一種安全網，能夠保護你的學生，並且讓你作為學習的架構。這是怎麼進行的呢？你策劃自己的課程時要想清楚，你希望學生與教材怎麼互動。他們會在筆記本裡寫筆記嗎？他們會用自己的筆電嗎？他們需要什麼樣的用品？他們會如何取得那些用品？他們要與學伴分享，還是參與小組合作？學伴或小組會怎麼指派？他們需要多久的時間？上述每個問題的答案都會加進流程裡，於是能避免發生災難和混亂。穩健可靠的教室會教導學生熟悉流程並加強訓練，讓他們能夠專心學習，教材準備妥當又有條理，呈現出正面的教室環境。

要教導流程，就要運用直接教學，把資訊放入學生的陳述性記憶系統。告訴你的學生，你期待他們能夠做到什麼事；舉例來說，如何以恰當的方式進入教室。把流程分解成幾個步驟，並示範給學生看，讓學生知道你期待他們怎樣完成每個步驟。最後，在你的監督下，請學生好好練習，直到熟悉每個流程為止。學生剛開始學習流程時，要用讚美來支持你所指導的特定動作，而且應該要抓對時機經常讚美。接著使用程序性的路徑，方法是練習一些技能並加以強化，直到變成習慣為止。如果學生忘記了，你要重新教導。程序性系統很神奇，會讓你的學生做出你希望與期待的事，不必你提醒他們。（大部分可以啦！）

教導學生的常見程序（註六）

- 進入教室
- 點名

- 參與班級討論
- 請求協助
- 運用科技
- 在報告上方寫下名字、日期、作業名稱
- 補寫漏掉的作業
- 用手勢來傳遞需求（例如要上廁所或使用削鉛筆機）
- 利用空閒時間
- 離開教室去吃午餐或搭校車

建立程序，也是要把你的正向期待傳達給你的學生。（註七）課堂一開始，學生在座位上做著鈴響作業時，討論一下這種行為。告訴他們，你有很高的期待，如果他們能夠符合期待，你會很感謝。你可以對一些特別專注的行為表示認可和支持，以此激勵你的學生。也要針對那些很會拖的人，提醒他們該做的事情要做好。額外的好處：學生把該做的事情當成自己的本分時，經常也會幫助其他覺得有困難的學生。透過這種方法，用習慣把班級建立成一個社群。

現在由你試試看

教導班級的運作流程並加以運用：以座號來排隊

把考卷往回傳遞，蒐集整齊；列隊走去餐廳、圖書館或禮堂；在外面集合參加消防演習。這些例行事項讓你損失了教學時間，也可能是學生搞怪的溫床。要把學生和教材整頓得井然有序，有個方法很有效率，就是整個學年為每一位學生分配一個座號。這個座號應該要符合教師的成績登記簿裡的順序。為了幫助學生記住，請他們把自己的座號寫在顯眼的地方，例如筆記本的封面。（座號當然只是用來快速管理而已；不該用座號來指稱任何一位同學。你或許希望用英文字母的反向順序來取代數字系統。於是，姓氏開頭的字母在最後面的同學，有機會排在隊伍的最前面！）

指導排隊收發作業的程序：

一、指出應該從教室的哪裡開始排隊，最後排到哪裡。在擁擠的教室裡，好好說明該如何排隊。

二、你站在隊伍的起始點。

三、給學生一段指定的時間排好隊伍。在你的指揮下，二十五人的班級不到三十秒就能排好隊伍。不過呢，如果他們第一次嘗試排隊花了兩分鐘或更久的時間，請不要驚慌。

多試個幾次，時間就會大幅縮短。

四、指示學生以座號順序排成隊伍。練習這種程序時，最初幾次要提醒學生注意看他們筆記本的座號，以免忘記。

五、請學生注意，誰應該站在他們的前面和後面。一旦知道需要注意找到誰，排隊速度就會很快。

六、如果學生拖拖拉拉，剩下最後幾秒的時候不妨倒數一下。拿時間要求學生，他們就會趕快動起來。

七、你站在隊伍的最前面時，請隊伍的第一位學生交出報告或取回報告，接著回座。後面的學生也按照同樣的做法。由於學生沿著隊伍向你移動，你節省了力氣，也讓學生有機會活動筋骨。

剛開始指導排隊的流程時，請學生練習幾次，建立他們的程序性記憶。如果學生後來找不到自己的位置，他可能會想：「艾蜜莉不在這裡。我要站在哪裡？喔，黎安姆在這裡。我站在他前面。」

排隊可以節省時間，特別是考慮到收發作業要花多久的時間，還要整理作業、填入你的成績登記簿等等。此外，這樣可以叫學生離開座位，刻意讓他們活動一下。還有額外的收穫：要在程序性記憶裡形成一項習慣，身體活動經常是其中一環，也是學生每天期待的部分。也因此，要建立例行的程序時，讓學生以井然有序、有目標的方式離開座位，真的有很多益處。

一以貫之是最重要的

在學期的一開始，蔣布廳老師或許已經教學生一些程序，但她不太能持續要求學生，也不太能緊盯著他們。我們探頭看看她的教室，反而只注意到一團混亂，而且浪費了大量的教學時間。要創造穩定又豐富的教室環境，趕在問題冒出來之前就努力避免真的大有幫助。短暫拜訪郝錫冠老師的教室激起我們的好奇心。學生要寫心得的讀物是什麼？那些籃子每天都放在學生的桌上嗎？學生用那些色彩繽紛的便條紙做什麼？勒莫夫（Doug Lemov）寫了《王牌教師的教學力》（*Teach Like a Champion*）這本最棒的書，他說明上述兩種教室文化的差異：

> 把時間拉長來看，有效率的教室文化幾乎看不出來，因此有些人不了解其中的奧妙之處；他們看到教師不太對學生提醒行為舉止方面，於是認為答案就是不要太常叮嚀學生的行為舉止。結果剛好相反：如果你試著不要管他們的行為舉止，到最後會連其他事情也管不動；可是如果從一開始就刻意持續叮嚀他們的舉止，等到你談起歷史、藝術、文學、數學和科學時，分心的狀況到最後會漸漸消失。（註八）

對學習和動機來說，獎賞很寶貴

我們一起寫這本書的過程中，發現重新連線的過程對學習有多麼重要。創造一些新的神經連接組合並不容易，包括要讓軸突轉向去勾住一些樹突棘，並透過在各種不同環境的大量練習來強化這些新的神經連結。不過呢，有一種近乎神奇的化學物質，多巴胺（dopamine），讓上述的重新連線簡單多了。這種誘人的神經化學物質，對於陳述性和程序性學習兩方面都很重要。只要我們能讓學生的大腦好好享受一場「多巴胺浴」，學習就快多了。為什麼呢？

意想不到的獎賞所包含的特別價值

學生的大腦無時無刻評估著，不久的將來會得到什麼樣的獎賞。（獎賞指的是一個人認知為正面的事，無論是物體、行動或內心的感受。）（註九）多數時候，學生的生活只是順順前進，都是可預測的日常生活。因此，除非有某種事物神奇出現，像是巧克力棒或搭雲霄飛車，否則學生的大腦只是閒閒待著，做些平常的大腦事務。但如果出現了「意想不到」的獎賞，多巴胺會噴注到參與學習的很多腦區。多巴胺不只讓學生感覺良好，也讓神經元之間的連結比較容易強化。（註十）此外，還記得陳述性和程序性系統之間的競爭，宛如蹺蹺板上

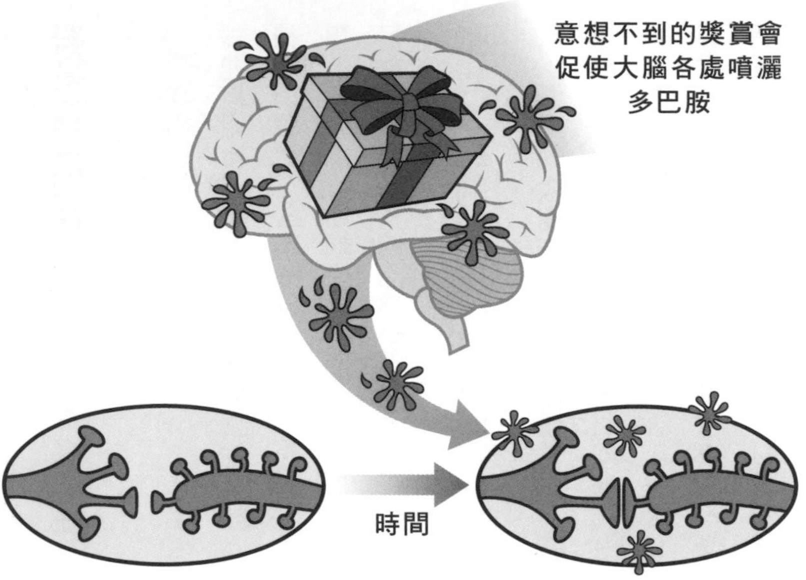
意想不到的獎賞會
促使大腦各處噴灑
多巴胺
時間

每當出現意想不到的獎賞，就會啟動多巴胺的噴灑，噴灑的腦區是學習過程讓突觸之間形成新連結的地方；突觸是神經元之間的間隔。在意想不到的獎賞出現之前、期間和之後，多巴胺都協助強化這段期間發展出來的連結。[1]

下搖擺嗎？我們發現多巴胺會暫時停止它們之間的競爭，反倒讓兩個系統攜手合作。（註十一）

換句話說，意想不到的獎勵所激發的多巴胺，有助於學生的學習！[2]（註十二）

多巴胺會增強那些我們期待獲得結果的行動。以下便說明這是怎麼一回事。如果有一群四年級的學生坐在他們的位置上，而教師翻閱著報告，那麼學生不會期待很快就得到獎賞（放學時間好像還要一輩子那麼久）。如果教師請所有學生根據自己的座號排成隊伍，嗯，沒什麼大不了的。學生開始排隊。

不過呢，如果所有學生開始排隊時，教師提供一些正面的強心針，說道：「像這樣離開座位，讓我們的血液流動一下，不是很好嗎？不然再加碼，雙手舉高伸展一下，或者給你自己一個擁抱。」要用很有感情、歡樂和鼓勵的語氣——這是學生意想不到的。而且教師的開心語氣，加上能夠離開座位，真是天大的獎勵！這種意想不到的正面獎賞，不只命中大腦的愉悅中樞，也產生了多巴胺，湧進大腦裡面參與學習的很多腦區。此外，多巴胺可以大幅提升工作記憶。（註十三）學生學習到排隊的感覺很好，他們也比較容易學會排隊。

那麼，拿這個例子與蔣布廳老師教她學生排隊的方式比較一下。蔣布廳老師期待學生能夠排隊，畢竟她已經在心裡想像過，感覺相當簡單。不過等到學生沒有按照她一開始希望的方式去排隊（畢竟學生覺得很困惑），她就開始對學生吼叫。突然間，學生的期待從「覺得很煩」驟降成「負面感受」。沒想到多巴胺的濃度也驟然降低，因為分泌多巴胺的神經元不

1 於是，問題變成：「是在意想不到的獎賞出現之前、期間和之後的多久？」答案當然是「看情況」。有些研究指出，那樣的新現象，以及可能伴隨而來的多巴胺噴灑，再加上另一種分子，正腎上腺素（noradrenaline）的噴灑，可以提升隨後的學習狀況達到三十分鐘之久。參見 van Kesteren and Meeter, 2020 和 Dayan and Yu, 2006。

2 意想不到的獎賞，造成多巴胺短暫增加；多巴胺能控制突觸的可塑性，這會讓未來也比較容易得到獎勵。換句話說，多巴胺，就是意想不到的獎賞所激發噴出的化學物質，能讓參與學習的神經元比較容易連結起來。舉例來說，你第一次打籃球成功射籃、解出一個數學題，或者順利完成填字遊戲之後，你感受到多巴胺衝擊所帶來的愉悅，而這也協助你的大腦比較容易讓自己重新連線，等到下一次你嘗試這些活動時，就會比較容易達成。

再分泌了。隨著多巴胺濃度下降，學生的學習狀況立刻跟著下降。學生的大腦做出一種「忘卻學習」（unlearning）的反應，即多巴胺突然降低，就會通知神經元「不要連結」，而不是「趕快連結」。（註十四）

結果呢？蔣布廳老師對她那些看似難搞的學生非常不滿意，他們似乎連簡單的事情都學不會，像是如何排隊。不過那些學生確實學到一件事，就是蔣布廳老師總是傳達負面的感受。排隊這件事也變得帶有負面的情緒，於是學生比原本更加拖拖拉拉。蔣布廳老師也越來越沮喪。她不禁納悶，為何今年她又帶到這麼壞的學生，而郝錫冠老師的學生總是好像聰明得多，行為舉止也比較好。（這點還滿重要的：郝錫冠老師的學生看似比較聰明，其實只是因為她所創造的環境的關係。經常噴發多巴胺，讓她學生的突觸很快就與剛剛學習的事物連結起來。）

還有另一個例子。很少有學生走進我們共同作者貝絲的教室，心裡想著：「我等不及要寫一篇作文！」於是貝絲很熱心，向他們推銷一個觀念：只要把寫作過程分解成很多個小步驟，寫作就會變成最棒且最簡單的事。有些學生覺得寫作是特別困難的事，於是貝絲抓住機會就稱讚，在全班同學面前開心讚美。[3]

像上面說的稍微讚美一番，正是提供「意想不到的獎賞」的最佳範例，可以加強學習的神經連結。貝絲偶爾給予這種正面的激勵，幫助學生比較容易學會她所教的寫作課程。當然啦，隨著基模逐漸發展，學習起來很輕鬆，寫作變得比較能掌控，學生也比較樂於增進他們的寫作能力，以及面對其他科目的應變能力。

此處的重點在於，獎賞必須是「意想不到的」，才能促進學習相關的神經進行重新連線。「能夠預期的」獎賞，例如做完家庭作業的打電動時間，也許有助於引發動機，但是與學習無關。看起來，多巴胺沒有隨著能夠預期的獎賞而釋出，是因為沒有需要讓突觸重新連線，畢竟大腦已經正確預期到會有那樣的獎賞。（註十五）這一切有個奇怪的副作用：如果永遠都太過正面，表示你的正面評語變成是能夠預期的；這就表示，你的正面做法可能不如想像中那麼能增進學生的學習效果。

這讓我們了解到另一個相關的重點。學生經常變得不喜歡某個科目，只因為他們還沒有足夠的練習。練習有助於基模的發展，而基模讓學習變得比較容易。如同大腦科學家王思涵（Szu-Han Wang）和莫里斯（Richard Morris）指出：「一旦建立起來，相關的新資訊可以很快就消化吸收變成基模。我們很快就記住自己感興趣的事，但是感興趣的事情要花時間發展。」（註十六）

3 懂得在何時讚美、給予多大的讚美，這是教學藝術的一環。如果班上存在太多讚美，獎賞就會被移出「意想不到」的類別，導致學生覺得「沒有讚美」變成是負面的事。

能夠預期的獎賞在動機方面所扮演的角色

能夠預期的獎賞確實能提供動機；有時候真的很有效，就像番茄鐘工作法，一個時段結束後的休息就是獎賞。(註十七)或者，如果獎賞是在遙遠的未來，有時候沒那麼有效。假如獎賞會延遲很久才來，大腦會低估這種獎賞所帶來的動機，大腦的這種能力稱為「時間低估」（temporal discounting）。青少年的時間低估程度比較嚴重，這與他們的衝動和輕率行為有關係。看起來，傾向於「較小且較快」的獎賞，而不是「較大但較晚」的獎賞，可能與基底核裡面「紋狀體」（striatum）這個部分的古怪行為有關。(註十八)對了，基底核支援程序性系統那些快速且無意識的思考動作，是這方面最主要的腦區。

能夠預期的獎賞有一項挑戰，即有時候不是你想的那樣。舉例來說，學生需要獲得同儕的接納，他們在這方面感受的獎賞，遠大於理解到自己學了什麼、得到好成績取悅父母，或者收到新穎鉛筆或貼紙之類的小玩意兒。如果學生希望感受到某個社交群體的同學接納他們（於是得到獎賞），而那個群體瞧不起學習，那麼學生可能會故意選擇逃避做家庭作業。

有些學生天生就很積極，想要在傳統的學校教育表現得很出色。另一些人可能在學習過程中感到洩氣，因為覺得很困難，或者覺得真正的獎賞來自於同儕，而不是學習。如同有句俗話說的，如果你嘗試要找出賄賂的源頭，跟著錢走就對了。同樣的，在教學過程中，如果你嘗試要了解某位學生為何沒有學習的動機，最好是「跟著獎賞走」，追溯出那位學生真正尋求的是什麼。我們教師很少有人能夠變成專業的諮商師或治療師，但有時候，那樣的角色能幫助我們有所體會：我們所重視的科目內容，不見得是學生覺得最重要的事。

教學小訣竅

面對冒牌貨和妄自尊大的傢伙

學生有時候開始覺得自己好像冒牌貨，沒辦法像班上其他學生表現得那麼好。這些感覺在成績較好的學生身上特別常見。（註十九）工程學教授費爾德（Richard Felder）描述在「冒牌貨」腦中無止境地播放的下意識訊息：

「我不屬於這裡……我很聰明也夠努力，騙了他們這麼多年，他們全都以為我很厲害，可是我心裡清楚得很……而總有一天他們會抓到……他們會問到對的問題，發現我根本就不懂……而且……然後……」

學生覺得自己不夠格時，有時候只需要微微推一把，例如某次考試成績低於平均值，學生就會認為他們不擅長那個科目。這在理工科之類的科目特別常見。

有個好方法可以應對這種感受，就是開誠布公討論「冒牌者症候群」（impostor syndrome）。如同費爾德教授指出：「人多壯膽：如果學生得知他們身邊的人，包括成績連續拿A的前幾名厲害學生，都有同樣的自我懷疑，他們會鬆口氣。」你可能也要讓他們知道，覺得自己是冒牌貨的感受並不是完全不好；其實那可以幫助他們不會變成妄自尊大的傢伙。

在我們的經驗裡，最重大的一些教學挑戰，來自於自尊很強但（目前）能力不足的學生，他們對自己的能力很有信心但不該如此，或者根本對自己能力不足的狀況感到很滿意。（註二十）並不是說這樣的學生無法改變，或者他們沒有嘗試改變；只是說他們的努力很有限，遠遠不及實際情況所需。就連優秀的教師也可能變得沮喪，因為發現即使賣力教學，還是有學生對教師提出的回饋意見一點都不在乎。如果是這樣，則意想不到的小小獎賞，例如讚美，可能適得其反，助長了學生原本就已經很膨脹或失調的自我形象，讓他們更不可能把注意力放在亟需學習的事物和自我成長。然而，那樣的學生還是有可能改變。舉例來說，分派他們去做一些很可怕的工作，或者嚴苛的才藝選拔，促使學生重新了解學習的需要和價值。[4]

學生不符合期待或不遵循程序，會怎麼樣呢？

我們全都經歷過不如意的日子，學生的生活也不輕鬆。學生坐進你教室的前一晚，可能剛剛遭逢了人生的不幸，這並非完全不可能發生的事。無論哪一天，任何一位學生都有可能經歷了社會暴力、性虐待或身體虐待、同儕壓力、網路霸凌、離婚、分手和遭到拋棄。或者也有可能只是睡過頭、沒吃早餐、與最好的朋友吵架，或者前一堂課的考試成績很爛。我們知道學生的世界不時產生波動、心情焦慮難平，因此我們身為教師的任務，是為他們提供一間安全有序的教室，讓他們知道在這裡可以有所期待，也知道怎麼迎合我們的期待。即使如此，學生的不如意日子還是可能觸動他們的抗拒。

4 舉例來說，本書共同作者芭芭拉在高中時代深深相信，自己不只缺乏學習數學和科學的本領，反正數學和科學根本就沒用。後來她奉派到陸軍擔任通訊兵科的軍官，負責處理科技通訊，這番經驗讓她確信自己錯了。芭芭拉在二十六歲結束軍旅生涯後，決定嘗試讓自己的大腦重新連線，學習數學和科學。如果以前有人告訴她的初中代數老師，克拉克先生，說她以後會成為工程學教授，他絕對不會相信。

關鍵重點

主動評估，以免學生抗拒

- 有正當理由時，對個別的學生、群體或整個班級給予明確的讚美。你拋出明確又值得稱讚的回饋時，等於建立了信任和友好關係，學生也能從自己犯的錯誤改變心態，用比較開放的心態面對學習。
- 即使學生的回應並不正確，也要讓他們感到安心且消除疑慮，協助學生建立信任感，鼓勵他們未來多多參與分享。
- 教學生了解失敗的益處（失敗乃學習之母），犯錯是常態，然後從錯誤中學習。畢竟，如果學生什麼事都知道，我們這些教師就失業了！
- 讓學生準備迎接成功的學習，你在全班面前點名他們之前，確定他們事先就知道正確的答案。繞行整個教室，這樣比較容易注意到學生的反應，然後再向全班提問。

除了不如意的一天以外，還有很多因素會影響學生的抗拒心態。（註二一）父母、教練、同儕團體和雇主搶著占用我們學生的時間，耗盡他們的精力，而且那些事全都讓學業在優先事項排行榜上節節敗退。過去在教室裡的負面經驗，特別是學生自覺遭到忽視的那些事，會害他們缺乏參與的動機。教師在教室裡的所作所為也會影響學生的行為舉止。輕蔑的評語、諷刺嘲笑、語氣單調乏味、令人困惑或不恰當的教學方法，甚至一直缺乏眼神的交流，在在造成學生把自己封閉起來。

學生在教室裡抵抗學習，會像什麼樣的情況？

- 與教師爭辯
- 說出惡意的評論
- 勸誘同學一起搗蛋
- 拒絕參與或極少參與
- 長期遲到或缺席
- 不交作業

許多教師都很熱愛學校，熱愛到以此為畢生志業。對我們來說，學生抵抗學習特別令人洩氣。如果親近學生、很快做個沒有脅迫意味的口頭提醒、改變方向或者擺出教師的臉色，全都無法阻止學生的行為，那麼我們建議找學生個別談話。（有些行為是絕對不能容許的。像那樣的例子，要依照你們學校的行為準則和紀律規定來處置。）

有個錯誤很常見，就是等到問題惡化才介入。如果你真的非介入不可，絕對不要在同學面前令她難堪。給學生難堪這樣的突擊戰，你絕對不會贏的。有些學生會變成被動攻擊、封閉起來，而且完全拒絕參與或合作。另一些學生不只會針對你展開一場更積極的戰鬥，甚至會號召他們的朋友來對付你。

如果要讓學生站在你這邊，與他們一對一面談會是有效的方法。經常發生的情況是學生覺得挫折憤怒、需要發洩，而那可能跟你沒有關係。他們可能無法用言語描述自己的感受，或者可能覺得根本沒人在乎，那麼何必麻煩？你花時間與學生個別談話時，一定要表現得你很在乎。請他們說明自己的情況，讓你能有同感。不過結束談話時，要確定學生知道自己犯了什麼錯，以及他們要如何修正這個情況。有個適當的方法是與學生一起寫下行動計畫，因為可以產生明確的期待，也作為雙方共同的約定。這麼做也留下紀錄，以免沒有改善或問題逐漸惡化。

這一章的重要觀念

- 針對日常事項，像是進入教室或請求協助，利用直接教學法指導程序：
  - 對學生示範說明你想要的狀況（「看我做」）
  - 與學生一起練習你想要的狀況，而且適時提出讚美（「我們一起做」）
  - 演練行為舉止的熟練度，直到變成習慣為止（「你來做」）
- 程序需要從第一天就開始教導，必要的時候加以強化和反覆教導。一以貫之是最重要的。等到學生能夠習慣性回應，他們甚至不必思考就能快速遵循程序。
- 意想不到的獎賞會讓大腦在突觸噴灑多巴胺，讓學生能用比較有效率的方式產生新的神經連結。
- 能夠預期的獎賞可以建立動機，但學生所尋求的預期獎賞（例如社交方面的接納），可能與你的期望（例如得到好成績）不一樣。
- 即使把流程設定好，有時候學生還是會抗拒學習。如果微妙的提示沒有改變學生的行為舉止，那麼一對一的面談提供了建立關係的機會，可以規劃一些方法來改善行為。

{ 第八章 }

把學生連結起來

運用「合作學習」來幫助學生建立社交技能
並緩解學習壓力

選期不如撞日！今天就來進行小組（註一）報告吧！你一直在教錯綜複雜的美國地理，到現在教了好幾個星期。今天是課程單元的最高潮，你的學生很興奮，終於能針對他們選擇的美國一州發表小組報告。教室裡的緊張氣氛一觸即發。害羞的蕭娜緊張兮兮扭轉頭髮，就連平常是班上開心果的德瑞克也顯得很害怕。你不禁心想，請學生在全班面前發表報告，你給予他們的壓力是否值得。

壓力在學習中扮演的角色

這時，我們應該要深入探究教學和一般生活最重要的一個面向：壓力。壓力有各式各樣的形式。慢性的壓力產生惡性壓力（distress），這種壓力是你或你的學生很難控制的，像是壞老闆、生病的家人，或者狡猾的班上惡霸。這種壓力會對你的健康造成長期的惡果，包括心血管、免疫和生殖系統等各方面。

另一方面，每當你正在準備考試、反應要像賽車手一樣快，或者挑戰吃力的登山活動時，會體驗到短暫的壓力。學生可以控制一些短暫的壓力，這通常不會對健康造成危害，反而是優質壓力（eustress），這種好的壓力可以促進認知、工作記憶和體能。短暫壓力所釋放的神經化學物質，或許可解釋學生準備燒腦的考試時，為何比起只是悠哉「學習」休閒娛

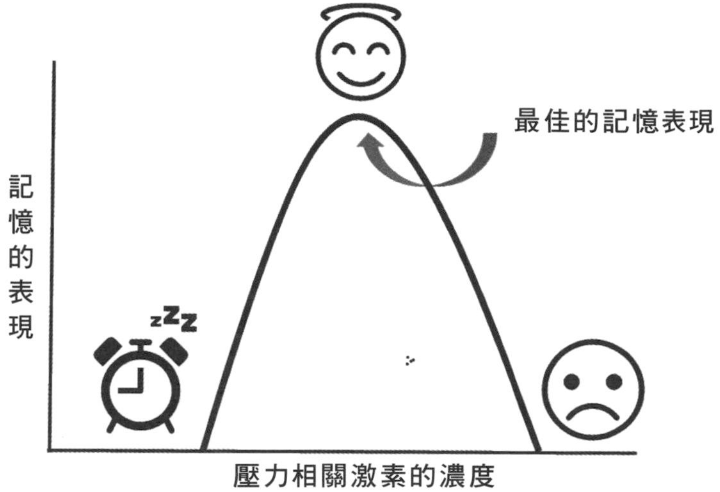

適量的短暫壓力可以增進你的表現，又不傷身。（註二）

樂的時候更有效率且專心。短暫壓力也可以說明，你在全校面前口頭報告所學到的資訊，為何會在腦袋裡留存好幾年之久。

短暫壓力在大腦中釋放一些激素，像是腎上腺素和皮質醇（cortisol）。適量的話，這些分子可增強神經元之間的連結，幾乎像是在平底鍋裡抹油，避免煎馬鈴薯的時候黏在鍋底。但如果壓力太大，即使只是短暫的壓力，也會改變糖皮質素（glucocorticoid）這種「油」的效果。這樣就不是在連結之間抹抹潤滑油而已；過多的壓力造成神經連結過熱且沾黏，於是資訊無法流動。如上圖所示，工作記憶在最理想的適度壓力下達到高峰，這種作用很類似山丘的形狀。（註三）單調而沒有壓力（就不會產生壓力激素）的事物會引發無聊和睡意。但是壓力太大又會引發恐慌，造成生產力暴跌。

常見的觀念認為壓力絕對是不好的，學生要不是感到氣餒，就是過度激動。但是不依循常識的教師都知道，適度的壓力可以成為你和你學生的好朋友。（註四）與其把所有的壓力都妖魔化，不如讓優質的壓力成為你學生的優勢！

社會情緒方面的學習是非常重要的

我們現在應該後退一步，用更寬廣的角度看看學生面對壓力有何種情緒上的反應，也用更普遍的眼光看看學生如何彼此互動。社會情緒方面的學習，包括發展自我意識、自我管理、負責做決定、人際技巧和社會意識的過程，這些不管是在學校、工作和成功人生等方面都很重要。（註五）這種學習形式有一些部分具有生物方面的基礎。舉例來說，媽咪說「秀秀」時，很自然是想要讓孩子覺得比較不痛。不過隨著孩子長大，對於社會情緒學習的需求也變得比較精細複雜。學生經常需要有人教他們學習分享、輪流、劃設界限、處理衝突，以及在必要時表現得堅定又自信。

學生和教師都一樣，在學校外面習慣小組和團隊合作，像是在運動隊伍裡打球，乃至於參加義工團體。但是對一些學生來說，特別是新生、生性害羞，或者任何方面與其他學生不太一樣，他們可能覺得學校是寂寞的地方，有時候甚至很痛苦。協作學習（collaborative learning）（註六）的小組有著共同目標，分配相同的工作分量，而且合作朝向目標邁進時，小組內部有緊密的聯繫。（註七）（開學之初形成的小組，到了學期末凝聚成緊密的團隊。）協作活動確實不只能提供社會情緒方面的學習機會，也可為學生提供支援、回饋、歸屬感，以及得到友誼的機會。（註八）觀察壓力激素的濃度，我們可看出這整個過程究竟如何展開。

運用合作學習來建立社交技能，並緩和壓力的強度

如同我們在前一章的討論，發展習慣性程序的方法，可以自然而然建立正面的教室文化。不過呢，我們教師可以更進一步鼓勵社交技能，方法是偶爾出一些在教室裡做的作業，同時教學生一些有效的合作學習策略。研究指出，學生遇到困難的新任務時，由支持性團體成員提供的「社交緩衝」（social buffering）作用，可以避免壓力激素一飛沖天的狀況。換句話說，支持的隊友可讓壓力激素保持在「恰當的中間值」，提供最佳的學習狀況。

我們強調「支持」這個詞，是因為說到小組時，有些小組成員會造成阻礙，增加其他學生的壓力而非減輕。[1]有時候，有些學生造成阻礙並不是他們故意的。困難之處在於，大多數學生走進你的教室時，還沒有具備高性能團隊合作所需的技能，像是時間管理、排解衝

突和溝通技巧。正如十三歲的薇若妮卡．明茲（Veronique Mintz）在《紐約時報》所說：

我去學校，特別著重於合作學習；我們大約有百分之八十的作業是在老師分配的小組內完成，包含三到五位學生。這樣一來，想要完成作業的學生就被迫必須訓練那些不肯聽話的同學，勸誘心不甘情不願的組員貢獻一己之力。（註九）

不過呢，執行良好的合作學習可以提供機會，讓學生提升自我控制、耐心、解決問題的社交技巧、自我尊重，以及情緒商數等方面。說到底，這樣能促使他們對學業很投入。（註十）很多學生覺得，比起在全班面前參與討論，他們參與小組討論比較不焦慮，因此合作學習小組是一種很吸引人的教學選項。

關鍵重點

以靈活的方式中斷對話

我們經常教導學生，要讓彼此好好說話，不要打斷對方。就某種程度來說，這樣是好的。不過打斷有時候也是必要的，以免都讓某個人掌控對話。你或許會希望制定出一分鐘或兩分鐘的規則。教導學生要仔細聆聽別人在說什麼。但如果那個人講了太久，趁他喘口氣的時候，靈活地打斷他是沒關係的；先認同那個學生剛剛指出的觀點，然後延伸說出自己的觀點。

認同另一個學生的觀點並加以結合是很重要的，這樣顯示打岔的人真的有聽進去，也把其他意見結合到自己的觀點裡。

我們應該要注意的是，有時候有些人很會一邊說話一邊呼吸，看似奇怪，但真的是這樣，表示都不用停頓。還有另一些人可能會說「就等我說完嘛！」，但繼續說個沒完沒了。像這樣的例子，態度要堅決，目的是避免有人很霸道，搶占整個討論。事實上，要讓對話順利進行，態度堅決是必要的，這對任何年齡的各種小組都適用。

在第七章，我們建議在開學的第一天就幫學生分成幾個小組。有些教師會在開學日分配座位，但是等到比較認識學生之後，才幫他們分配小組。兩種方法都可以。無論怎麼做，小組都沒有一定要持續整個學年。

1 有些夥伴確實會增加壓力，至少以樹鼩和大鼠做實驗有這種情形，而猜想身為哺乳類一員的人類也是如此，參見 Hennessy et al., 2009。

身為一名教師，在學期剛開始的前幾週與學生相處，先了解個別學生的能力和性格，她就能夠調整分組方式。舉例來說，讓兩名愛說話的學生排排坐，或者把知識的門外漢擺在學霸的旁邊，絕對不是好主意。共同作者貝絲有個習慣，每一次段考之後就重新編組。要轉換編組時，她會考慮學生的實力和個性，試著讓編成一組的幾個學生合作良好。透過這種方法，她會促成新的友誼。

而且如同我們提過的，好的小組可以提供社交緩衝，減少壓力的強度。舉例來說，共同作者泰瑞在高中時期曾經被貼上搗蛋鬼的標籤，因為他很愛問問題。有個高中社團救了他，參與社團的人都是科學狂熱份子，讓他有了方向，一路結交志同道合的朋友，也教導他開始學習領導的技巧，到今天都很受用。

說到情緒管理，大腦有很多部分都有貢獻。不過處理的核心有一部分仰賴前額葉皮質（特別是內側區域）和皮質下構造（包括杏仁核、海馬迴、下視丘和基底核）之間的訊息溝通。

看到這裡，如果你目光呆滯、一頭霧水，其實只需要知道以下這樣就行了：社會情緒方面的學習，幾乎牽涉到我們至今在這本書裡討論過的每一種腦區系統，甚至更多。社會情緒也是學習當中很深奧的一個領域，而要發展這方面的學習力，最好的其中一種方法就是透過練習。

你可以考慮用小組合作學習來進行這樣的練習，而且很適合與直接教學的「我們一起做」階段結合在一起。舉例來說，運用「思考—配對—分享」方法，讓學生有學伴一起練習，提取出剛學到的教材。這樣也可讓學生安心發展社交技巧，並對自己的學習過程負起責任。等到學生能夠熟練示範重要的概念和技能後，那麼由學生主導的合作學習作業，包括解答各種題目，就會很有效。

然而，合作學習不該太過簡化，只讓學生一直組成小組，出一份作業叫他們一起做完而已。要是教師這麼做，小組有可能很快就失去功能，結果這種經驗讓學生一想到分組作業就害怕。合作學習其實有更好的方法。[2]

2 要在學校、機構以及更廣泛的生活中促進大家合作，有個方法很棒，但很少人想到，就是鼓勵「合唱」。沒想到一起唱歌有助於神經韻律的協調，也能改善大家的心情。（其他的延伸討論，參見 Vanderbilt, T., 2021 的開頭章節。）

分析你的教學方法

案例研究，解決小組失去功能的問題

背景設定

小組合作最常見的挑戰，就是組員沒有盡到自己的本分[3]。在這個練習裡，你的學生會閱讀和討論一個案例：「如何促成合作小組的自治。」（請見本書附錄A。）這個案例研究，會讓你的學生不只學到一起合作產生成果，也學習設定小組的期望和彼此的工作範圍。

要規劃每一次合作學習體驗時，你可能會希望考慮這些合作學習的要素：（註十一）

一、**正面的互相支援**：自問一下，每一位學生都有各自的角色嗎？這些角色之間的關聯，是否讓個別成員會仰賴小組內的其他成員？工作負擔有沒有平均分配？

二、**個人責任歸屬**：每位學生對自己的學習負起何種責任？我會從個別學生身上蒐集什麼樣的成果來作為證據？

三、**面對面的交流互動**：有沒有建立互動模式，讓小組有時候必須面對面討論，而不是每位成員各自為政，最後只是把所有人的成果拼湊起來？

四、**社交技能**：需要教導或強化哪些社交技能（舉例來說，開啟對話和調解衝突）？

五、**檢視小組合作歷程**：我能為小組成員提供什麼樣的機制，能夠反映出他們在小組裡乃至於同學之間的表現？

為活動做準備

如果每個人都有自己的角色，學生的貢獻也平等，那麼合作小組會運作得最好。你指派小組的每一位成員時，要幫每一個角色策劃她應負的責任。需要有足夠的工作，讓每個學生都能做出有意義的貢獻。透過這種方法，每一位學生都會負責交出他們蒐集的資訊。

以下是與閱讀課有關的一組典型角色：[4]

- **預習員**（previewer）：吸引學生注意文章的標題，請他的小組成員預測文章的內容。也要負責紀錄大家的回應，等到討論的最後再繞回來，比較一下小組的預測和文章的真正內容。
- **釐清員**（clarifier）：學生一起閱讀文章時（同聲閱讀或輪流閱讀都可以），釐清員要負責指出

---

3 這產生了挖苦嘲諷的網路迷因：「我死的時候，我要這些同組豬隊友幫我下葬，那就會是他們最後一次把我丟進墓穴裡。」

4 在理工科目的課堂上，角色可以很不一樣。舉例來說，要合作完成一組題目，你可能會想要按照下列的方式分配角色：

・協調員：確保每個人都專注於學習，確定每個人都參與其中。

・紀錄員：準備最後要提交的解答。

・監控員：確認每個人不僅理解答案，也理解求得答案的策略。

・檢查員：作業交出去前負責仔細檢查。確定大家對下一次的討論時間達成共識，也把下一次作業的各人角色分配好。如果是三人小組，監控員和檢查員應該要由同一人擔任。

小組碰到的障礙。每讀幾個段落，她要請小組停下來，協助大家重新閱讀文章裡困難的部分，挑出不熟悉的字句，並紀錄小組碰到的問題。

- **關聯員**（connector）：把小組與文章的關聯紀錄下來，像是文章與自己的關聯；文章與其他文章的關聯，包括媒體；以及文章與世界的關聯。關聯員也要確定每一個人都有機會發言，而且沒有一個人講太久。
- **總結員**（summarizer）：指出文章裡面兩個最重要的概念。她也要提供兩個新的觀點，或者小組提出的有趣細節。等到全班聽取報告時，總結員要向班上同學分享這些觀點。

社交技巧的定義

把你對行為舉止的期待貼在布告欄上給學生看。或者可以用圖表紙，把相關的技巧張貼在教室裡，每次小組合作時都很快提一下。如果要更好玩一點，針對你的幾項期待，請學生進行角色扮演。

對行為舉止的期待舉出幾個範例：

- 用名字稱呼小組成員。不要貶低別人。如果這是他們第一次合作，那麼要事先提醒，等一下學生該如何與新成員見面認識（微笑一下大有幫助），而且預期會發生什麼事情（你不會聽到嘆氣聲或低聲批評）。
- 待在小組內。就算是小組任務已經分配完畢，也不代表你就可以離席休息去上廁所。
- 輪流發言，而且輪到你發言時不要講太久。也許可以指定一位學生開始講話，然後每隔三十秒到一分鐘以順時針方式輪到下一位組員，確保每個人只要想發言都有機會，而且沒有哪位學生獨占發言權。

- 主動聆聽彼此說話。這點包括眼神接觸、臉部表情，以及肢體語言。
- 規範適當的吵鬧程度。有一些app和網站，可以利用教師電腦上的麥克風監測吵鬧的程度，指出學生發出的音量究竟是恰當或太大聲。例如app「Zero Noise Classroom」或網站「BouncyBalls.org」。
- 意見不同要有禮貌。我們評論的是意見，不是批評人。
- 整合多位小組成員的意見，成為小組的回答。

小組合作的標準程序

如同我們提過的，從開學的第一天起，你選擇分組，讓他們坐在一起，這是好主意。一般來說，較小型的合作學習小組，大約三到四人，這樣會運作得比較好，因為學生覺得在較大的團體裡比較容易躲起來。學生兩兩坐在一起，輕鬆組成並肩合作的夥伴。碰到需要快速互動時，並肩合作的夥伴特別有用。如果要做更複雜的作業，兩組並肩合作夥伴很容易就能組成四人小組。

預先組成合作的小組，固定運作一段時間（例如一個月或一次段考），等到要轉換成團隊合作時就能節省時間，並給學生一點時間，讓他們開始以小組的型態順暢運作。由你分配各個小組，而不是讓學生自己挑選夥伴，確保不會有學生覺得自己被排除在外。這樣一來，你也能根據不同的能力程度或個別潛在的行為顧慮來挑選學生。

一、指派各個小組要完成的作業。如果作業有很多個步驟，那麼把需要完成的步驟寫下來，為學生的工作記憶提供支援。這些步驟可以轉換成一張檢核表，請學生每完成一個步驟都勾選起來。除了註明自己的成果，學生也可以註明誰貢獻了哪個部分，以及他們遭遇的任何障礙。

二、清楚說明你給學生多久的時間完成作業，而且如果可以，在學生視線清楚的地方放一個倒數的計時器（很多app符合這種用途）。這樣讓學生不會拖延。王牌教師勒莫夫建議給一段明確的時間，而且不同於常見的時間；與其給五分鐘，不如試試四分鐘。（註十二）（如果你用整數，大家往往認為那樣的數字比較像是估計的時間，而不是真正限定的時間長度。）

三、學生著手開始之前，要追著他們問：你們打算做什麼？你們有多少時間可做？

四、提醒學生盯著時鐘，繞行教室查看他們的進度。學生知道你在旁邊就會保持專注，也會感激你能立刻釐清各人的角色和任務。不要覺得你有義務插手幫忙，除非某個小組分心了，或者真的碰到問題；光是你的存在，通常就能讓學生專心。你繞行教室時，注意一些有趣的反應和困惑的地方，等你聽取全班的報告時可以提出來。

五、運用「找老師之前先找三位同學」方法，減少小組合作期間一再重複的問題。這個簡單的策略，是要學生發現自己碰到問題，想要請問教師之前，先找三個不同的人或資源查詢一番。他們的問題經常只是一些小細節，其實你已經講解過，只要找另一位學生，很快就會得到答案。你要讓學生能夠負責找到方法來回答問題，而不是只會問教師，這樣可以促使學生一邊建立社群，一邊對自己的學習過程負起責任。這樣一來，你也會發現自己多了一些時間，能夠去指導真正有困難的小組。

六、提出轉換的信號，讓課堂回到全班一起。預先通知學生，表示時間剩下三十秒，讓他們把還沒做完的部分收個尾，準備接下來的全班討論。

進行活動

刻意請學生提供個人和小組的回饋意見，看他們為了有效溝通和完成作業做了什麼樣的舉動和貢獻。學生把他們的回應寫下來時，如果你向他們保證會保密，那麼通常會得到最坦誠的意見。回饋意見沒必要填寫鉅細靡遺的調查表。其實可以很簡單，像是回答「什麼事情很順？」、「什麼事情不順？」，以及「什麼事情可以改進？」利用這些回饋意見發展出「合作診療室」（collaboration clinics）這樣的小型課程（等一下再多談一點合作診療）。有時候學生甚至會向你提供一些建議，像是把各人的角色劃分得更明確，或者進一步改善社交技巧等等。

運用合作診療的力量

在合作過程中，隨著一週週過去，問題也越來越多；若要解決各種挑戰，有一種很好的方法是定期帶領十分鐘的「合作診療室」。（註十三）這樣的診療可以幫助學生解決他們在小組裡面醞釀出來的合作難題。開始會診之前，你或許希望把各個小組集合起來，因此有更多機會可以坦白談論所有的難題。最重要的是，要向學生強調不該指名道姓，而是應該著重於讓小組失能的行為舉止！

為了知道要在診療中提出什麼問題，請每位學生事先寫出一份意見，著重於他們小組的運作過程。要明確問出有什麼樣的事情困擾他們，你需要弄清楚，才能幫診療確定主題。

舉例來說，有些小組碰到的問題可能是有學生沒盡到自己的本分，或者有學生盛氣凌人。要對付這樣的行為，可以請小組成員腦力激盪，想出他們覺得可以嘗試改善情況的不同策略。

你可以讓這樣的練習帶點趣味，表示用幽默的解決方法也很好（要合乎大方得體）。在布告欄上列出各個小組提供的改善策略，也許再添加你自己的幾項建議。

「合作診療室」教導學生自己去處理一些令人不舒服的社交情境，而不是忽略不管，或者仰賴教師去解決那些問題。覺得自己遭受不公平對待的學生，在合作診療期間會浮現一些情緒；而針對一些議題，像是有人把工作留給別人做、高姿態控制小組等等，最後的處理結果可能遠比你能教導的結果還要好。

不依循常識的教師所考慮的重點

評論作業，不要評論個人

教導學生最好的方法，是把「評論作業」和「評論個人」區分開來。評論作業的相關論點是可以接受的，協助學生以批判的思考方式來學習。但是評論學生本人的人身攻擊是萬萬不可的。（註十四）

就算老師自己抱持著「評論作業，不評論個人」的方法，你還是要了解，難免會有學生群起霸凌某位害羞的邊緣人，反正就是與大家不太一樣的小組成員。這是我們教師要了解的遺憾真相：對惡霸來說，每一次意想不到的霸凌機會都讓他們湧現一陣多巴胺。如果惡霸沒有體驗過負面的後果，也就不會對自己的惡行「忘卻學習」，於是那種霸凌會持續，甚至更加惡化。如果你看到那樣的霸凌行為，按理要迅速介入。找那些惡霸個別談話，讓他們清楚知道你的底線，要強調不能容忍他們的行為。

競爭與合作

雖然過度的競爭對學生來說很痛苦，但偶爾有適度的競爭可以成為一種良性壓力。事實上，很有智慧的競爭形式可以創造出健康的互動與合作，促使學生拿出最好的表現。（註十五）因此，別為了不好的東西而丟棄好的部分，別把教室裡的競爭全部排除掉。一點點競爭就像是加入少許香料，可讓課程變得比較有趣。

同理心應與智慧為伴

教師可以傳授給學生的最重要價值，有一項是同理心。不過，同理心固然寶貴，可以讓世界變成更好的地方，但也像是一把雙面刃。舉例來說，在小組裡面，如果有個學生太有同理心，可能很容易讓其他學生占便宜，那些人很樂意有人把全部工作都做完，反正自己還是可以得到分數。其實，關係成癮（codependency），就是成年人忍受夥伴做出極度濫用別人的行為，這個現象可能源自於童年時期就受到「應該要有同理心」的鼓勵和獎勵，卻使得同理心發揮過度。（註十六）你可以教導學生了解設定界限的重要性，協助他們獲得力量和智慧，避免長大過程中漸漸落入關係成癮。

在小組和小圈圈內，同理心會激起一種希望獲得接納的極大渴望，因為遭到別人討厭是很痛苦的事。學生一旦學會設定界限，在課堂的小組裡碰到有問題的行為能夠果斷行動之後，這樣幫助他們到了教室外，也能學會對不適當的行為說「不」。

超越常識來看待團隊合作的得失

在運作良好的社會裡，團隊合作構成社會的一部分，但個人的貢獻也很有價值。如同紐約州立大學石溪分校心理學教授拉賈姆（Suparna Rajaram）的觀察：（註十七）「心理學家已發現，在較大團體內工作所產生的構想數量往往比小團體內工作來得少，甚至也比獨自工作來得少；在大團體內工作還會變得比較無法從外界接收想法。」[5]

正因如此，我們喜歡「腦力書寫」（brainwriting）這個概念。在這個過程中，參與的人一開始各自腦力激盪，把自己的構想寫下來，不要評斷。接著小組聚在一起，分享所有的構想，然後進行第二階段常見的腦力激盪，把綜合起來的構想繼續擴充。

最後，來自數百萬篇科學論文和專利的研究都顯示，對於已經發展成熟的科學與科技領域，大型團隊非常重要。但是對於富含革新與創意的先進領域來說，個人獨自研究是有必要的，或者最多組成兩到三人的小型團隊比較好。團隊每增加一個人，就會減少那項研究產生創造力重大突破的可能性。（註十八）優秀的教學能夠同時發展學生的團隊合作和個人研究能力。

---

5 擁護團隊工作的人聽到這番言論可能會大吃一驚。不過舉個例子，看看 Paulus et al., 2013 引用的豐富文獻指出：「一般都推測，一群人腦力激盪所產生的構想，數量和品質都會提升，但是腦力激盪法和輪流提案法（nominal group）的對照研究結果顯示，如果團隊裡的腦力激盪只是嘴巴說說而已，結果會妨礙團隊產生的構想數量。」事實上，如果你蒐集小組每個成員各別產生的構想，然後把結果組合起來，這樣所產生的構想數量，遠比一開始就共同腦力激盪的成果會更好也更豐富。《自然》（*Nature*）雜誌研究數百萬篇研究論文和專利，證實這樣的想法，即越大型的團隊就越缺乏創造力，參見 Wu et al., 2019。

這一章的重要觀念

- 慢性的壓力會對健康產生嚴重的長期後遺症。另一方面，適度的短暫壓力會釋放出糖皮質素和其他化學物質，可以促進學習能力，也可以提高認知、工作記憶和體力。
- 謹記以下的一些特性，有助於規劃小組合作的方式：正面的互相支援、個人責任歸屬、面對面交流互動、社交技巧，以及檢視小組合作歷程。
- 針對小組合作方式制定標準程序。對於你所期待的行為舉止提供一些範例，並描述如何避免有人擺爛不出力的「搭便車」行為。
- 要記住，同理心應該要伴隨著智慧。太過單獨強調同理心並不好，會讓小組成員刻意操控，或甚至成為後來「關係成癮」的隱憂。
- 小組合作有得也有失。如同研究顯示，較大的團隊能有較大的成果。一般來說，較小的團隊能做出比較有創意的成果。

{ 第九章 }

線上教學

如何發揮老師的天賦與特質
設計配合大腦學習模式的線上教材

有個一流的大學系統，我們姑隱其名，他們花了兩百萬美元製作一系列八種線上課程。課程有漂亮的影像後製，依循所有適當的教學規則，結果味如嚼蠟。人們連註冊的意願都沒有，大學最後只好選擇關閉課程。

另一方面，我們的大規模開放式線上課程「學習之道」，是由業餘人士製作而成，他們在地下室製作出整個課程，幾乎完全沒有經費支持，還要努力避開割草機和小貓喵喵叫的聲音。事實上，「學習之道」已經吸引數百萬名學生，引發熱烈的迴響，儘管（或許也正因為）影片有點老土，也沒有專業剪輯，或是搭配很有條理的測驗題、討論區和課程教材。

這個故事帶給我們的啟示，就是你不需要成為很有經驗的科技專家，也不需要擁有無窮的金援，只要運用工具，就能把將你的線上教學從優秀轉變成卓越。這本書裡你已經很熟悉的教學方法，同樣能在網路上運作得很好，包括提取練習、主動學習和直接教學。這一點都不意外，畢竟大腦都是一樣的，無論學習是在線上進行，或在傳統的教室裡。

不過呢，還有與大腦有關的更多線索，會讓你的線上教學具備更紮實的教學法基礎。你會發現，如果你設計線上教材的方法配合大腦的學習方式，那麼在線上教導學生的效果，有時候會比面對面教導學生更好。透過線上教學，學生能以自己的步調來學習，因此你的差異化教學會很有成效。最重要的是，線上教學可以增進你的面授教學功力，我們會讓你了解這是怎麼一回事。

線上教學的經驗已經顯示與面授教學的效果一樣好，有時候甚至更好。（註一）（令人意外的是，那些「證實」線上學習不如面授教學那麼好的研究，其實是用了可笑又不恰當的方法在網路上傳遞資訊；我們絕對會協助你避免做那種線上教學。）（註二）很多教師都發誓，「翻轉課堂」（flipped class）結合了線上和面授教學，確實是最好的教學法。（註三）

在這一章，我們會列出線上課程的基本原則（註四），讓你看看如何進行線上教學，同時保留你的天賦才能。（或至少讓你假裝有！）

即時（同步）教學相對於隨選（非同步）教學

線上教學有兩種形式：同步和非同步。

同步教學就是你即時教學，運用串流平台，像是Zoom、Microsoft Teams或Google Meet，將你的影像播送出去。透過分享螢幕，你可以展示Powerpoint、Google Slides、Prezi或其他視覺資料。從事同步教學，搭配各種規劃良好的直接教學，可以讓學生持續投入，每分每秒都懷抱著責任感。這也讓你能夠回答學生問題，並與學生個別互動，學生也可以彼此互動。

可是，如同我們會在後面描述的，同步課程比較容易疲累，對你和你的學生來說都是。

還有其他的缺點……美國有些州的教育機構提出警告，不要太依賴同步教學法，畢竟學生、家長和教師要能夠約在相同的時間一起上線上課，這種做法難以長久。（註五）

相較之下，非同步教學包括了製作教材，並把教材公布到學校的學習平台上，於是學生能在方便的時候取得內容。文件、影片、測驗題、討論區等等，全都可以上傳，以便輔助學習。可是，你要怎麼避免學生拖延呢？而且，你要怎麼知道哪一種形式的教材對學生最有用？

你應該選擇哪一種形式的線上教學？同步還是非同步？以我們的經驗，對高中以下的學生來說，最好的線上課程是混合兩種方式。在這一章，我們會教你一些訣竅，協助你衡量各種利弊得失。

最好是同時聆聽和觀看（多媒體學習理論）

你想為學生創造出超棒的線上體驗，準備一頭栽進這樣的課程架構之前，值得好好接觸所謂的「多媒體學習理論」（multimedia learning theory）。基本概念很直接。一張圖片搭配口語解說，這樣協助學生掌握概念的速度，比起光是一張圖片或只有口語解說都快多了。這是因為工作記憶通常同時包含聆聽和觀看的部分（這就是「多」媒體理論所指的「多重」

工作記憶同時包含聆聽和觀看的成分（你在先前的章節看過「注意力章魚」，此處用深淺不同的濃度來表示牠的手臂）。你教學時，如果讓學生同時聆聽和觀看你解說的內容，他們會比較容易專注於你教的觀念（即一組組神經連結）。

部分）。同時運用視覺和口頭解說，於是學生能好好利用有限的工作記憶。（註六）

教育心理學家梅耶（Richard Mayer）曾花了十年時間研究多媒體的各種型態，以及最好的教學實施方法。（註七）他的很多發現也與面授教學有關。以下是我們從梅耶的研究中找出最重要的觀點，再加上我們的一些補充和想法：

- **說話清晰且熱情**。要記住，學生生活中的消極和無聊已經夠多了，因此他們期待你提供樂觀的鼓舞力量。製作預錄的影片時，試著讓說話速度相對快一點，大約每分鐘一百五十到一百八十五個字。（如果學生需要想想你剛說的話，隨時可以讓影片暫停；如果你講太慢，學生會變得很無聊，也比較容易分心。）同步課程很容易在聲音方面出問題，因此你可以用問問題的方式，或運用其他小藉口讓課程暫停下來，以便確定學生跟上進度。你的說話發音要清晰，這對於母語跟你不同的學生特別有幫助。

- **複雜的教材要以漸進方式說明，而且特別強調重要的資訊**。複雜的圖像應該要針對各個部分一一介紹，運用箭頭或光點，吸引學生的注意力集中於你解釋的那個部分。幫你的電腦裝一組書寫板和觸控筆，就可以輕鬆畫出箭頭或圓圈。
- **清除螢幕上多餘的素材**。你真的需要秀出整張光合作用的錯綜複雜圖表？或者一個個項目符號裡面都是整句整句的冗詞廢話？甚至你後方背景的雜亂書櫃？（註八）你可以在螢幕放上非常簡潔的單詞，用口語強調你的內容。但不要在螢幕放上一長段文字，然後大聲逐字唸出。老師朗讀螢幕的內容，並讓學生同步觀看相同的資訊，這樣根本無法加強學習，反而造成干擾。（註九）
- **你在攝影機前面，需要比平常更活潑、更有趣一點**。用雙手做一些手勢，臉部表達一些情緒。不妨這樣想，攝影機這種裝置會自動刪掉你十個有魅力的地方，因此你需要更外向一點才能彌補回來。一開始別擔心面對攝影機講話是不是很不自然；只要把攝影機和打光設備想像成跑來幫忙的朋友就好。如果有需要，把一隻絨毛玩具放在攝影機上面。（知道以下這點可能有幫助：如果你看過本書作者芭芭拉最早拍攝的線上影片，可能會覺得她好像正盯著一支瞄準她的槍管。）

線上起步走：讓你自己和你的學生有條有理

你的課程網站應該要由教學大綱和課程簡介發展出來，其中包含了你的期待和規劃。你看自己的線上課程，可能覺得網站版面編排得簡單明瞭，學生卻覺得一片迷惘。有點像是遭人矇住眼睛，從車子裡被丟進一片黑夜裡，得想辦法找路回家。學生需要形成一幅「認知地圖」，以便開始在你的網站裡找到方向。（註十）什麼是認知地圖呢？可以說是一大堆神經元聚集的地方，它們彼此相連的方式，讓學生能理解自己該做什麼。舉例來說，學生必須學習點擊網頁的左下角，以找到測驗題。或者點擊右上角跑出討論區。等到他們花了一點時間弄清楚該怎麼使用你的網站，新形成的認知地圖就會開始習慣成自然。

為了協助學生發展這種與課程網站相關的認知新地圖，你可以擷取螢幕製作成影片（馬上就會更仔細討論），帶領他們認識網站的重要元素，剛好順便介紹你自己和你的這堂課。在你運用擷取螢幕做的影片裡，請指出你在學習平台用到的各個重要元素（討論區、測驗題和影片等等），並說明學生以何種方式最能聯絡到你。學生（和家長）會很感激有一份方便取得的文件，作為學期或學年之間的參考資料來源。提供按月安排的行事曆也會加分，這對家長和學生特別有用，能夠弄清楚老師對課程進度的安排。

你的課程簡介影片應該要包括什麼呢？

- **基本資訊**：班級名稱，上課的日期和時間（如果是同步上課），你的聯絡資訊和何時有空進行個別晤談，科技方面的軟硬體要求，以及可以去哪裡尋求科技支援，以及教材課本和其他所需的資源。
- **課程內容**：對於學生將要學到的內容先做說明和簡介，接著是具體的課程目標，指出學生會學到的知識，以及學年結束時可以獲得什麼樣的能力。
- **你的班規和學校的政策**：你接受作業遲交嗎？如果可以，會不會扣分？花時間思考一下你對作業遲交和上課沒來的對策，因為永遠有人遲交作業和上課沒來。你一定也要讀過學校的校規，特別是針對學術操守和可用什麼工具儀器所訂定的政策。明智的做法是學生當面提醒這些政策，以及你會如何執行這些政策。
- **班級行事曆**：你的班級行事曆可以涵蓋一週、一個月、一次段考或一學年。如果堅持日期要很確定的話，規劃一整個學年會很困難。那還不如把你的目標列舉出來，告訴學生，日期和活動可能根據你的審慎考慮而隨時變更。
- **作業和課堂成績**：針對主要的課堂作業和評分方式提供簡要的說明。如果是反覆出現的作業，像是實驗報告或讀書心得，很值得花時間多說明作業內容、評分標準和範例作業。

透過電子郵件開啟聯繫並維持下去

若要對學習平台既有的內容再做加強和補充，透過電子郵件是好方法。如果你為課堂所做的規劃進行得很順利（不過計畫常常趕不上變化！），應該至少要寄出：

- **預先介紹的電子郵件**，要在課堂開始之前一到兩週就寄出，傳達你對於一起上課的興奮之情，並提供一些資訊，讓他們知道可以在哪裡預習課程的教材，如果能夠提早讓學生看的話。如果你拍了自我介紹的影片，那麼就附上影片的連結。學生往往對新的學年充滿緊張又興奮的心情，因此由你伸出善意的課程宣傳，他們會很安心。
- **通知課程即將開始的電子郵件**，在課程正式開始之前一到兩天寄出，告訴學生到底要去哪裡上課，而且一開始要做什麼。如果有介紹影片就附上連結，並附上你的教學大綱或課程簡介。
- **每週寄出一封電子郵件**，在課程開始之後總結每週的上課內容，並告訴學生需要為下一週的課程預做什麼準備，如果下週有作業也附上。要是你拍了影片，說明學生可能會在作業裡遇到的常見挑戰，也把連結附上去。你可能會希望加上一點個人的附註，提起你那一週正在進行、閱讀或學習的趣事。特別強調學生的優秀表現，這樣也超有激勵效果！

將這些電子郵件儲存成範本，未來幾年都可用。讓這種做法成為習慣，多次透過電子郵件提醒學生（以及中低年級學生的監護人），什麼日期要交出重要的作業；電子郵件顯示你的態度和性格，而學生也會因此而減少拖延。

由你傳達出樂觀和激勵的訊息，將會引發你學生最棒的回應。多用表情符號，比較能避免引發負面的解讀。更別提表情符號搭配「虛擬替身貼圖」了，那真的很好玩！等到學生適應了教室氣氛的轉變，就原諒他們學期之初用了不該用的科技工具，那實在很難避免。

幫助沉默謹慎的學生投入你的課程

碰到一些不回應也不參與的學生，像下面這樣伸出援手是不錯的點子：打電話去他家給某位監護人，並找學生的其他老師或輔導老師商量一番。你可能需要調查一下，搞清楚那位難以捉摸的學生到底怎麼了。親自出馬很重要。透過單獨發給個別學生的電子郵件建立你的存在感，稱讚他們課業表現得很好，或者對需要的學生說些鼓勵的話。你正在幫你的學生建立一個網路社群，而這種社群意識很能幫助你的學生邁向成功之路。

不妨這樣開始：把你對課程的期許設計成簡單輕鬆的線上測驗，強迫學生從你的教學大綱預先看到重要的資訊，也讓他們明白在課堂上要主動負責。你或許可以納入是非題，像是「我了解自己需要在每週一收取電子郵件，查看每週的課程作業表」，以及「我了解學期大報告的作業初稿應該繳交日期是……」等等。另外多加一、兩個搞笑題，例如出個選擇題，答案包括你這個教師的名字，塞在很多知名人士的名字之間，這樣能讓你與學生之間順利破冰。

同步和非同步教學的聲音品質都很重要

影片製作專家很喜歡說，聲音占影片重要性的百分之五十一，因為若沒有好的音質，影片就沒有價值。下一次你參與線上會議時，聽聽看筆電內建麥克風和較專業麥克風之間的差別，絕對聽得出來。沒有注意音質是常見的錯誤。大家太注意自己看起來怎麼樣，卻忽略自己聽起來如何。

如果你要購買麥克風，請看看買家在亞馬遜之類的網站張貼的影片評論，很快就能對使用方法有點概念。產品功能有時候看起來很複雜，但是看過示範其實很簡單。（對，這就是影片教學的優點！）有時候教師喜歡在手機下載「Audacity」這個免費的錄音和聲音編輯 app，作為錄製聲音的替代和支援方案，方法是將手機架設在附近，指向臉部但位於鏡頭外。「Audacity」能夠錄製乾淨又清晰的聲音，隨後你可以用它來取代拍攝影片時較差的錄音。用手機當作聲音的備份也是好方法，以免原本的錄音效果不好。製作高品質的錄音有個低預算的選擇，就是坐在鋪有床單的床上。床墊會吸收聲音，而床單會蒐集音波，產生最佳的音效。（註十一）

不過音質還有一個更重要的地方，就是教師的語氣和聲音。有些人的聲音非常悅耳，另一些人的聲音則很刺耳，無論聲音長短都很難入耳。這種音質令人不舒服，是因為觸動了一些聽眾的記憶，像是你以前調皮搗蛋惹得父母生氣大吼，或者碰到危險聽到有人刺耳尖叫。腦部的成像結果甚至顯示，這些尖銳的聲音挾持了杏仁核的情緒線路，就像其他令人不愉快的聲音一樣。（註十二）更糟的是，這種原本就很高亢的聲音特別容易顯得尖銳刺耳，畢竟在攝影機前面說話會緊張，聲帶更加緊繃，讓高亢的音調變成刺耳的聲音。

我們經常發現，音調高亢的新聞主播和政治人物會去接受聲音訓練。如果你看他們的影片一段時間，會看出他們的音調如何變低，也變得比較優美。如果你懷疑自己可能也有這種問題，有個訣竅很不錯，就是準備要講一個句子時，比你平常說話時壓低音調，然後一邊說完那個句子或段落，一邊維持平常聲音的抑揚頓挫，避免變得尖銳。

然而還是有個挑戰，很多人可以從聲音訓練獲得益處，卻怎麼樣都不相信自己有問題。這是因為我們透過程序性的方式學習使用聲音，因此覺得自己的聲音似乎很自然、很容易聆

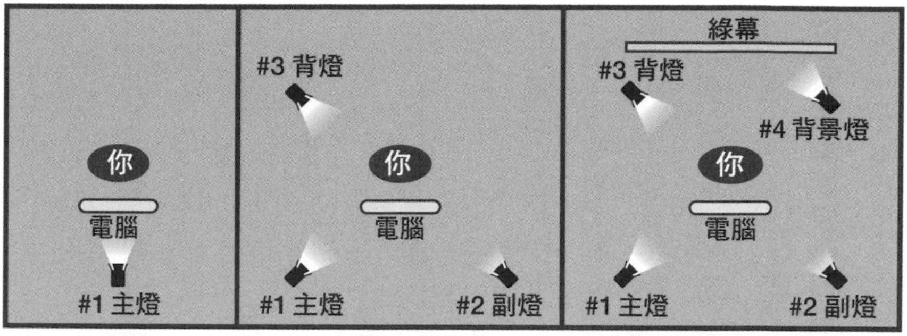

一般在家錄製影片的設置方法。使用一盞燈到四盞燈都可以。（四盞燈的方法最好搭配綠幕，這個作法很容易縫上另一種背景。）

聽，無論別人覺得有多刺耳；這表示，改變我們的聲音要耗費全副力氣和大量練習，由聲音教練來指導更好。你的第一步是要確定自己的聲音是否偶爾會造成問題。

我們相信，能夠了解自己的聲音，並修正你的聲音可能存在的問題，這對你的線上教學來說更為重要，有沒有面對面互動的教學倒是其次。

對於上鏡的一些忠告

一般來說，教師坐在自己的桌機或筆電前面，用網路攝影機直播或錄下自己的影像。遵照平常的打光原則會很有用，如同上方秀出的圖示。一盞較強力的燈光，稱為「主燈」（key light），放在你的面前，但稍微偏向一側。第二盞燈稱為「副燈」（fill light），應該放在與主燈不同邊的稍遠處，或者稍微暗一點也可以。第二盞燈可以消除陰影。

如果你希望自己相對於背景比較明顯，則使用第三盞燈，稱為「背燈」（back light）。如果只有主燈，那麼放在你的正前方。避免背後有明亮的窗戶；那樣會讓觀眾覺得你好像陽光中的剪影。如果你戴眼鏡，可能需要稍微調整燈光，找到比較不會反光的最佳角度。戴眼鏡則避免使用環狀打光燈，因為會留下很像惡魔的環狀反光。平板的 LED 燈具很好。有時候只要把燈光位置調高，眼鏡的反光就能消除或減少。

要確定能在螢幕上看到你的位置。經常發生的狀況是一開始你坐得挺直，在螢幕上的位置很高，但隨著漸漸疲累，你開始駝背，於是陷落到螢幕的下半部。你覺得沒關係，因為你的頭出現在畫面的正中央，但問題在於攝影機的畫面會切掉你的手部動作。有些人把筆電放在箱子上，這樣你站著的時候能夠善用手部動作，機動性也比較高。試著注意你的雙手出現在螢幕上的什麼地方，至少一開始要注意。你希望別人看到你的雙手，特別是強調重點的時候。多虧有你的程序性系統，你的雙手漸漸維持在看得到也很自然的位置，於是會變成習慣，你也不需要再想這件事。

要確定你用的所有燈具都裝設同類型的燈泡，攝影機才不會搞不清楚光源。這一切會讓你的身影呈現色彩飽滿又真實的樣子。拍攝的背景稍微透露你的一點訊息也不錯。如果可以，試著離開平常當做背景的書櫃。不過呢，有時候你就只有一座書櫃；果真如此，那就用吧，翻閱幾本你最喜歡的書。如果房間只有冷硬的牆壁和地板，試著添加地毯和柔軟的表

貝絲的臉太靠近攝影機，因此她的雙手被切掉了，也就少了一種有用的教學工具。注意她的眼鏡會反光，她自己看不出來，但觀眾覺得很明顯。她也有點曝光不足，臉上有點陰影。
貝絲的虛擬背景是她的校園的一張照片。雖然照片很凌亂，但有熟悉的建築物和吉祥物，有助於學生在虛擬世界裡感到很自在。

芭芭拉示範常見的錯誤，她陷在自己的椅子裡，臉孔位於畫面的中央（也就是土撥鼠效應，只有頭從洞裡伸出來），沒注意到畫面切掉她的雙手。而且曝光過度，打在她臉上的光線太多了。

在這裡，泰瑞的頭部位於畫面的上半部，非常完美（位於畫面高處，但沒有出現「科學怪人效應」，就是畫面切掉頭頂）。畫面的下半部有很多空間，可以呈現手部的動作。

面，像是毯子或靠墊，讓回音減到最低。

同步教學

同步教學通常代表用 Zoom 之類的平台，把你的影像連同即時的視覺效果串流出去。你很快就會發現，面對面的班級和同步教學班級之間有很多相似處。

挑戰之處在於，你不是真的完全即時直播。在學生那一端，他們會看到一些細微的延遲和卡卡的，更別提音質很差。結果就產生所謂的「視訊會議倦怠」（Zoom fatigue），這是心理上的疲勞，來自短促或失真的聲音，以及只能看到不完整的肢體語言（透過小小一格一格的影像實在很難解讀臉部表情）。（註十三）

你要怎麼讓學生保持投入和專注呢？首先，你對學生說話要直視攝影機。（而不是你的螢幕！）無論是線上教學，或者你本人與學生面對面，這種直視的目光同樣重要。試著把攝影機架設在眼睛的高度。（如果你是抬頭或低頭看著攝影機，那會無意間流露出勢利或軟弱的眼神。）如果你希望看起來像真正的專業人士，那就試著直視攝影機本身，別看旁邊的燈，即使那盞討厭的燈其實會吸引你的目光也不要看。

以指導班級本身而言，知道以下這點還滿好的：要讓線上教室運作順暢，有些方法正是我們的老朋友「直接教學」的變化形式。以下是一些要點，請謹記在心：

一、制定基本規則

課程的一開始就要這樣做，然後再做其他事。請學生幫忙制定基本規則是很重要的。與學生好好討論、把他們的建議條列出來還滿花時間的，但長期來看，這樣能促使學生遵守規則。把你的規則存放在學習平台的顯眼位置。一般的規則可以包括以下這些：

- 進入時關靜音。
- 面對攝影機挺直坐好。
- 不要穿睡衣來上課。
- 房間裡照明要充足，這樣大家才看得到你。
- 不要跟你的小狗玩耍，或者分心與進入你房間的某個人說話。即使你關靜音也會讓人分心。
- 上課時不要傳簡訊給你的朋友。

你也會想要幫學生建立一些程序，包含像這樣的一些議題：

- 學生要如何問問題？
- 如果學生必須離開鏡頭去上廁所該怎麼辦？
- 學生要怎麼參與課堂上的討論？由誰說話？何時討論？

既然你可以讓同步教學很接近現場的面授教學了，那麼同步教學有必要符合你的課堂時間，就像真正的上課一樣。

二、六十秒規則

利用課堂剛開始六十秒左右的時間吸引學生的注意力，藉此鼓勵他們準時上課。你需要某種花招，令人越驚訝的越好。還記得吧，好奇心和新奇感會增加與記憶相關的神經元蛋白質，於是資訊留存得比較牢固。偶爾來點你個人的簡短趣事，藉此與學生建立比較好的關係。

三、五分鐘規則

試著讓你的明示教學不要超過五分鐘，年紀小的學生甚至要更短一點，然後就開始分組，或者做某件事，引起學生的主動回應。著重於你想要傳達的重要觀念，不過偶爾來點簡短又幽默的題外話。（在線上學習時，偶爾穿插的幽默感扮演了重要角色，這點我們稍後會再描述。）

你可以分享電腦螢幕，於是學生看得到你在 Google Doc 上打字，或者用 PowerPoint 播放投影片。不過呢，如果可以在螢幕上用手寫字會更好。（註十四）用手寫字強迫你慢下來，好好強調特定重點，學生比較容易掌握你要傳達的重要觀念。

我們喜歡用一隻「筆」搭配手寫板（數位板或 iPad 都很好用）。你詳細示範解說時，讓你本人的影像顯示於角落，搭配分享的螢幕畫面。你把自己放在角落的框框裡，這樣稱為子母畫面，可以傳達你在場熱心教學的訊息，使學生保持忙碌。（不過這樣也有缺點，學生得同時接收處理兩個分開的影像。）

四、躲不掉規則

每次短暫的明示教學後，讓你的學生有事可忙是很重要的。

- **分支小組（breakout group）**：很多線上平台都提供了方法，讓你指派學生到各個分支小組。這種工具很有價值，請好好學習使用；需要的話，請你的家人或朋友參加初步的練習會議，於是你能確定知道該怎麼順利分組。（有些平台會讓你切換，於是你可以像學生一樣，加入各個分支會議室，查看大家的情況；否則就要考慮申請第二個帳號，目的相同。）線上分支小組有個優點，就是比面對面的小組更快組成；你只要按個鍵，就可以隨意讓學生配對，也向他們介紹可以往來的新朋友。

- 這點要謹記在心，**分支小組內的學生有可能看不到你的解說**，主要看各個平台性質而定。有個解決方法，就是向學生提供詳盡教學的連結，也許是Google Doc檔案或投影片。哈佛大學的邦迪（Rhonda Bondie）建議一個聰明的方法，請每個分支小組推派一位學生，負責把小組針對共享檔案或投影片的討論內容做成筆記。（註十五）你可以即時查看這些Doc檔案，了解各個小組是否學習順利，需要的話再對個別的分支小組提供協助。
- **投票機制**也能在很多同步平台上進行。這可以協助你監測學生的理解狀況，也藉此把一段段的詳細解說區隔開來。你可以利用「directpoll.com」、「www.sli.do」、「polleverywhere.com」或「Microsoft Office 365 Forms」之類的平台，事先設定投票機制，然後在聊天室裡貼上連結，就能再三使用投票功能。由於在線上很難判斷學生的肢體語言，投票機制便可持續讓學生提供回饋意見，讓教師有機會針對教學方法進行即時的調整。

・**點名學生：**《王牌教師的教學力》（*Teach like a Champion*）作者建議一種證實有效的方法，就是隨機點名學生，無論他們是否舉手。（註十六）（如果你擔心隨機點名會讓學生覺得很不自在，別再擔心了。研究顯示，你採取隨機點名時，其實是增加學生參與課程的自在感，也能提高學生自願回答問題的欲望。）（註十七）隨機點名有機會查核學生的理解程度，創造一種投入又負責的氛圍，並維持課程的進度。若要以隨機方式點名學生，你可以用隨機點名的 app，不但節省時間，也能確保公平性。「ClassDojo」是我們喜歡用的一種 app。

教學小訣竅

運用聊天室，讓學生投入再投入

・你在線上提出問題，一旦有好幾個人同時回應，你就得反覆浪費時間整頓秩序。比較好的方法是以口頭提出一個問題，然後表示你會等大家在聊天室輸入的五個回答。

・建議學生在聊天室裡問問題。要看到聊天室裡有人提出問題，有時候比看到視訊平台下方小小的「舉手」圖案要容易多了。

- 指派另一個人，也許是輔助性的專業人員、已經很精通教材的某位學生或是志工家長，幫忙監看聊天室的動態。每隔一段時間停下來，檢查聊天室的新訊息和新問題。
- 學生盯著螢幕難免會累。如果你感覺到學生漸漸分心，就該來個「大腦休息」，如同我們在第三章介紹的那些方法。請你的學生關掉視訊畫面一分鐘。接著請他們伸展一下，動動身子，起來跳一跳，做個瑜伽動作，或者只是深呼吸，享受一下周遭的空氣。等他們過了一分鐘或更久一點再回來，你會很驚訝，發現學生變得好有活力。

現在由你試試看

團康遊戲：「請你跟我這樣做」

主要看學生的成熟度，線上學習會有各種突發狀況，其實學生和老師都在學習要怎麼控制情況，像是要把「對／錯」鍵和「按讚」鍵放在哪裡，或者應該由誰先發言。有個好點子，就是玩玩學生很熟悉的「請你跟我這樣做」團康遊戲，搭配平台功能和你設定的程序。（註十八）（如果學生早就過了玩「請你跟我這樣做」遊戲的階段，或許你可以像這樣自嘲：「忍耐我一下……這樣不錯啊，回想小時候，大家一起玩『請你跟我這樣說，請你跟我這樣做』的團康，反正就是想辦法習慣這個平台嘛。」）如果你希望學生熟悉某個特別的按鍵，不妨這樣說：「請你跟我這樣做，『按下對／錯鍵』。」透過平台像這樣玩個兩分鐘，會讓班級的運作順暢很多。

非同步教學

一般來說，非同步教學的意思是把教材放在某個學習平台上，學生隨時可以取得。放在線上的教材可以是任何形式，包括影片、測驗題、討論區，以及各種文件。若要鼓勵學生進行提取練習，測驗題和討論區特別有效，這也是非同步學習的強項。

你要製作非同步教材時，有時候最輕鬆的選擇是上傳文件，讓學生自己閱讀消化。但是說來可惜，這種方法缺少了你最能提供的部分：教師的臨場指導。缺少教師的指引，會讓學生的學習過程變得困難許多，必須靠自己努力研讀教材。若是徒步式學生，他們工作記憶容量較少，很快就發現自己一頭霧水，深受打擊。

學習專家有時候會說：「與別人互動，會讓學生專注於課程。」因此，教師若要讓非同步教材活潑有趣，可利用非同步的支援工具，像是討論區、留言板、同儕共編，以及測驗題。這些方法真的很有用，我們會在這一章加以討論。不過現實上，學生的目光都盯著影片。（註十九）因此，解說得很清楚的影片，是所有教學工具之中最有效的。（註二十）

你往往會找到其他老師的講課影片製作得比你好。不過，你的學生依然渴望聽到你的聲音、看到你的臉孔，這是人之常情。事實上，教師的現身說法，一直都是「學生願意繼續參與並完成線上課程很重要的因素」。（註二一）

即使你製作的是很遜的業餘影片，也可以贏得學生的敬意，因為至少你試著踏入讓他們專注投入的世界。而且如果你對學生很投入，他們也比較願意投入你的課。如果你很重視班上的社交關係，學生也透過影片看到你有所行動，他們會覺得跟你的關係比較深。

如果你已經覺得快被教學重擔壓垮，告訴你一個好消息。我們接下來要建議的一些方法，你應該只要花個幾分鐘就能學會。而更棒的是，製作影片可以讓你節省大量時間，因為影片可以重複使用。

超簡單的影片製作法：立刻動手吧！

我們帶著你把良好影片的製作基本原則走過一遍之前，想要講一個重點。製作良好影片的關鍵，就是：製作你的第一支影片，不用做到很棒；甚至不需要是良好的影片，只要是一部影片就行。

有一些免費或便宜的程式，像是「Screencastify」和「Screencast-O-Matic」，利用擷取螢幕來產生影片。方法是擷取螢幕，於是你在螢幕上看到的所有內容，連同你的旁白，就可以轉錄成一支影片。互動式的白板工具「Explain Everything」也與此類似，特別適合你用觸控式螢幕來錄製。

另一種選項是用 PowerPoint 的「錄製投影片放映」功能，把你解說投影片的聲音錄下來，你的影像也可以選擇性採用子母畫面。接下來，PowerPoint 為每一張投影片製作一個聲音檔（以及看你選擇要不要子母畫面影片）。在解說過程中，你可以在不同時刻改變自己的影像呈現方式，可以是填滿整個螢幕、出現在角落，或者完全不出現，主要看每個時刻你覺得什麼樣的感覺比較對。不妨交叉使用吧！然後，學生可以用「投影片放映」模式觀看整個 PowerPoint 檔案，同時聆聽和觀看你對每一張投影片的解說。

不過呢，你還可以更進一步，用 PowerPoint 的匯出功能，把你的 PowerPoint 檔案轉成 MP4 影片。PowerPoint 有個優點，如果後來想要修改個別投影片，很容易就能重新錄製。即使只是用 PowerPoint 製作的短片，搭配你的臉放在角落，針對特別棘手的家庭作業問題給予提示，也可對學生提供真正的幫助。關於製作優良的 PowerPoint 解說影片，標準的原則是這樣：一張寫了五百字的投影片，沒用；一張包含五個重點短句的投影片，無價。

如果你想用引導式筆記來教導學生，就把 PowerPoint 檔案儲存成兩個不同的版本：完整的版本給你個人參考，另一個版本則刪掉一些關鍵的字句或者解題的重點。你用這個填空題版本，一邊講解內容，一邊用觸控筆「填寫」答案，這樣一來你的教學過程就變得比較有互動性。

學生真的需要看到你嗎？

教師有時候會問我們，教師出現在影片裡是否真的那麼重要？要回答這個問題，讓我們來做個思考實驗。想像你製作一段講課的影片（沒有包括你的影像），在全班面前播放在螢幕上。你的聲音會透過擴音器播送出來。我們的問題如下：在你沒有出現的情況下，你能不能讓學生對教材很投入，維持興趣很長一段時間？特別是他們甚至從來沒有機會與你本人見到面？

關鍵重點

要解決線上曠課的問題，以長遠看來，最好的方法是你持續出現在課程中。一般來說，學生曠課人數最少的課程，就是教師最常出現的課程。

——強生（Aaron Johnson），《優秀的線上教學》（*Excellent Online Teaching*）作者（註二三）

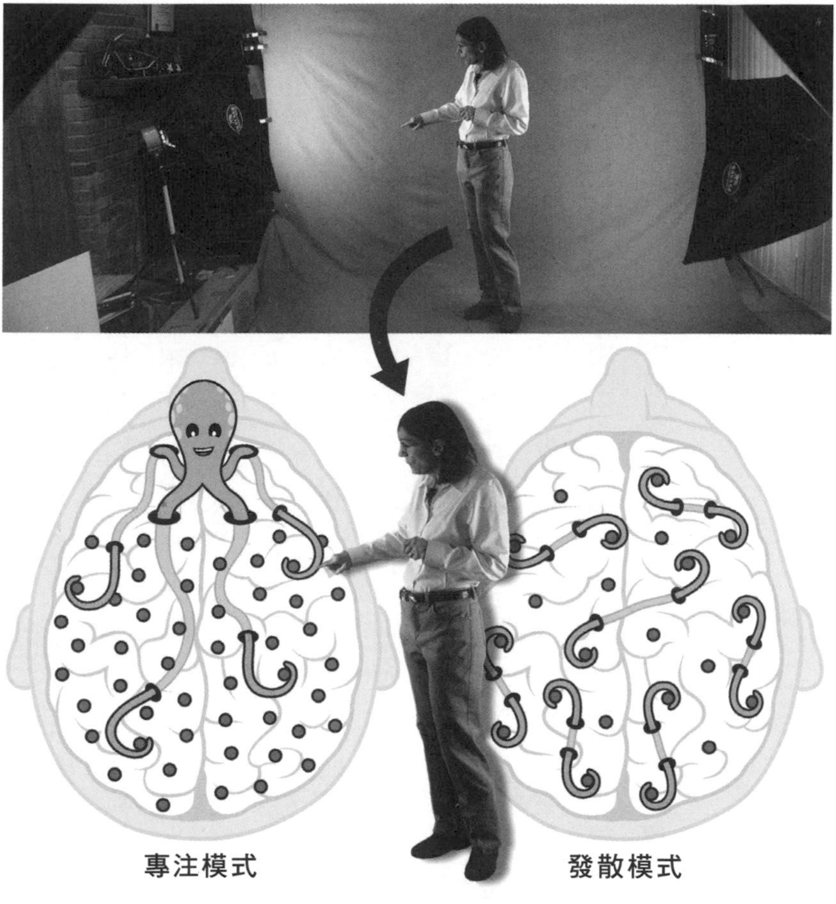

如果想要更花俏一點，可以在平坦素面的背景前面拍攝自己（傳統上是用綠色的背景，這就是「綠幕」名稱的由來），然後用一些影像編輯技巧，把你自己插入影片裡。有了現代的影片魔法，表示你即使坐在辦公室的普通背景前，也可以做到這種效果。這裡的照片，顯示芭芭拉如何在她家的地下室拍攝大規模開放式線上課程「學習之道」。這種方法有個好處，你可以跟你想要指出的重點結合在一起，這樣能減輕學生工作記憶的負擔。

你可能會想：「看看可汗學院（Khan Academy）的可汗（Sal Khan），他自己從來沒有出現在他的影片裡啊。」這是真的……不過換個角度想，學生通常是「自願」去看他的影片。他們是主動要去學習他教的內容，即使興起那樣的動機只是因為他們聽不懂自己老師的講解。不過，你的學生並不一定自願上你的課。主動分享自己的個人特質，與學生拉近關係，也激發他們的學習動機；這是非做不可的第一步，讓他們投入課程教材。

你幫自己錄影時，要注意「冗詞贅字」。這是你反覆一直講的口頭禪，說的時候自己沒注意到，但學生看著你或聽你說話時，這些口頭禪有可能讓他們聽得很煩。常見的語助詞有「對」、「好」和「嗯」之類。你在全班面前現場教學時，同樣經常使用這些語助詞，因此查看自己的錄影提供了寶貴機會，同時能夠改善你的線上教學和面授教學。

剛開始，很多人不想在影片裡看到和聽到自己。有這些感覺是完全正常的，但我們一定要鼓勵你，你製作越多影片，害羞和不自在的感受就會越來越少。錄了一個又一個小時，你的專業知識似乎沒有什麼改變，但過了幾週和幾個月後，你會注意到戲劇化的改變。這樣想吧，你是一名飛行員，需要累積飛行時數，才能參透天空的奧祕。或者想像自己是同時用程序性和陳述性的方法來學習。

影片該要多長？

基本上，你想把教材盡可能拆解成最短的段落，但也不能太短，導致學生需要連續看好幾部影片才能了解某個概念。我們是這樣建議，如果你要建立一套線上教材，無論是作為課程的主軸還是輔助，每一部影片的長度應該大約三到十二分鐘之間，也就是說，大約是你會給予一段詳盡教學所需的時間。較短的影片「讓學生專注於小段的新資訊，讓他們能控制流進大腦的新資訊」。（註二三）請注意，這並不等於拍攝長度一小時的影片，然後再剪輯成十部六分鐘的影片。每一部影片要稍微處理一下，包含非常簡短的開場、清楚的解說，還有一段概括的總結，把觀念放進內容裡。令人驚訝的是，經常剪掉一、兩分鐘的教材就能調整好教學步調。

說到這裡，你應該也明白了，光是擷取你的螢幕錄下來，也可以把一整個小時的同步教學時間，轉變成一小時長度的影片。這樣的影片固然時間很長，但也可以是有用的工具，至少對高中生是如此。（註二四）他們可以用影片來複習和釐清思緒，或者初次預習，以免無法參加同步教學的課堂。（註二五）最後，有一項標題很有趣的研究「六分鐘規則之謎」，顯示二十到二十五分鐘的影片也有效果，至少對大學生是如此。

然而，太長的影片有一項挑戰，即有點像是要求學生閱讀百科全書。舉例來說，即使你在同步課堂期間進行很多活動，但是一旦把課堂轉換成非同步影片，完全就變成漫長的講課。而我們都知道，冗長的講課對學生的學習有什麼樣的問題！就算在漫長影片的中間或後面插進一些測驗題之類的互動式教材，對於消除無聊也沒什麼幫助。

製作影片時，好的視覺效果特別重要，而製作好的視覺效果很花時間。也許看似違背直覺，但值得注意的是，較短的影片更需要額外的規劃和較長的準備時間。

即使你不是天生風趣，也要增添一點趣味

要製作出吸引人的線上教材，無論形式是文件、影片或直播同步課程，上述挑戰帶我們體認到一個重點。如果說線上課程和實體課程有個很大的差異，差異就在於線上課程少了臨場感。在真實世界裡，你可以直接走向某位學生。而在線上世界，你可能偶爾才現身，出現在螢幕的小小角落裡。花一點時間使用這種方式不是太糟糕。可是花上好幾小時？不太好。

如同面授教學，幽默感也是線上教學的一根魔杖，就算無法完全彌補瑕疵，也可以彌補很多。偶爾來點正面的、不帶人身攻擊的幽默，可以營造比較興奮和放鬆的學習環境、較高的教師評價、能察覺到有比較高的學習動機、比較容易回想起重要的資訊，也比較能享受課程。你也能與學生建立關係。（註二六）

偶爾來點好玩的，例如像這樣的梗圖、GIF 動圖，或者取自電影或電視節目的片段，都可以幫你的教學內容增添趣味。記得先查詢你的國家和你所屬機構的教學規範。

我們不是說你需要成為搞笑大師！舉個例子，你可以大約每隔五到七分鐘加入一點有趣或意想不到的事，或至少每支影片出現一次，學生就會開始期待那一點點意想不到的樂趣，以及同時產生的多巴胺噴發。只要有這樣的噴發，即使笑點與笑點之間的課程比較難理解、有時候感覺無聊，他們也會努力挺過去。（註二七）如果你覺得自己沒有演出喜劇的天分也不必擔心。增添一點幽默是學得會的，就像是學騎腳踏車一樣，你不必精進到世界級也能行走江湖。

上哪裡找笑點呢？你可以從電影找一些小段落，還有網路梗圖和表情符號。二〇〇二年制定的「技術、教育與著作權協調法」（Technology, Education And Copyright Harmonization Act, TEACH Act），讓美國的教師可以聯絡合格的非營利教育機構，把一些電影和影片段落插入他們的教學教材裡。世界各地的允許情況並不相同，查詢你的國家對你所服務的院校所制定的引用規範。（註二八）

現在由你試試看

透過敏銳的眼光來看電視或影片

對於電視或 YouTube 的價值，大家的觀點非常分歧。畢竟實在有很多劣質作品，同時也有很多傑出的敘事和教學作品。教育類的 YouTube 影片已經累積了幾千億的觀看次數。觀看其中一些最受歡迎的影片，不只能改善你的線上教學，也有助於親近你的學生。

為期一週，幫你自己訂定每日目標，觀看你的學生喜歡的熱門教育影片、紀錄片或電視節目，大約半小時左右，針對節目的剪輯方式做筆記。他們有沒有用一些動作來吸引注意力？有沒有用什麼花招？意想不到的素材？有趣的內容？像這樣的一些點子，要怎麼穿插到你自己的線上和教室教學裡面？

關鍵重點

可以仿效的教育性 YouTube 節目

- YouTube 的「Crash Course」教育頻道
- 教育家史蒂文斯（Michael Stevens）的 YouTube 頻道「Vsauce」
- 美國影集《歷史最大黨》（*Drunk History*）：我們不是提倡這種方法啦，但這真的很有趣！

透過各地圖書館觀看串流電影（以及電子書）的來源

- Kanopy
- Hoopla
- Libby

注意力「由上而下」相對於「由下而上」

有一種不言而喻的假設：老師教學的時候很能抓緊學生的注意力。熟練的教師有數十種不同的方法能維持學生的注意力，包括眼神接觸、彈彈手指，或者突然跳到桌子上。不過到了線上教學，跳到桌子上就不像面對面的時候那麼有衝擊力了；況且，那可能也不是你當老師的作風。要在線上教學維持注意力，雖然需要一些不同的工具，但所有人都會熟能生巧。

首先，我們需要了解注意力的歷程。學生把他們的注意力轉向你有兩種途徑：透過「由上而下」或「由下而上」的歷程。(註二九)

由上而下的歷程與個人的自由意志有關[1]。由上而下的注意力由前額葉皮質發起，接著往後擴散到大腦的其他部分。由下而上的歷程則是不由自主地發生，從大腦後側受到引發，外在環境的刺激從那裡先被察覺，然後傳播到前面的大腦部位。

關鍵重點

你必須先獲取學生的注意力，其他的神經作用機制才會開始鎖定學生正在努力理解和吸收的資訊。

注意力的歷程很挑剔。某個情境維持不變的時間太久，學生的注意力就會開始渙散。學生必須運用由上而下的歷程強迫拉回注意力，換句話說，就要用意志力。

要把注意力拉回來，另一種方法可以運用由下而上的歷程，像是：

- 動作（特別是讓人有快速移動得更靠近的錯覺）
- 聲音（電玩遊戲對聲音的運用就很巧妙）
- 任何意想不到的事（幽默感在這裡扮演重要角色）

要回應由下而上的刺激很容易，比你試著利用由上而下的歷程拉回注意力要容易多了。如果你在影片裡設置一些由下而上的方法吸引注意力，就能維持學生的注意力，不必強迫他們耗費自己的意志力。

要吸引學生的注意力，試著穿插一些小花招。舉例來說，利用影片編輯功能，不時把你的身影從螢幕的一側轉換到另一側。也可在全身影像和半身影像之間切換。突然有個箭頭飛過去強調某個重點。每當你結束一個成功的花招，再加個「鐺鐺」的音效吧。

1 好的，各位旁觀者，我們知道你在想什麼。但就不要深究自由意志的哲學了……

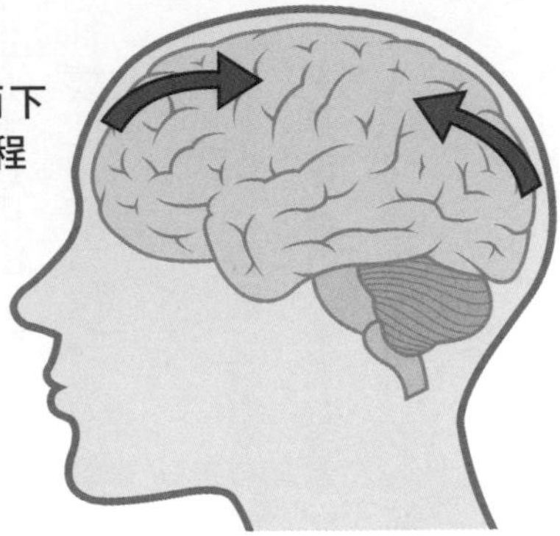

由上而下（左邊箭頭）相對於由下而上（右邊箭頭）的注意力歷程，控制著學生注意力的方向。

但請注意，不是所有東西都需要動起來、配聲音或加上意想不到的花招。好的影片編輯就能提供足夠的「嘶嘶聲」，吸引學生的注意力回到螢幕上；偶爾運用由下而上的潛意識歷程，但不需要做過了頭。這些適度的影片花招，讓學生比較容易把注意力放在你講解的內容，因為他們的目光一旦自然而然飄走，不必強迫注意力回到你身上，而是一次次受到吸引，自然而然回來注意你呈現在螢幕上的內容。想要知道何時該插入吸引人的招數，取決於你觀看自己的影片時，注意力會在什麼時候飄走。

請謹記在心，一個人頭在螢幕角落的框框裡說話，不算是真的有動作；那樣太靜態，學生也太容易預測了。正因如此，製作優良的非同步教學影片經常構成良好線上教學的基礎。非同步教學有比較多的內容能抓住學生的注意力。

不見得一定要有口語稿，不過口語稿有幫助

很多教師在一天之內講了好多內容，如果要把相當於一天的教學內容整理成逐字的口語稿，你光用想的都會發抖。你一定不想把同步課程的每一個字都寫下來，畢竟現場直播課程的魔力，有一部分就是即時性、活躍性和自發性。不過製作短片時，例如你的自我介紹影片，或者講解某一個困難概念的影片，有講稿還滿方便的。有些教師運用「半口語稿」，就是列出題綱，沒有把每一個字全部寫下來。「首先，我會做這個。接著我會解釋這點。然後我會示範這個。」這種方法讓你切中要旨，也能避免變成唸稿，感覺很不自然。

寫口語稿有一些優點，因為比較能夠精準控制你要說的話，也能好好擬訂相關的比喻和視覺圖像。一旦寫好講稿，準備要拍攝影片了，那麼把口語稿放在螢幕上方，最理想的地方是鏡頭的正下方。（使用「Teleprompter」（提詞機）這個 app 可以輕鬆達成。）要確定劇本在螢幕上不要太寬，這樣閱讀劇本時，你的眼睛才不會左右來回掃動（那樣讓你看起來眼神閃爍）。現成的口語稿可以幫助你上字幕，這點很重要，可讓所有學生容易觀看影片，特別是有特殊需求的學生和非母語學生。（註三十）

製作 PowerPoint 投影片經常會用很多文字，即使你沒有刻意要這樣做，只因為投影片上的文字能提醒你要說什麼話。如果用了口語稿，你就永遠知道自己要說什麼，也比較容易

讓投影片上的文字減到最少。

評量和參與

就像被動讀一本書實在太容易了，被動看一部影片也很簡單。要怎麼改變這種被動的情形，讓學生比較深入參與教材？哎呀，當然是提取練習啦！合作、討論和測驗題，都是提取練習的重要部分。像這樣專注參與練習，可以讓你在影片裡介紹的內容得到強化。

線上合作

學生變得很習慣在線上分享檔案、彼此合作。而他們當然可以透過聊天室「即時」談話。時下有很多各式各樣厲害的非同步參與工具，像是 Padlet、Quizlet、Kahoot!、GoNoodle、PeerWise、iDoRecall 和 Quizizz。這些工具讓學生透過線上布告欄彼此互動、製作教學閃字卡和測驗題、針對同學貼出來的問題加以回答和討論等等。向學生介紹這些工具，讓他們比較容易彼此互動。

測驗題

我們很喜歡線上的非同步測驗題，原因是這些測驗題有「即時性」。很多證據顯示，選擇題對於學生的學習很有幫助。（註三一）許多學習平台或工具，像是HapYak和Zaption，可讓你把測驗題插入影片裡，或者緊接在影片後面。經常出現測驗題，可以把學生的注意力拉回到教材上，讓學生的學習表現有很大的進步。（註三二）至於該在何時加入問題，並沒有不能改變的規則；有些教師在影片裡講述引人入勝的故事，於是在影片結束之前，當然沒道理插入一些題目，打斷影片的流暢性。還有一些工具，像是Edpuzzle或PlayPosit，可以協助你把影片建構成完整的一堂課，甚至可以追蹤資料，看看學生把你插入影片的題目做得怎麼樣。

引導式題目

學生觀看短片時，製作一份附有引導式題目的學習單會很有益處。有一項研究顯示，學生一邊觀看影片、一邊回答引導式題目，隨後的考試成績明顯比較高分。（註三三）

回家作業

若希望學生主動投入學習影片內容，那麼讓影片裡的資訊成為回家作業的一部分也是有用的方法。有項研究顯示，在回家作業裡嵌入影片，可以提升學生對困難概念的理解度；類似的作業如果沒有包含影片，則理解狀況較差。（註三四）試著讓你出的回家作業能在二十分鐘內做完。（註三五）

討論區

透過討論區，你能夠評估學生吸收到的教材知識，並讓學生練習從不同的脈絡提取記憶內容。人數較少的討論小組，同時能培養親密感和友情。題目的開頭請用動詞，像是找到、說明、描述、確認、比較等等，促成主動且活躍的討論區。（註三六）一定要讓你的討論題目不會老是導引出全部相同的標準答案。為了確定能得到各式各樣的回應，可以請學生從指定的閱讀內容中找出三處最重要的引文，然後說明他們為何選擇每一段引文。接著讓他們與另一位學生配對，互相比較引文，再推派其中一人與另一個小組分享討論。

在同步上課之前，請學生在討論區貼文，於是你能得知他們的問題和想法是什麼。如果學生應該要貼文，也需要回應其他人的貼文，那麼一定要把最初貼文的日期和回應的截止日期都指定得很清楚，而且至少要相隔一天。如果你可以在討論區裡發言，那麼短短的就好，平均一週數次，讓學生感覺到你的存在，又不會變得過度干涉。設定貼文最少要有幾個字也很有用。如果學生知道你期待的回應要有多少字，他們就會修改自己回應的深度，以便符合（有時候是超越）你的期待。

現在由你試試看

請你的學生製作影片

很多學生樂於製作影片，而且在這方面比教師厲害多了。如果你希望學生真能掌握某個主題，不妨請他們幫那個主題製作一部說明影片。（註三七）有很多簡單又免費的影片編輯和螢幕擷取程式，像是 TechSmith Capture、Adobe Spark 和 iMovie。你可以出個「製作一部影片」的作業給學生，請他們放在影音教育平台「Flipgrid」上，或者如果是同步教學，就請他們分享螢幕（你可以設定影片的長度限制）。把最好的一些說明影片存檔起來（要適當取得同學的許可），重複使用這些影片，協助未來幾年的學生學習教材。

關於這些作業只有一項警告，學生可能太過專注於製作影片的過程，反倒對於應該要熟悉的主題沒有學到太多。（註三八）要確定你打的分數能夠評量你真正希望學生學習的程度，而不是只有很多華麗的噱頭而已。

融合同步（或面授）教學和非同步教學：學起來，連起來

主要看你學生的年齡和能力程度而定（比較有經驗的學生往往比較能自我引導學習），把我們在第一章剛開始描述的「學起來，連起來」方法融合起來，在線上課程很有用。舉例來說，你每個星期一製作影片和文本，讓學生在線上取用（「看我做」）。提供初步的習題或討論，協助學生投入教材的學習。這一次是要學生開始「學起來」，至少剛開始的時候盡可能如此。

每個星期三，對學生的成果提出你個人的回饋意見，並透過同步教學增加額外的內容和練習（「我們一起做」）。這一天是協助學生強化他們對這個主題的神經連結。

學生剛學到新的概念或技能時，會在長期記憶的神經元之間產生新的連結組合。有些學生是從零開始，會需要你提供額外的時間和援助，才能建立穩固的連結。賽車式學生也許

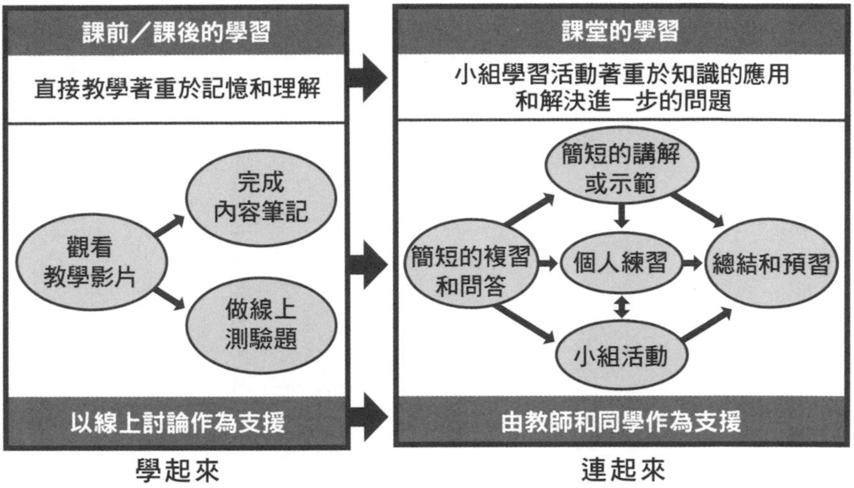

把非同步教學和同步或面授教學整合起來，就是「學起來，連起來」方法。

不需要額外的支援，就可以直接跳到星期五的學生自主活動。

每個星期五，請學生交作業，也許再來個測驗。這一天的目的是要學生「連起來」。請學生展示自己的能力，然後將他們剛學到的事物應用於現實世界的情境，並與其他主題串聯起來（「你來做」）。基本上，你這樣是把星期一、星期三、星期五這三天區分成「學起來、回應、連起來」。（有時候教師把星期五的教材移到週末去，主要看你學校的風氣而定。）

分析你的教學方法

製作一部影片

在平常的面授班級裡，學生覺得什麼樣的主題最難掌握？你最先拍的影片大可以此為主題。

一、**選擇螢幕擷取軟體，自己錄製影片**，就採取你平常在課堂上用的方法，通常只是簡單的PowerPoint投影片。我們建議把你自己拍下來，採取子母畫面，這樣你會習慣在螢幕上看到自己。子母畫面不是最理想的，卻是絕佳的入門方法。記得讓你自己位於適當的位置，頭臉和雙手都要露出來。

二、**把影片貼到你的學習平台上**，緊接在影片後面加上一個測驗題，或者好幾個題目。

三、**請學生看影片，並回答測驗題**，或者做其他有創意的練習，以便顯示他們已經理解影片的關鍵內容。

四、**問問自己，下一部影片想要做什麼樣的內容**。你可不可以更進一步，增加一點火花，超越你的第一部影片？加個箭頭指出重要的主題如何？出現一個箭頭跑來跑去？或者來點好玩的音樂？

觀看和聆聽自己在螢幕上的表現，可以讓你有些深入的觀察，也可增進你的面授教學技巧。看完自己的第一支影片，不妨問問自己：我想再看一次嗎？原因是什麼？影片有深刻的見解嗎？很有趣？風度翩翩？未來的幾年能夠繼續用這支影片嗎？如果上述有哪個問題的答案是「不」，那麼你可能需要重新思考一番，對影片做一點調整。

關鍵重點

免費的音樂資源

- http://www.freesound.org
- http://dig.ccmixter.org
- http://freemusicarchive.org
- http://www.freemusicpublicdomain.com

這一章的重要觀念

- 線上教學有兩種主要形式，同步教學（即時）和非同步教學（隨選）。
- 對學生來說，最好的學習方法是同時看到和聽到教材（多媒體理論）。
- 學生第一次開始接觸線上課程會很茫然。製作一部短片，協助他們形成一張認知地圖，以便找到方向。
- 運用電子郵件，針對學習平台裡的教材內容做補充和支援。對漫不經心的學生伸出援手，試著帶他們步上軌道。

- 注意你的影片品質。值得準備優質的麥克風。也要注意打光和攝影鏡頭的位置。
- 製作優質的同步教材有個關鍵：製作的影片要讓你看起來是閃耀著光芒的教師。
- 製作優質影片的第一步，是先製作一部沒有很好的影片。讓你的影片長度維持在五分鐘左右，而且至少有一、兩分鐘看得到你在說話。
- 在線上課程裡，特別重要的是不時出現一點幽默感。
- 試著讓你的學生運用他們「由下而上」的自動化注意力歷程來投入線上課程，而不是透過他們「由上而下」的歷程，那需要意志力。穿插一點動作、聲音和意想不到的事物，有助於這種由下而上的歷程。
- 線上討論區、測驗題和其他的互動式工具，可以加強鞏固學生剛學習的內容。
- 將同步或親自教學與非同步教學融合起來，這在所有領域都是最好的方法，讓學生保持專注和負責的態度。

{第十章}

教案的力量

課綱→目標→焦點問題→評量
精準的規劃讓學生達到最佳的學習效果

八月的時候，你輕輕鬆鬆在泳池邊讀這本書。再過幾個星期就要開學了。你的心思飄向自己所教的科目，滿腔熱情；你想著要怎麼點燃學生心中的火苗。對於文學的熱愛，或許正是你成為英文教師的原因。也說不定你是數學教師，想到學生米亞終於能夠計算一條線的斜率（上升量除以前進量，口訣是「你得先站起來才能往前跑」），當時內心的興奮之情記憶猶新。能夠教出下一代的科學家、藝術家、工程師、教師和歷史學家，讓你充滿動力。（註一）但是成功的教學從不神奇現身；教學是過程，也是旅程。

在短短一百八十天內，向學生介紹一個領域，這是一項崇高的目標；範圍那麼廣大，時間卻那麼短暫。如果還要扣掉上廁所休息、情況失控、出現意想不到插曲的機會，時間就更少了。

我們之前曾深入探究學習發生的過程。以最簡單的方式來說，神經元的連結透過練習而加強，並隨著新的多樣化學習經驗而延伸拓展。你的學生，包括徒步式和賽車式的學生，就定位，準備好，然後出發！他們的最終目的地是新皮質，也就是儲存長期記憶的地方。

你的學生可以採行的路徑有兩種，即陳述性和程序性路徑。只採行一條路徑可能比較花時間，有時候兩條路徑都用上的效果比較好，但沒有絕對的規則，也沒有限定什麼人該採取哪一條路徑，或者學生應該要多麼頻繁變換路徑。重點是你所有的學生都要抵達終點線。聽起來很簡單，但教師如你，知道這一點都不簡單。大腦是很複雜的領域。你的教學決策，對於協助學生在該領域找到方向是很重要的。你很興奮，急著展開這場探險，於是整理自己的教室並寫教案，準備迎接開學的前幾個星期。

但是到了九月底，你的教案用完了。同時，一大堆問題把你淹沒了，包括考試、補救教學、加速課程、家長的電子郵件、領域會議或學科研究會、處理學生的心理健康問題、食安、霸凌、校園暴力問題、打分數等等，而且問題清單持續增加。結果呢？時間不夠用，疏於做教案。你把去年的教案改個日期就拿來用。

專家教師是最厲害的規劃師。（註二）他們從繪製地圖著手，也就是教案。[1] 教案讓教師能夠精準規劃他們想讓學生達到的成果，以此描繪成功學習的願景。他們寫的教案，可能不像師資生受訓時學到的標準格式，（註三）但熟練的教師要探尋新的教法時，還是會按照慣例，仔細考慮標準格式的一些必要項目。我們先把這些項目拆解開來，提供一組示範的順序

1 規劃一整年的課程超出了這本書的討論範圍。在這一章，我們提供一種架構，協助你每天都實行腦科學所支持的一些策略。

給你依循參考，另外納入一些有用的指引。等你找到自己的立足基礎，就會發現設計教案真的很簡單。（而且很好玩！）

規劃路徑：課綱↓目標↓焦點問題↓評量

專家教師從一開始就會謹記著最後的終點。學生如果知道目的地在哪裡，以及到達那裡會看到什麼風景，他們達到的成果會比較多。（註四）專家教師會考慮課綱和合適的內容，讓學生學到不可或缺的字彙、技能、方程式、概念和模式，以便精進各個科目。

關鍵重點

打造新的路徑

規劃路徑

1. 課綱
2. 學習目標
3. 焦點問題
4. 評量

引導旅程

5. 準備活動
6. 引起動機
7. 課程主體：學起來↓連起來
8. 總結活動

到達終點線

9. 省思活動
10. 慶祝

課綱

大致說來，課綱是「每一個年級的學生應該知道也能夠做到的學習目標」。（註五）在美國，各個科目的課綱分開列出。你徹底研究一頁又一頁的課綱時，可能忍不住覺得，這好像是你正在擬定一份複雜的計畫，準備跟好幾十個人一起去旅行。天啊！

因此，與其放眼整個世界，不如縮小你的目的地，優先考慮最不可或缺的知識和技能。要記住的是，課綱是為教師而寫；畢竟，看了下面美國的英語文課程的「各州共同核心標準」（Common Core State Standard），八年級學生到底該學些什麼呢？？

> 各州共同核心標準：八年級—英語文課程：所引述的文本證據最能強力支持一項分析，即文本以及從文本得出的推論，同樣都能夠明確述說。（註六）

由於課綱涵蓋的範圍非常廣泛，熟練的教師將它們拆解開來，例如判斷哪些教材和資源最適合他們的學生。將課綱進行解構，建立學習目標。

學習目標：學生的努力與行動所要達到的目的

學習目標可以包含學習的意圖、目的、能力、成果、對象等等。上述每一個詞彙都有不同的細微差異，目的都是要從課綱（很廣泛）轉變成學習單元（很明確）。學習目標陳述的是學生將要知道、理解和能做到的事。（註七）學習目標有助於設定你的教學目標和學生的學習目標，並建立起成功的願景。

學習目標的核心是動詞，即學生「做」什麼事。（註八）動詞指出課程必要的心智鍛鍊。比較簡單的是「確認」和「回想」，比較困難的則像「應用」或「綜合」。（註九）動詞傳達了預期學生要有的表現，這樣比較容易擬定教學期間和教完之後的評量方法。主要看學習目標的需求而定，一個教案也許橫跨好幾天，或者不到一整節課的時間就教完。

我們在前面介紹的八年級英語文課程標準，或許可以轉變成以下的學習目標：運用一張圖形組織圖，請八年級學生在美國作家愛倫坡（Edgar Allan Poe）的短篇小說〈告密之心〉（The Tell-Tale Heart）找到三個表達意象的例子，並說明各個例子如何有助於營造氛圍。

焦點問題

專家教師看得到終點線（而且是確切的地點），也能讓同行的人都看得到。學生需要知道目標，才能夠嘗試達成目標，否則會漫無目的遊蕩，常常一直迷路。

很多教師將課程目標張貼在布告欄上，並在開學的第一天加以說明。我們發現這種方法有個問題，就是學生對於目標沒有特別好的回應。他們看到一些很難理解的句子，然後就閃神了。要怎麼解決呢？試著改變你的教學目標，變成以課程為基礎的焦點問題。舉例來說：在〈告密之心〉文中，愛倫坡怎麼用意象來營造氛圍？

為什麼是用問題的方式？因為問題能夠點燃好奇心。而且問題可以促進多巴胺的噴發，不只能吸引學生的注意力和興趣，也有助於讓答案在長期記憶裡儲存得比較穩固。回答問題位於主動學習的核心位置，因為能強迫學生思考和查詢原本已經儲存在長期記憶裡的部分。在整個課程中，如果我們一直謹記著這樣的焦點問題，就能讓學生（以及我們教師）保持極大的專注力，達成學習目標。

評量

教師和學生都知道最後目的地在哪裡，但有什麼證據顯示已經到達了呢？來看看「形成性評量」（formative assessment）和「總結性評量」（summative assessment）吧。形成性評量是沿途的路標，指出學生的學習歷程。（註十）這種快速的非正式評量，是在教學期間進行檢驗，讓教師評估每一位學生距離目標還有多遠。你考慮形成性評量時，不妨想想提取練習吧。這種練習針對學生要去哪裡、行經的路程、接下來要去哪裡等方面提供了回饋意見。（註十一）就像是GPS系統，學生轉錯彎的時候，熟練的教師會幫學生「重新計算」，回到路途上。

另一方面，總結性評量則可提供證據，顯示學生已經抵達終點線。總結性評量可以很簡單，像是上完課的離開通行券（exit ticket）（註十二），或者結合很多堂課之後的段考。（註十三）

目標是山頂，但有好幾種路徑可以到達那裡：陳述性或程序性的路徑；徒步前往或駕駛賽車。

引導學習之旅：幫課程排列順序

你已經決定了旅行的目的地，與你的乘客溝通好，也做了旅程評估。知道自己會去哪裡，已經讓大家享受了一半的樂趣！你已經規劃好要怎麼到達那裡，包含了你會用到的材料，以及你會走逛的各種小徑。出發前你會重複檢查一次，確認裝備帶夠了，並把可能需要其他額外物資的旅客先筆記起來。

我們體認到，你無法永遠百分之百控制好自己教的課程，但可以選擇最好的策略，幫助學生好好學習。你的徒步式學生可能選擇風景較多的路程，而賽車式學生可能沿著快車道加速前進。工作記憶容量的差異，加上先前擁有的知識，表示學習速度會有差異。同樣的，有些旅客可能比較喜歡獨自一人度過漫長的旅程，而另一些人最喜歡與一位同伴或一小群人一起旅行。

準備活動

準時上課啦。學生一進入你的教室，就需要開始忙了。這項準備的任務，我們稱之為「鈴響作業」（bell ringer），或者像勒莫夫的用詞，「現在就做」（Do Now）。（註十四）鈴響作業有各式各樣的任務，但每天都應該在同樣的地點發布，因此學生立刻就知道需要做什麼。於是，鈴響作業變成習慣，讓學生進入「你的時間」。上課的開頭幾分鐘，如果你讓學生與朋友聊天或去上廁所，他們就處於「他們的時間」，於是你得忙著讓每個人都進入狀況，也就浪費了所有學生的教學時間。

運用鈴響作業來複習或預習。有些教師請學生把前一晚的家庭作業拿出來，指定其中的兩、三題，與他們的學伴對照答案。另一些教師可能請學生寫下當天焦點問題的要點答案。無論是複習或預習，學生應該都要獨力完成鈴響作業，在自己座位上完成。學生進行這部分時，你利用這幾分鐘迎接其他剛到門口的學生，以目光點名，並整理你的教材；所有這些事情都應該在上課前的課間就開始，鐘響後不要超過三到五分鐘就要結束，然後開始上正課。

教學小訣竅

程序

在開學的第一週教導各種程序，可以節省很多教學時間，而且整個學年都能讓班級經營得很有效率。很多這類程序都包含了習慣的創立，也就是穿插在程序式學習系統裡的行動或反應。這表示，學生不用多想就會自動去做他們需要做好的事。
考慮教導以下的程序：

- 進入教室並完成「鈴響作業」的任務
- 分發或領取教材
- 上廁所或喝杯水
- 聆聽並回答問題
- 組成小組
- 交作業

引起動機

對於你教的內容，並不是每一位學生都很興奮想要學習。你需要抓住他們的興趣，讓課程顯得很有意義。就像是幫教案擬定一個好問題，好的學習誘因可以激發多巴胺的噴發，讓你教的內容變得牢固。好的誘因讓你期待意想不到的驚喜成果，這表示你的誘因應該要很多樣化。（這並不容易，但誰說教學很容易！）好消息是你可以年復一年、一班又一班重複使用這些誘因，只要細微調整和改進就行。你也可以從其他教師的課堂挖寶。如果同事用了很棒的學習誘因，何不把它應用於你自己的課堂呢？

有效的誘因會利用學生已知的事物，連結到你準備要教的重要內容。想要誘使我們的學生投入以數學為基礎的物理課，不妨連結到時空旅行，著重於時間、距離，以及把太空人送上火星的任務。如果你提出一個現實生活中很有挑戰的問題，等待學生去解決，他們會比較有熱忱。（特別是那些夢想成為太空人的學生！）

你也可以把誘因想成是預告片，設計用來吸引我們去看電影。舉例來說，為了誘使我們的學生進入課堂的情境，了解愛倫坡如何運用意象創造氛圍，我們也許真的可以播放一部現代恐怖片的預告片，問學生到底是哪些畫面和效果讓預告片感覺很恐怖。看電影片段時，即使你以前看過十幾次，如果能示範看了很興奮，將會有幫助。對我們二十一世紀的學生來說，一、兩分鐘很簡短的多媒體影片段落特別有效。按下播放鍵之前，要確定你把觀看片段的目的想得很透徹，與隨後緊接的課程也要有很清楚的連結。

每個人都應該參與你的誘因；不要只是問個發人深省的問題，然後叫一、兩位學生起來回答。你可以請每一位同學都簡單寫下自己的答案，然後繞行教室，徵求學生以口頭說出答案。或者請學生把他們寫好的答案貼上網路的協作式白板，例如「Jamboard」，讓所有同學都看得到。

等到你把誘因這個「魚鉤」拋出去，再來就是對你的學生「收線」的時候了，讓他們準備迎接隨後的課程。你引導課程，轉移到焦點問題和課程表，課程表是規劃好的執行表，可以減輕你和學生雙方對工作記憶的沉重需求。課程表如果能包括一些教材，需要學生在他們座位上討論，這樣也很有幫助。

教學小訣竅

示範誘因的架構

要創造一個好的誘因，魔鬼藏在細節裡。這裡舉出一些架構做為範例，也許能激發一些點子。

- 提出真實世界的一個有趣問題或個案研究。
- 找出與你的課程有關的一段引文，把這段迷人或有趣的引文提供給學生，請他們分享自己的想法。
- 帶頭很快做個實驗，吊吊他們的胃口。
- 請你的學生投票，把課程變成以現實生活為背景，變得與個人有關。
- 徵求學生自願擔任角色扮演。
- 為你準備教導的概念提供一些實例和非例，請學生注意其中的相似處與差異性。

課程主體：學起來，連起來

你的學生剛開始「學起來」時，我們建議你從掌控全局的駕駛座位置開始協助他們。等到學生顯示出漸漸熟悉這個領域，可以自己找路時，就讓他們接手方向盤，「連結」到新的路徑。他們當然絕對無法靠自己完成；在學生主導的學習過程中，你變成很愛指揮司機的後座乘客。

學起來

學生要學習不熟悉的困難事情時，一般來說最好的方法是透過陳述性路徑。在陳述性的路途上，工作記憶透過海馬迴的協助，把新的資訊傳遞到新皮質。

我們向學生說明他們正在學習的內容，一步步示範要做的事時，我們是指向陳述性路徑。學生「學起來」是在直接教學的最初階段，也就是「看我做」和「我們一起做」。他們意識到新的學習，也準備開始在神經元之間形成連結。

你逐漸將焦點轉移到課程的主體時，要讓你的學生安心自在進入新的教材。剛開始是運用你學生原有的知識為基礎。對於你準備教導的概念，學生可能已有既定的基模。新的資訊如果能與原本就存在的知識和經驗結合在一起，就可以快速吸收和儲存。假如先前沒有相

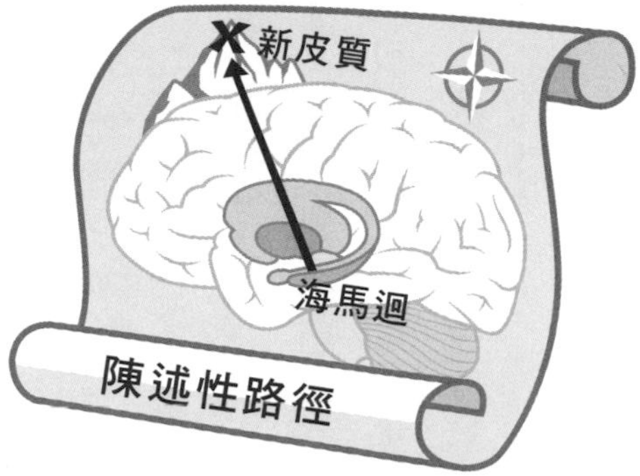

攀登到山頂（即新皮質內的長期記憶）的陳述性路徑，會經過海馬迴。

關的知識，現在則由你來創建。學生需要這種轉移的時間以便適應，因為他們很快就變得不知所措。那很像是突然潛入冰冷池水的深處。大多數人覺得，漸漸涉水而入所受的衝擊比較小。你要帶領學生進入學習狀態時，接下來有好幾種策略和訣竅可以考慮。

放聲思考

介紹新的教材時，讓你的學生能看見你的想法。把你的思考過程用言語表達出來，可以幫助學生了解這類型的複雜任務要怎麼達成。（註十五）預先考慮學生會碰到的困難阻礙，向他們示範你會怎麼克服棘手的問題。學生通常都知道，錯誤是學習的一部分。他們不知道的呢，則是你面對他們的錯誤會有什麼反應。你會令他們難堪嗎？一旦看到就算他們犯了錯，也會受到妥善的照顧，他們就比較願意冒險，看看自己犯的錯會得到什麼樣的收穫。

教師要注意，不要講太多話

一般的常識似乎覺得教師涵蓋的內容越多，學生就會學到越多。但是身為「不依循常識」的教師，你知道這未必是正確的。有些教師深吸一口氣，開始講話，然後一直講一直講，直到下課鈴聲響起為止。（註十六）教師講話的時間其實沒有明確的限制，針對小學生有個很好的衡量方法，就是教五分鐘，然後停一分鐘進行提取練習。至於初中和高中生，教個十分鐘再花兩分鐘提取資訊。在你的教學過程中，這些停頓很重要，能讓新皮質內的神經連結加速固化。

規劃問題

教師每天會問好幾百個問題，大多數是喚起學生回憶的低階問題。我們匆匆問這些問題，是要確定學生保持注意力，而且維持我們課程的步調。不要傻傻的考慮把這些穿插在教學中的快速回想問題，替換成比較深奧、比較需要思考的提取練習。對學習來說，這兩種類型的問題都很重要。學生剛學一個概念時，處於直接教學的初期階段，這個時候理解問題是很重要的，要確定學生對教材有真正的了解。畢竟所謂「低階的」回想式思考，對於較高階的思考是不可或缺的。

但是問題需要逐漸增加複雜的層級。透過一些事先的規劃，你可以構思一些問題，讓學生彼此開啟對話，提升知識水準。（註十七）試著少講一點，多聽一點，刻意規劃一些開放式的問題，讓學生建立概念式的理解。舉例來說，不要問「一公尺等於幾公分」，而是問「以公分表示的哪兩段長度，加起來等於一公尺」。

講解示範

讓你的講課內容搭配多媒體教學。（註十八）用一分鐘的短片呈現人類呼吸系統的作用方式，絕對比一段文字描述有效多了。多媒體很有效果，是因為讓工作記憶同時容納語言和圖像資訊，比較不會超過負荷。

若要讓多媒體穿插到你的課程裡，梅耶提供了一些訣竅：（註十九）

- 觀看課程之前，向學生預告即將看到的內容，包括詞彙、圖表、事件，以及其他重要的資訊。
- 觀看過程中，向學生提供一種整理新資訊的方法。用引導式問題對學生提供支援，協助他們記住更多資訊。
- 將多媒體拆開成一些容易管理的段落。（註二十）暫停播放，給學生一點時間鞏固一個段落，然後再進展到下一段。

寫下筆記

等到學生知道該怎麼做筆記，就能夠增進學習效果。（註二一）不管學生是聽你講課、參與討論、觀看影片段落還是閱讀文章；這些活動全都需要做某種形式的筆記。上課途中可以提示學生要做筆記，例如：「我們要講到美國聯邦政府和州政府組織之間的相似處和差異性。請畫一張T形圖[2]，一邊記下相似處，另一邊寫下差異性。」或者：「我們要講解蜜蜂的三種特性囉。請在你的筆記本裡編寫號碼一一紀錄下來。」

對於做筆記比較有經驗的學生，你的提示可能夠了。比較沒經驗的學生則需要引導式的筆記，以提升聽講的技巧，並增進自己做筆記的精確度和組織能力，而這些全都會增進學生的記憶力。（註二二）做筆記方面，你可以支援學生列出結構式的大綱，請他們隨著你的課程進度一一完成。

拆成組塊

大多數學生的工作記憶能夠留存的資訊數量，同一時間最多是四項。工作記憶容納不下時，學生就停工或分心。不如把你要教的內容和技能拆解開來，變成一口大小、能夠消化的組塊。

以下有幾個教學的建議，讓學生比較容易處理和記住資訊。請學生：

- 確認各個相似處和差異性。
- 把一長串的資訊做轉換，區分成好幾個次要的類別。
- 畫出圖像式的組織圖，例如流程圖、表格、時間軸、過程中的步驟，或者文式圖（Venn diagram）。

煞住賽車

徵求大家的回饋意見時，不要被賽車式學生騙了，他們超快就學會教材（或至少自以為學會）。你很難拒絕他們揮舞的雙手，但他們不能代表你所有的學生。你想要確定每個人都理解教材，這就表示要跳過那些急著自願舉手的學生。請所有學生簡短寫下回答，這是評估

2 T形圖是包含兩欄的圖形組織圖，針對某個概念，在左欄和右欄寫下互為對照的一些特性。舉例來說，在第二三三頁，我們用T形圖列出「很好」聽起來和看起來是什麼的樣子互為對照，在一欄上面標示一雙眼睛，另一欄標示一對耳朵。

每一位學生理解程度的絕佳方法；也許給一個結構完整的句子，請他們把其中的空格填好。

活動起來

我們說過，你不能坐在座位上教課。一直杵在教室前面動也不動也同樣欠考慮。不如在你的學生之間走動。使用遙控器播放投影片，或者請學生幫你在黑板上寫出重點。你在教室裡巡堂時，比較容易注意到學生放空的舉動，於是可以利用你人在附近，指正他們不好的舉止。在教室裡走來走去，你也比較能注意學生有什麼地方卡住不懂，因為比較容易低頭看到他們做的筆記，而且距離夠近，能注意到他們沒說出口的一些線索。除此之外，繞行教室也讓你精力充沛，因為能促進腦部的血液循環，增進認知能力。而且動起來是想出點子的好方法！

提取出來

我們期待學生表現得獨立又熟練，但尚未提供足夠的教師引導和矯正式回饋讓他們獨立學習，於是學生覺得很挫折。感到挫折的學生會放空或擺爛。其實學生應該在你的監督之下，鼓勵他們做大量的提取練習。等到學生記住某個程序的各個步驟，或者練習某個新技能之後，他們漸漸強化了自己的神經連結。

透過前面幾個章節，我們分享了各式各樣的主動學習技巧（思考—配對—分享、很快巡過一圈、回想，以及提出最困惑的地方等等），讓學生進行提取練習。不過我們知道，學生（其實教師也一樣）渴望得到新鮮感。你教導內容的每個段落時，不妨試試以下的形成性評量，多增加幾種提取練習的技巧：

- **你上課時，請學生做一個立體的折疊式圖像組織圖，把重點收錄在裡面**。以後學生可以用它來做自我測驗。
- **從你到目前為止的講課內容中，選出三、四個重要字詞提供給學生**。請他們與學伴合作，用這些字詞組成一個句子的總結。接著用很快巡過一圈的方式，請每一組的其中一人與全班分享句子。很快巡過一圈的方式，可讓學生以各種不同的方式反覆聽到資訊。
- **請學生想想學伴可能誤解的概念或名詞，提供三個例子**。
- 拿出個人用的白板或薄薄的一張白紙，請學生拿白板筆寫完多個步驟的題目，**或回答比較高階的問題**。
- **請學生把自己了解的部分畫出來**，可以附上文字但不要只有文字。
- **播放一小段曲子，請學生繞著教室跳舞或遊行**（當然要看你學生的年紀而定）。等曲子播放完，每一位學生都坐進不同的桌子，查看彼此的筆記並提供回饋意見。

- **請學生參與「雪球」大戰**。給學生一張紙，上面有五到十個題目，請學生回答其中一題。接著請他們把紙揉成一團，像雪球一樣扔出去。給所有學生十秒鐘，請他們各撿起一顆雪球，接著回到自己座位，查看彼此的答案，然後回答下一題。重複這個遊戲，直到整張紙都答題完畢。全班一起瀏覽過所有題目之後，你拿起一個回收箱，於是學生可以把紙團扔進去。
- **製作一張文字圖表，把主題領域的重要字詞整理出來**。把圖表設計得像是表格，字詞由上到下放在第一欄。頂上的第一列則包含你從以下選出的標題：代表的意思、看起來如何、重要特性、實例和非例。
- **精通科技的教師和學生使用一些 app 和網站舉辦測驗**，像是使用 Kahoot!、Quizzlet 和 Nearpod。等到學生和你一起用這些科技工具建立習慣，他們就可以順利融入提取練習的活動。

按怒按讚

有些教師講解一段資訊，準備繼續後面課程之前，會請全班豎起大拇指，表示理解內容。不過用這種手勢要小心。過去學習狀況良好的新生，可能對自己的能力太過自信，貿然對你豎起大拇指。有些學生不太確定，但不想在同學面前顯得很呆。如果你真的覺得必須用這種手勢，不妨試著請學生閉上眼睛，或者低下頭，這樣就看不到別人的手勢。

預先提防

在問題發生之前先做好預防工作，可以成功創造安全和很有成效的教室環境。如果你知道喬伊和柯琳是最要好的朋友，那麼不要讓她們坐在一起。你自己不妨這樣想想看，你去參加專業的發展工作坊，旁邊坐的是你最要好的同事。你們忍不住想要交談，這樣會讓其他人分心，妨礙別人（以及你自己）的學習。

連起來

學習的循環再三重複，直到學生對基礎的內容和技能變得很熟練為止。理想上，這會在每個人身上同時發生；但其實很少有這種事。我們都知道，徒步式學生需要額外的練習和不同程度的指導或支援，而賽車式學生準備好要推進到更獨立的學習活動，由學生自己主導。等學生達到熟練，他們就準備要「連起來」，也就是努力強化和延伸他們的神經連結。

學生經常需要轉換神經路徑，以便「連起來」。為了鞏固學習成果，學生透過陳述性路徑所學到的資訊，需要由程序性系統的備用資訊加以強化。透過感官進入的資訊傳到基底核，然後直抵新皮質。聽起來快速又簡單，對吧？其實沒那麼快。我們已得知，採取程序性路徑經常需要穩定且反覆的練習，這很花時間。

混起來

採取程序性路徑固然需要大量的練習，但不只是隨便的練習。在相同的脈絡裡反芻相同的資訊，並不會讓我們的學生能夠獨立或彈性思考。練習反而是需要穿插在各個主題之間。交替學習需要學生一直提取資訊，把基本規則弄清楚，並把那些規則應用於各種情境。如果回到之前介紹愛倫坡運用意象傳達氛圍的課程，我們可以結合上述的方法，請學生翻閱他們讀過的其他短篇故事，從中尋找一些範例也是用意象來營造氛圍。或者，繼續討論愛倫坡的〈洩密之心〉，請學生指出他們先前讀過的其他敘事技巧，並說明那些技巧產生的效果。

取間隔

課程不是講完就好了。學習需要不斷持續。要記住，教案不必寫到完全涵蓋一堂課的四十五分鐘。長期記憶所需的提取練習形式，需要融入到其他課程裡。這有點像是你在旅程中要進一步探索之前，再次回去看自己最喜歡的景色。你繼續向前挺進，但在內心反覆回到重要的停靠站，以便記憶得更久一點。

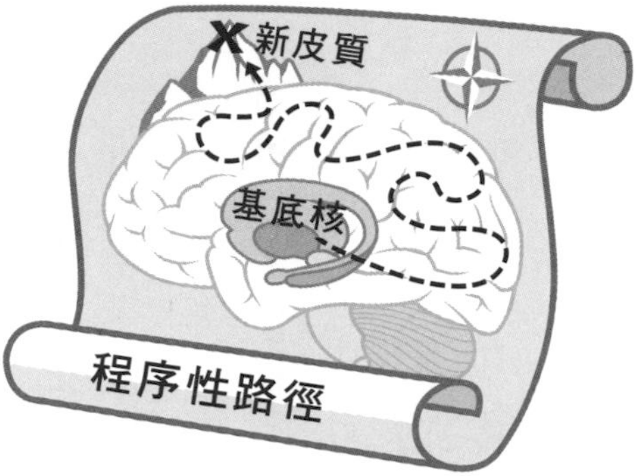

攀爬到山頂（即新皮質內的長期記憶）的程序性路徑，會經過基底核。

警告：交替學習和間隔重複，也就是學生要「連起來」所需的練習形式，會產生有益的難度，學生可能會抗拒。學生抗拒這種練習形式，是因為覺得很挫折，結果經常導致在學習過程中犯了更多錯。要確定學生在課程的「學起來」階段打下堅實的基礎，這是一大關鍵，能讓他們在「連起來」階段減少焦慮。

做延伸

學生的學習目標，是能夠把新的知識和技能延伸到新的情境。等到學生的神經連結變得強固，他們就準備挺進到比較獨立的學習方法。由學生主導的學習方法不太需要教師的引導。實際上，學生掌握方向盤，駕馭自己的學習過程。但教師也不能在一旁涼快；她反而比較像在後座指揮的乘客，如果駕駛開出車道外就要趕快介入。

以下是學生主導的延伸活動的一些範例：

□**在班級看板「Padlet」提供己見**。（「Padlet」是什麼？就把它想成是班級的線上布告欄 app。）舉例來說，研讀一個單元的詩作之後，學生可以貼上一些照片，用來表現單元中每一首詩所用的象徵，並說明其中的含意。

□**用「Screencastify」製作短片**（或其他類似的螢幕擷取程式），把剛學到的部分做個總結，並說明可以怎樣應用在不同的方面。螢幕擷取程式可讓學生錄下自己的說明過程，運用他們電腦的應用程式。請學生解釋教材的新應用，促使他們讓知識遷移到新的情境。在此之後，其他學生可以提供看法和評論，討論資訊的精確度和同學對教材的創新應用。

□**針對學習內容發展出更高階的測驗題目**。請學生出題考考其他同學，需要的話你就幫忙指正。接著請學生把他們的題目上傳到「Quizizz」這個平台，與班上其他同學分享。「Quizizz」讓學生可以匿名看到班上同學如何比較各自的答案。

□**準備一場辯論會，環繞著學過的主題**，研究某個辯論議題的正反兩面。

□**完成「WebQuest」這種線上課程的一個題目**，將課堂上學到的內容和技能加以延伸。（註二三）首先，教師提出一個開放式的題目，請學生解答。學生使用預先選擇的網站找出自己的解答，以這種方式自行瀏覽教材。

□**解決真實世界的一個問題**。舉例來說，學習了透過飲水傳播的疾病之後，請學生扮演新手流行病學家，調查某種疾病的爆發情況。

☐**請他們為剛剛讀過的一個故事寫出不同結局**，或者在故事裡添加一個角色。

☐**來一趟虛擬的校外教學**。研讀了一些動物和牠們的棲地後，請學生透過網路攝影機，在他們身處的自然環境裡觀察動物。學生化身為科學家，紀錄自己的觀察，發展出一些問題，注意相似處和差異性，並做出結論。

☐**廣泛研讀各種資料來源，評判某個主題有爭議的一面**。學生製作一張圖像組織圖，把各種資料來源的相似處和差異性列舉出來，特別注意用詞的選擇和遺漏的資訊。

提醒一下

規劃「有效的」學生主導學習活動時，心臟要強一點。這類教學方法需要很多的事前準備。規劃活動時，小心不要變成「Pinterest 教案」，意思是說，不要規劃手工藝製作活動，把它當成學習的延伸。我們再三發現，立體模型、小冊子、海報和投影片看起來很漂亮，但是並沒有讓學生的神經傳導路徑延伸到新的情境。要檢驗你所設計的自學活動有沒有價值，有個不敗的方法，就是回頭去看「課綱」。仔細檢查課綱裡的動詞，再對照你真正教導學生的內容。只是「回想」故事裡各個事件的順序，與「分析」各個角色面對故事裡某個共同經驗的不同反應，兩者是非常不一樣的。如果活動不符合課綱，可能就需要刪除。

總結活動：教案最常忽略的部分

我們教師經常太專注於上課而忘記時間，等到回過神來，只剩幾秒鐘就要下課了。學生聽到鈴聲，很快收拾東西，匆匆離開前往下一堂課。在第三章，我們探討過「固化」對於學習過程有多麼重要，讓大腦休息是必不可少的。這表示快要下課時，你和你的學生需要一點時間，象徵性地喘口氣，這時候你放鬆一下，總結剛才教過的內容，然後預習接下來要教的部分

複習

不要對你的學生講述剛才他們學過的內容（畢竟你早就知道了），而是由他們來告訴你。點名整個教室裡的幾位學生。他們說出新的詞彙時，這時請另一位學生把那個詞彙的意思告訴你，而且提供範例。他們講完之後，再問以下的問題：你學到什麼？讓你原本的知識有什麼樣的增長？你會怎麼運用這種知識或技能？點名另一位學生，然後再點一位，回答每一個問題，讓答案的涵蓋面比較廣泛。

證明

「離開通行券」是對當天的課程做簡單的總結式評量。它讓你知道每一位學生是否抵達最後目的地。最簡單的離開通行券，是請學生回答你在課堂一開始就提出、整堂課也特別強調的焦點問題。設計離開通行券時，你要謹記在心，在短時間內要寫出很有重點的想法真的很困難，特別是工作記憶容量較少的學生。例如講授美國南北戰爭時，請學生寫下過去兩天內學習奴隸制度的每一個重點，這就很困難，不太可能寫出太多東西。（註二四）即使是比較特定的問題，像是「南軍如何挑戰北軍？」學生要對付這樣的問題也很掙扎。針對這些學生，可以考慮用填空式的句子，需要學生回想教師教過的重要資訊並加以分析，例如：「南軍大砲的威力不如北軍的大砲，但是南軍＿＿＿＿＿＿。」

對於每天要教一百多名學生的教師來說，先把通行券蒐集起來，等到一天結束的夜晚才拿出來閱讀，你可能會覺得被壓垮了。你反而應該在學生走出教室之前查看這些通行券。先是繞行於一排排座位之間，然後走向門口，趁學生三三兩兩跑出去之前攔住他們。趁學生下課之前查看離開通行券，可以確保他們不會帶著錯誤的資訊離開教室。

若要幫學習的興奮之情繼續添加柴火（即使快要下課了），試著用彩色的n次貼，請學生在上面很快寫下答案，然後黏到窗戶或牆上。（註二五）利用這種方法，可以同時快速評估很多位學生的狀況，你也很容易從一批答案中挑出錯誤，然後約見學生提供說明。你可以在不同班上使用不同顏色的便條紙，或者在同一班級的不同組別使用不同顏色。

如果你不想用這麼多的紙類自黏便條紙，不妨試試科技的代用品，對環境比較好。轉換成電子格式，請學生把他們的離開通行券用「推特」傳給你，然後投影到白板上給全班同學看。（註二六）推特是最多只能用兩百八十個英文字母（中文是一百四十字）的簡訊，因此學生的回答必須很簡潔。推特不是唯一的科技選項；舉例來說，「Google 表單」就有離開通行券的樣本，可以用來製作你自己的離開通行券，讓學生以電子方式填寫完成並提交出去。

到達終點線

終於到了！你已經抵達你的目的地。但是還不到可以撒花和開香檳的時候。一旦抵達，你還有工作要做。這時候，你和你的學生要回想一下自己去過哪些地方，包括一路以來的突破和繞路。

換檔之前的自我評估。到了一個單元或計畫的尾聲，回顧學習過程並思考一下。有個快速的方法可讓學生檢視一路以來的表現，就是請他們製作一張T形圖，填入「發光」和「成長」的各方面。發光和成長提供一種平衡的方法來表達回饋意見，也就是T形圖的一側標示「發光」，另一側標示「成長」。「發光」讓學生有機會評論自己發光發熱的領域。他們著重於學習過程中大有進展的部分，特別是原先缺乏的一些技能。而在T形圖的另一邊，學生寫下一路上遇到的顛簸和障礙，以及為了向前挺進有何作為。要成長，就需要學習過程中有所發展；但有時候，學生達成的進展仍然不符期待，距離精通某個目標還有一段路要走。學生可以運用「成長」那一欄寫下的內容，幫自己創造新的目標。

還有一個方法特別有用，就是你提供開頭句或問句，讓學生展開行動。例如：「如果我要幫自己從一到五分打分數，我會幫自己打＿＿＿＿分，因為＿＿＿＿＿＿＿＿」。

發光

- 在這堂課之前，我從來不知道……
- 我有三個新發現……
- 我以前錯以為……但現在我知道……

成長

- 我很不會做……
- 有個策略幫助我的學習情況比較好……
- 如果我可以用不同的方式做這件事……

目標

- 我會練習一項技能……
- 學會了……讓我想要進一步研究……

反省和修訂教案。要跳過這個步驟很容易。你每天有那麼多需求要完成，可能會想要晚一點再反省和修正課程的內容，反正要到下個學年才會再看到這堂課。但即使只花個幾分鐘和一包n次貼，都能對教學和專業帶來戲劇化的成長效果。以下要點讓你能展開行動：

- 賽車式學生在什麼地方衝得太快甚至衝出路面，相對之下什麼狀況讓徒步式學生比較迅速前進。你可以添加什麼樣的鷹架或肥料？找個積極的同事一起腦力激盪、發想點子會很有用（而且振奮精神）。
- 擴充你的講課內容。我們教師的腦袋經常突然冒出一些例子，很能派上用場。趕快把它們寫下來才會記得。
- 對測驗題目和評量尺規進行修正。一旦對考試、短文或報告打了幾次分數，我們漸漸能看出學生覺得困難的地方。回頭重新釐清你的評分標準。打分數的時候，你的手邊留著一份空白的考卷或評量尺規會很有用，這樣一來可以隨時改動編輯。

請記住，教學很像一趟旅程，也同樣有目的地。如果你看到自己列出一大堆修正項目，覺得被壓垮了，不要驚慌失措。你不必同時解決所有的事。從一、兩項改變開始著手，列出一張清單，等你有點時間喘口氣的時候再回來看，例如寒假或暑假的時候。

慶祝。此刻，你準備沐浴在成功的陽光裡。花一分鐘慶祝學生的學習成果；那也是你的成果！方式可以很簡單，像是擊掌慶賀工作順利完成、用自黏便條紙寫上你對每個人的讚美，或者寄一封電子郵件去學生家裡，肯定他們的表現。你會非常想要記住這種感覺，但時間會從你身邊溜走，所以你需要趁著感覺很新鮮時趕快做。像是 Bloomz 和 ClassDojo 這類 app，能讓你與學生家長很有效率地分享照片和讚美。

現在花點時間停下來，慶祝你自己讀完這本書的成就！我們提過，《大腦喜歡這樣學．強效教學版》所介紹的「不依循常識的教學法」，聽起來可能

很自大。不過隨著了解到大腦如何學習，你也見識到教學並不是依循常識就能完成的工作，不是任何人都辦得到。有效教學的深入觀點不但需要違背直覺，你還要了解人類大腦極其複雜的狀況。

達文西投注了大量時間研究科學，進而創造出他的藝術傑作。他研究解剖學以便了解肌肉組織，研究物理學以了解光線照到物體表面如何反射，也研究化學而能調製出完美的顏料。而在這一切的背後，達文西在數千冊筆記本裡畫滿了素描、寫滿了說明文字。教學是一門藝術，而科學帶領你得到更豐富的理解，得以知道如何表現你的藝術。你在筆記本的頁面上寫滿了課程內容和教學策略。你就如同達文西，運用科學讓你的專業變得完美。

你就像是指揮（不過記憶力比較好！），詮釋樂譜，設定拍子速度，以嚴苛標準聆聽，然後調整節奏，以塑造出你們樂團的表演風格；這裡說的樂團，亦即你的學生。你精心安排各種資訊、支援和策略，帶領學生以比較好的方法去掌握內容和技能。工作記憶相對於長期記憶，程序性路徑相對於陳述性路徑，學生主導相對於教師主導，線上教學相對於面授教學；你對於人們廣泛的學習方式所得到的理解，來自於許多研究巨擘累積數十年的探索成果。而你身在學習最前線的傑出表現，正在幫助人類建構出更光明的未來。

後記

學起來！連起來！

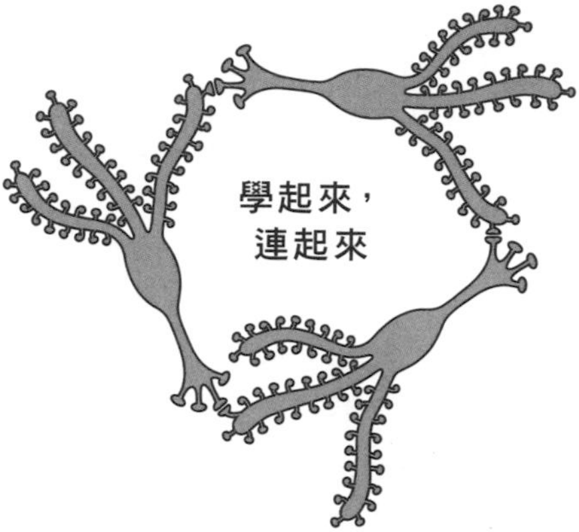

我們把「學起來，連起來」想成是科學上所談的神經元連結在一起，以之精通新技能，並開啟更深層的理解。我們漸漸能體會「連起來」所顯示的社群意義。對我們來說，「連起來」意味著願意彼此支持的教師之間加強聯繫、互相鼓勵，拓展彼此的技能。想要實驗某種新的教學策略嗎？不妨結合另一位教師之力，比較各自得到的結果。需要吸引學生融入課程的好點子嗎？不妨和同事一起腦力激盪。要把你的教材做出差異化但是很困難？不妨和一位特教老師攜手。覺得學生抗拒學習很棘手？不妨結合學生、輔導老師和家長之力。還在努力追趕著教學專業日新月異、不斷變化的需求嗎？不妨結合專業研習的機會、與行政人員協作，並成為線上社群的一份子。

本書作者芭芭拉、貝絲和泰瑞也很像神經元，來自非常不一樣的背景，透過本書連結起來，以最有助益的廣博觀點協助各位教師。此刻，換你也「連起來」了！你向外連結得越多，也就學到越多。現在的你，不只是一位教師；你是不同凡響、打破框架、顛覆常識的教師！

這本書因我們三位共同作者的熱愛而生。誠摯感激你加入我們的行列，一起了解學習的藝術和科學正發生的重大變革。祝福你和你的學生攜手共進，永遠學習得主動又愉快！

附錄A

小組合作的自治技巧（註一）

一般來說，你的團隊組員通常跟你一樣對學習很感興趣。然而，有時候可能遇到某個人會製造難題。這份講義的用意，就是針對這種情況為你提供實際的建議。

一開始，不妨想像你在這次段考期間分配到一個小組，另外三個人是瑪麗、海莉耶塔和傑克。瑪麗很好。她覺得一些比較困難的教材很棘手，但是很用功，而她希望教師能給她額外的協助。海莉耶塔很討厭。她人很好，但就是不努力把事情做好。她交出沒做完的家庭作業題目會很不好意思，也會向老師坦白，承認說週末的時間都在看電視。然後呢，傑克根本什麼都沒做，只會惹麻煩。他能做的也就只有這些：

- 傑克很少交他那部分的作業。如果有交作業，幾乎永遠是錯的。他顯然只花一點時間隨便寫一寫，看起來像回事就好。
- 每次小組一起寫作業，無論是當面或線上討論，他都分心或沒來。他就是那個有各種原因不在座位上的理由伯：需要上廁所、喝水等等，無形中讓班上其他同學跟著分心。

- 如果小組要約課後討論，他不見人影，後來才辯解說從來沒接到任何訊息。如果小組決定要在上學前或上學後碰面，他都有落落長的理由說為什麼不能碰面。
- 傑克的寫作技巧還可以，但他弄丟草稿，又不重讀自己寫的東西。你已經不再分配工作給他，因為你不想因為他的關係，害大家錯過教師嚴格訂定的交作業時間。
- 你們試圖討論他的行為時，他講話很大聲又自我感覺良好。他確信這些問題都是別人的錯。他這麼有自信，你有時候反而以為他說得有道理。
- 更可惡的是，等到每次小組要在全班面前報告時，傑克就趁機跳出來帶頭做口頭報告。他口條流暢，把小組的想法和成果講得像是他自己做的。

到最後，你的小組非常不高興，跑去找你們的老師敏斯威爾討論這個情況。教師接著找傑克談話，他真心誠意又有說服力地說，他實在不懂其他人到底還要他做什麼才會滿意。敏斯威爾老師不禁認為，問題一定是出在小組沒有採取有效率的溝通方式。在老師的眼裡，你、瑪麗和海莉耶塔看起來既生氣又激動，至於傑克只是看起來很困惑，有點傷心，而且完全沒有罪惡感。敏斯威爾老師很容易就得到結論，這是個功能不正常的小組，每個人都有責任，而傑克的責任可能最小。

結果：你和你的組員被迫承擔討厭的事。傑克就像其他那些什麼事都不做的人，同樣得到好成績……而且他還成功地讓你們其他組員看起來很差勁。

這個小組做錯的事：逆來順受

這是個「逆來順受」的小組。從一開始，傑克做錯了事，他們都逆來順受解決問題，還以完成作業而自豪，哪怕是付出了很大的代價。然而，你和你的組員越是當好人（或者你們自以為是當好人），傑克就對小組占了更多便宜。你們對傑克的問題逆來順受，無意中把他訓練成自以為不用做份內的事也沒關係的那種人，還把其他人的功勞攬在自己身上。

這個小組應該做的事：反映出問題

把小組無法運作的行為舉報出來是很重要的，這麼一來，製造問題的那些人才能付出代價，而不是由其他組員來承擔。批評可以幫助你成長，但也有少數人會以不公平的方式指責你、怪罪你或批評你，甚至說一些完全不正確的事，讓你簡直不敢相信自己所聽到的話。（這稱為「煤氣燈下」（gaslighting），源自一九四四年的電影《煤氣燈下》（Gaslight），片中有個反派角色否認看到女主角看到的事物，藉此嘗試讓女主角因為自己的看法受到質疑而失去理智。）無論可能遭受什麼樣的指控，一定要保持你對真實狀況的清醒感受。你可以明白表示自己的容忍也是有底線的。持續與他們溝通這些底線，並在行為上保持一致。舉例來說，以下是小組可以採取的行動：

- 如果傑克不回覆小組傳遞的訊息，或者他的時間表很忙碌，找不到時間碰面，就連大家建議的替代方案也不行，此時就要派一位同學去告訴教師。小組不該一直浪費時間嘗試與他約時間。
- 既然傑克什麼都交不出來，他的名字也不必出現在完成的小組作業上。（注意：如果某位小組成員常常有貢獻，萬一她發生意想不到的狀況，大家都很樂意伸出援手。）很多教師允許小組有權「開除」某個學生，那麼在接下來的學期，那位學生就必須獨自做作業。如果某位學生歷經一、兩次作業或做報告一段時間都沒貢獻，不妨與你的教師討論「開除」這種選項。
- 如果傑克交出沒什麼準備的家庭作業或報告，你必須告訴他，他沒有做出有意義的貢獻，因此他的名字不會出現在交出去的作業裡。無論傑克怎麼說，你一定要堅持這樣說！假如傑克出言辱罵，就讓教師看他的作業。只要他第二次交出爛作業就這樣做，不要讓傑克占到太多便宜；不要拖到一個月後，到時候你真的會非常挫折。
- 早點把你的標準設定得很高，因為像傑克這樣的人有種奇怪的能力，他們就是可以察覺到能偷懶到什麼程度。

- 能夠處理傑克這種問題的人，就是傑克本人。你無法改變他，只能改變你自己的態度，於是他再也不能占你便宜。如果你幫傑克做完所有的工作，他就沒有改變的誘因。

像傑克這種人很擅長操控別人。等到你發現他的問題沒完沒了，而且他本人就是肇事者，老師分數都打完了，而他又跑去下一個沒有戒心的小組故技重施。趕在傑克占了你和小組其他人的便宜之前，早點阻止這些不正常的模式吧！

海莉耶塔：老神在在太過放鬆

雖然海莉耶塔與小組其他成員一起站出來，對抗傑克不合理的行為，但她也一直沒有盡好自己的本分。

要應付像海莉耶塔這樣的人，最好的方法就是像對付傑克那樣：把你們的期待設定得堅定又明確。像海莉耶塔這樣的學生，雖然不像傑克那麼愛耍弄別人，但他們一定會測試你的底線。如果你的底線很薄弱，你就只好承擔起責任，去幫海莉耶塔把她的作業做得跟你自己的一樣好。

可是我一直都不喜歡叫別人做什麼啊！

如果你是好人，永遠都避開衝突，那麼與傑克和海莉耶塔這樣的人合作，可以協助你有所成長，學到「堅定」這個重要的性格特質。只不過，學習的時候要對自己有耐心。你頭幾次嘗試堅定的態度時，可能會發現自己這樣想：「可是這樣子他們會不喜歡我；不值得這麼痛苦啊！」很多人就像你一樣，頭幾次想要表現堅定的態度，也有一模一樣的困擾反應。只要繼續嘗試就好，堅定表達你的期待！總有一天會好像比較自然，你對其他人抱持合理的期待時，不會覺得那麼有罪惡感了。同時，你會發現自己比較有時間與朋友相處或期待課後活動，因為你做自己的功課之餘，不用再幫別人做功課了。

會讓別人占便宜的人，經常有這樣的個性

你喜歡讓別人覺得開心，即使你自己要付出代價也沒關係。

為了不要拋棄小組成員，你願意再三做出個人的犧牲，沒有意識到你在這樣的過程中降低自己的價值。

你可以跟別人合作，但是不懂得把事情授權出去。

你不樂見別人失敗，哪怕他們可以從錯誤中學習教訓。

你很執著於「為了小組好」這個想法……卻失去對於常識的察覺力，無法體認到這種態度會讓其他人占你的便宜。

產生的一種後果：你做了所有的工作

等你漸漸意識到每個人都把功課留給你做，或者做出非常差勁的作業，害你非做完全部作業不可，你就需要採取行動了。首先，對你的小組成員發出正式的口頭警告，如果沒有用，就去找老師，要求更換到其他小組。（不要沒跟老師說，就自己更換到其他小組。）你的教師採取適當的行動之前，應該會問你一些問題。

在此之後：離開學校開始就業，以及你的個人生活

你一輩子會一直遇到像傑克和海莉耶塔這樣的人。像海莉耶塔這樣，相對之下算是好人，也可能成為你的朋友。然而，傑克這種人會侵蝕你的自信心，接著透過說閒話和「煤氣燈」效應，摧毀你的自信心。如果你遭遇這種情況，記住我們建議的這些技巧會有幫助。

附錄B

資深教師的檢核表

你要打包行李去旅行時，常常會製作一份檢核表，列滿了必辦和提醒事項。我們身為你的教學之旅嚮導，製作了一份資深教師檢核表，協助你記住一些重要的觀念，用以製作一堂很棒的課程。這份檢核表會讓你把旅途行程安排好，協助你一路上做出各種教學方面的決定。

一、準備活動

- □固定在同時同地實施
- □自行複習或預習重要的資訊、詞彙或技能
- □由學生自己在進教室時獨力完成
- □花費的時間不超過三到五分鐘

二、引起動機

□吸引學生的注意力

□把所有學生納進來主動參與

□詢問和提出焦點問題，這反映出對於目標的期望

□針對課程提供預計要做的事項列表

□轉換到課程的主體

三、學起來

□把先前學到的知識與新的資訊連結起來

□融入教師的示範和各種例子，輔助課堂上的講解

□要解決複雜的任務時，以口頭說明思考過程

□將內容拆開成容易管理的段落，才不會對學生的工作記憶造成太大的負荷

□提供該做筆記的提示或課程結構，協助學生整理重要的資訊

□讓每一段內容都納入預先準備的提取練習和形成性評量

□提出一些比較有深度的開放式問題，建立概念式的知識

□融入多媒體，先由學生預習，老師提供引導的問題，然後每隔一段時間停下來發問

和釐清

四、連起來

□在不同主題與內容之間插入交替練習

□把先前學習過程的提取練習插入新的學習內容裡，每過一段時間再強化學習成果

□透過學生主導的學習機會，將學生的知識和技能延伸到新的問題和作業

五、總結活動

□複習課程，對學生特別強調重要的學習內容、提供範例，並說明新的知識如何建立在先前學得的知識和技能之上

□放手讓學生去達成目標，自己負起責任

六、省思活動（需要的話，由教師引導學生進行）

□自我評估學習過程，反省一下發展這個學習技巧的過程和效果

□設定目標以改善自己的學習技巧

致謝

眾人力量大：特別感謝支持貝絲的女力：Judy Rogowsky、Stefanie and Madison “Lulu” Oberdorf。

衷心感謝協助貝絲學習的資深教師（以出現順序排列）：Stephen Rogowsky、Gilda Oran、Mary Kropiewnicki 和 Paula Tallal（我的智慧之母）。以及持續協助貝絲「連起來」的同事，Craig Young、Joy Carey 和 Ann Marie Cantore。

芭芭拉要感謝她的英雄丈夫，以及她的家人忍耐她專心寫作的這幾年。

特別要非常感謝 Richard Felder 教授，他提供很多正確又睿智的意見，對這本書有很大的幫助，同樣也有助於拓展芭芭拉的職涯。

也要大大感謝企鵝藍燈書屋的編輯和製作團隊，特別是我們超有才華的編輯 Joanna Ng，天資聰慧的版權編輯 Nancy Inglis，製作編輯 Claire Sullivan，出色的企劃 Casey Maloney，以及超強的行銷專家 Roshe Anderson。我們同樣深深感謝優秀的文學經紀人 Rita Rosenkranz。我們也想要感謝以下每一位親切提出的深入見解：

Jen Allen, Rona Anderson, Sam Anderson, Joanne Byars, Patricia Soto Becerra, Philip Bell, Janine Bempechat, Tracy Bhoola, Françoise Bleys, Eileen Bryson, Joshua Buffington, Paul

Burgmayer, Nicole Butterfield, Barbara Calhoun, Carl Caputa, Kelly Carey, Julie F. Chase, Patricia Churchland, Megan Collins, Annalisa Colombo, Daisy Christodoulou, Marissa Diodata, Shane Dixon, James M. Doherty, Keesa DuPre, Amy Eitzen, Marsha Familaro Enright, Christina Force, Daryl Fridley, Lauren Fuhrman, Alina Garrido, David C. Geary, Angel Graham, David Handel, Roman Hardgrave, Abbey Hartman, James P. Haupert, Jon Hedrick, Angela Hess, Lynda Jensen, Aaron Johnson, Jane Karwoski, Asa Kelly, Laura Kerris, Tim Knoster, Anupam Krishnamurthy, Nakul Kumar, Martha E. Lang, Hope Levy, Debra Mayrhofer, Kimberly Merola, Mark Messner, Emily Morgan, Sara Moroni, Liad Mudrik, Thomas O Munyer, Patricia Nester, Aneesah R. Numan, Scott Oberdorf, Ellyane Palmenteri, Allison Parker, Amy Pascucci, Neelam Patel, Carolyn Patterson, Anthony M. Peddle, Geoff Phil- lips, Wendi Pillars, Heaven Reinard, Brian Rahaman, Amy Rogers, Bernd Romeike, Mallory Rome, Monica Russell, Daniel Sansome, Olav Schewe, David Schurger, Mary Schilling, Andrea Schwartz, Rose Scott, Kelli Sederavicius, Nancy Shipe, Nicole Smolinsky, Coleen Snover, Jana Stojanova, Deb Stryker, John Sweller, Brenda Thomas, Carol Ann Tomlinson, José Luis Tubert, Michael Ullman, Alexandra Urban, Austin Volz, Jack Weikert, Natalie Wexler, Laura Wilde, Mike Wilday, Frances Wilkinson, Rebecca Willoughby, Hugh R. Wilson, Julie Woll, Ze'ev Wurman, Kristin Zech, Hal Zesch, Brian Zink, and Stuart Zola.

Scholarship of Teaching and Learning in Psychology 2, no. 2 (2016): 147–58.

Xue, Y., and S.J. Meisels. "Early literacy instruction and learning in kindergarten: Evidence from the early childhood longitudinal study—kindergarten class of 1998–1999." *American Educational Research Journal* 41, no. 1 (2004): 191–229.

Yair, G. "Educational battlefields in America: The tug-of-war over students' engagement with instruction." *Sociology of Education* 73, no. 4 (2000): 247–69.

Yan, V.X., and F. Sana. "Does the interleaving effect extend to unrelated concepts? Learners' beliefs versus empirical evidence." *Journal of Educational Psychology* 113, no. 1 (2021): 125–137.

Yang, G., et al. "Sleep promotes branch-specific formation of dendritic spines after learning." *Science* 344, no. 6188 (2014): 1173–78.

Yang, K-H. "The WebQuest model effects on mathematics curriculum learning in elementary school students." *Computers & Education* 72 (2014): 158–66.

Zola, S., and M. Golden. "The use of visual maps as habit based assistive technology for individuals with Alzheimer's disease, Alzheimer's disease related dementias, and their caregivers." *Alzheimer's & Dementia* 15, no. 7, supplement (2019): P1454–P1455.

Zull, J.E. *The Art of Changing the Brain: Enriching the Practice of Teaching by Exploring the Biology of Learning*. Stylus Publishing, 2002.

Zwart, F. S., et al. "Procedural learning across the lifespan: A systematic review with implications for atypical development." *Journal of Neuropsychology*, 13 no. 2 (2019): 149–82.

Wang, X., et al. “Benefits of interactive graphic organizers in online learning: Evidence for generative learning theory.” *Journal of Educational Psychology*. Advance online publication, 2020.

Weimer, M. “Multiple-choice tests: Revisiting the pros and cons.” *Faculty Focus*, February 21, 2018. https://www.facultyfocus.com/articles/educational-assessment/multiple-choice-tests-pros-cons/.

Weinstein, R.S. “Pygmalion at 50: Harnessing its power and application in schooling.” *Educational Research and Evaluation* 24, no. 3–5 (2018): 346–65.

Wexler, N. *The Knowledge Gap: The Hidden Cause of America's Broken Education System—And How to Fix It*. Avery, 2019.

Wheadon, C., et al. “A comparative judgement approach to the large-scale assessment of primary writing in England.” *Assessment in Education: Principles, Policy & Practice* 27, no. 1 (2020a): 46–64.

Wheadon, C., et al. “The classification accuracy and consistency of comparative judgement of writing compared to rubric-based teacher assessment.” Preprint, 2020b. https://osf.io/preprints/socarxiv/vzus4/download.

Wieth, M.B., and R.T. Zacks. “Time of day effects on problem solving: When the non-optimal is optimal.” *Thinking & Reasoning* 17, no. 4 (2011): 387–401.

Wong, H.K., and R.T. Wong. *The First Days of School: How to Be an Effective Teacher*, 5th ed. Harry K. Wong Publications, 2018.

Wong, H.K., et al. *The Classroom Management Book*. Harry K. Wong Publications, 2014.

Wong, Julian. “The science behind hating someone for their voice.” *Rice* (2017). https://www.ricemedia.co/the-science-behind-hating-someone-for-their-voice.

Wong, P.C., et al. “Linking neurogenetics and individual differences in language learning: The dopamine hypothesis.” *Cortex* 48, no. 9 (2012): 1091–102.

Wood, W. *Good Habits, Bad Habits: The Science of Making Positive Changes that Stick*. Farrar, Straus and Giroux, 2019.

Wu, L., et al. “Large teams develop and small teams disrupt science and technology.” *Nature* 566 (2019): 378–82.

Wunsch, K., et al. “Acute psychosocial stress and working memory performance: The potential of physical activity to modulate cognitive functions in children.” *BMC Pediatrics* 19, article 271 (2019): 1–15.

Xie, T-T., et al. “Declarative memory affects procedural memory: The role of semantic association and sequence matching.” *Psychology of Sport and Exercise* 43 (2019): 253–60.

Xu, X., et al. “Multiple-choice questions: Tips for optimizing assessment in-seat and online.”

Tse, D., et al. "Schemas and memory consolidation." *Science* 316, no. 5821 (2007): 76–82.

Turi, Z., et al. "On ways to overcome the magical capacity limit of working memory." *PLoS Biology* 16, no. 4 (2018): e2005867.

Turner, B.O., et al. "Hierarchical control of procedural and declarative category-learning systems." *NeuroImage* 150 (2017): 150–61.

Uittenhove, K., et al. "Is working memory storage intrinsically domain-specific?" *Journal of Experimental Psychology: General* 148, no. 11 (2019): 2027–57.

Ullman, M.T. "The declarative/procedural model: A neurobiologically motivated theory of first and second language." In *Theories in Second Language Acquisition: An Introduction*, ed. B. VanPatten et al., 128–161. Routledge, 2020.

Ullman, M.T., et al. "The neurocognition of developmental disorders of language." *Annual Review of Psychology* 71 (2020): 389–417.

Ullman, M.T., and J.T. Lovelett. "Implications of the declarative/procedural model for improving second language learning: The role of memory enhancement techniques." *Second Language Research* 34, no. 1 (2016): 39–65.

University of Lethbridge press release. "New research reveals central role of the hippocampus in instructing the neocortex in spatial navigation and memory." July 16, 2018. https://www.uleth.ca/unews/article/new-research-reveals-central-role-hippocampus-instructing-neocortex-spatial-navigation-and#.X7BpUS2ZNTY.

U.S. Congress. Individuals with Disabilities Education Act, 2004. https://uscode.house.gov/view.xhtml?path=/prelim@title20/chapter33&edition=prelim.

Vanderbilt, Tom. *Beginners: The Joy and Transformative Power of Lifelong Learning*. Knopf, 2021.

van Kesteren, M.T.R., and M. Meeter. "How to optimize knowledge construction in the brain." *npj Science of Learning* 5, article 5 (2020): 1–7.

Virag, M., et al. "Procedural learning and its consolidation in autism spectrum disorder." *Ideggyogyaszati Szemle* 70, no. 3–4 (2017): 79–87.

Vogel, S., and L. Schwabe. "Learning and memory under stress: Implications for the classroom." *npj Science of Learning* 1, article 16011 (2016): 1–10.

Vural, O.F. "The impact of a question-embedded video-based learning tool on e-learning." *Educational Sciences: Theory and Practice* 13, no. 2 (2013): 1315–23.

Wamsley, E.J. "Memory consolidation during waking rest." *Trends in Cognitive Sciences* 23, no. 3 (2019): 171–73.

Wang, S.H., and R.G. Morris. "Hippocampal-neocortical interactions in memory formation, consolidation, and reconsolidation." *Annual Review of Psychology* 61 (2010): 49–79.

Straube, B., et al. "Memory effects of speech and gesture binding: Cortical and hippocampal activation in relation to subsequent memory performance." *Journal of Cognitive Neuroscience* 21, no. 4 (2009): 821–36.

Sweller, J. "Cognitive load theory, evolutionary educational psychology, and instructional design." In *Evolutionary Perspectives on Child Development and Education*, 291–306. Springer International Publishing, 2016.

Szpunar, K.K., et al. "Interpolated memory tests reduce mind wandering and improve learning of online lectures." *Proceedings of the National Academy of Sciences of the USA* 110, no. 16 (2013): 6313–17.

Szuhany, K.L., et al. "A meta-analytic review of the effects of exercise on brain-derived neurotrophic factor." *Journal of Psychiatric Research* 60 (2015): 56–64.

Szumski, G., et al. "Academic achievement of students without special educational needs in inclusive classrooms: A meta-analysis." *Educational Research Review* 21 (2017): 33–54.

Takács, Á., et al. "Is procedural memory enhanced in Tourette syndrome? Evidence from a sequence learning task." *Cortex* 100 (2018): 84–94.

Takeuchi, H., et al. "Failing to deactivate: The association between brain activity during a working memory task and creativity." *NeuroImage* 55, no. 2 (2011): 681–87.

Tang, A., et al. "Neurodevelopmental differences to social exclusion: An event-related neural oscillation study of children, adolescents, and adults." *Emotion* 19, no. 3 (2019): 520–32.

Teng, F. "Maximizing the potential of captions for primary school ESL students' comprehension of English-language videos." *Computer Assisted Language Learning* 32, no. 7 (2019): 665–91.

Thiele, A., and M.A. Bellgrove. "Neuromodulation of attention." *Neuron* 97, no. 4 (2018): 769–85.

Thomas, M.S.C., et al. "Annual research review: Educational neuroscience: progress and prospects." *Journal of Child Psychology and Psychiatry* 60, no. 4 (2019): 477–92.

Titsworth, B.S., and K.A. Kiewra. "Spoken organizational lecture cues and student notetaking as facilitators of student learning." *Contemporary Educational Psychology* 29, no. 4 (2004): 447–61.

Tolman, A.O., and J. Kremling, eds. *Why Students Resist Learning: A Practical Model for Understanding and Helping Students*. Stylus Publishing, 2016.

Tomlinson, C.A. *How to Differentiate Instruction in Academically Diverse Classrooms*, 3rd ed. ASCD, 2017.

Tonegawa, S., et al. "The role of engram cells in the systems consolidation of memory." *Nature Reviews Neuroscience* 19, no. 8 (2018): 485–98.

Opinion in Behavioral Sciences 32 (2020): 148–54.

Shipstead, Z, et al. "Working memory capacity and fluid intelligence: Maintenance and disengagement." *Perspectives on Psychological Science* 11, no. 6 (2016): 771–99.

Sisk, Victoria F., et al. "To what extent and under which circumstances are growth mind-sets important to academic achievement? Two meta-analyses." *Psychological Science* 29, no. 4 (2018): 549–71.

Smith, A.M., et al. "Retrieval practice protects memory against acute stress." *Science* 354, no. 6315 (2016): 1046–48.

Snyder, J.S., and M.R. Drew. "Functional neurogenesis over the years." *Behavioural Brain Research* 382 (2020): 112470.

Soderlund, G., et al. "Listen to the noise: Noise is beneficial for cognitive performance in ADHD." *Journal of Child Psychology and Psychiatry* 48, no. 8 (2007): 840–47.

Soderstrom, N.C., and R.A. Bjork. "Learning versus performance: An integrative review." *Perspectives in Psychological Science* 10, no. 2 (2015): 176–99.

Solis, M., et al. "Collaborative models of instruction: The empirical foundations of inclusion and co-teaching." *Psychology in the Schools* 49, no. 5 (2012): 498–510.

Sonnenschein, S., et al. "The relation between the type and amount of instruction and growth in children's reading competencies." *American Educational Research Journal* 47, no. 2 (2010): 358–89.

Sorrenti, G., et al. "The causal impact of socio-emotional skills training on educational success." CESifo Working Paper No. 8197, April 7, 2020. https://papers.ssrn.com/sol3/papers.cfm?abstract_id=3570301.

Ste-Marie, D.M., et al. "High levels of contextual interference enhance handwriting skill acquisition." *Journal of Motor Behavior* 36, no. 1 (2004): 115–26.

Stebbins, L.B., et al. *Education as Experimentation: A Planned Variation Model. Vol. 4-A: An Evaluation of Follow Through*. Abt Associates: Research report to the US Office of Education under Contract No. 300-75-0134, 1977.

Steel, P. "The nature of procrastination: A meta-analytic and theoretical review of quintessential self-regulatory failure." *Psychological Bulletin* 133, no. 1 (2007): 65–94.

Stillman, C.M., et al. "Dispositional mindfulness is associated with reduced implicit learning." *Consciousness and Cognition: An International Journal* 28 (2014): 141–50.

Stockard, J., et al. "The effectiveness of direct instruction curricula: A meta-analysis of a half century of research." *Review of Educational Research* 88, no. 4 (2018): 479–507.

Stockwell, B.R., et al. "Blended learning improves science education." *Cell* 162, no. 5 (2015): 933–36.

pandemic: A first look." *Preprint*, 2020. https://edarxiv.org/437e2/.

Rey, G.D., et al. "A meta-analysis of the segmenting effect." *Educational Psychology Review* 31 (2019): 389–419.

Rockwood III, H.S. "Cooperative and collaborative learning." *The National Teaching and Learning Forum* 5, no. 1 (1995a): 8–10.

Rockwood III, H.S. "Cooperative and collaborative learning." *The National Teaching and Learning Forum* 4, no. 6 (1995b): 8–9.

Rogowsky, B.A., et al. "Matching learning style to instructional method: Effects on comprehension." *Journal of Educational Psychology* 107, no. 1 (2015): 64–78.

Rogowsky, B. A., et al. "Providing instruction based on students' learning style preferences does not improve learning." *Frontiers in Psychology* 11, (2020).

Rosenshine, B. (2010). *Principles of Instruction*. International Academy of Education and International Bureau of Education. Retrieved from http://www.ibe.unesco.org/filead min/user_upload/Publications/Educational_Practices/EdPractices_21.pdf.

Rosenthal, R., and L. Jacobson. "Pygmalion in the classroom." *The Urban Review* 3, no. 1 (1968): 16–20.

Rudland, J.R., et al. "The stress paradox: How stress can be good for learning." *Medical Education* 54, no. 1 (2020): 40–45.

Runyan, J.D., et al. "Coordinating what we've learned about memory consolidation: Revisiting a unified theory." *Neuroscience & Biobehavioral Reviews* 100 (2019): 77–84.

Saksvik, P.Ø. "Constructive stress." In *The Positive Side of Occupational Health Psychology*, ed. M. Christensen et al., 91–98. Springer, 2017.

Sauld, S. "Who uses closed captions? Not just the deaf or hard of hearing." 3PlayMedia, January 17, 2020. https://www.3playmedia.com/2020/01/17/who-uses-closed-captions-not-just-the-deaf-or-hard-of-hearing/.

Scager, K., et al. "Collaborative learning in higher education: Evoking positive interdependence." *CBE Life Sciences Education* 15, no. 4 (2016): ar69.

Schreiweis, C., et al. "Humanized Foxp2 accelerates learning by enhancing transitions from declarative to procedural performance." *Proceedings of the National Academy of Sciences of the USA* 111, no. 39 (2014): 14253–58.

Schultz, W., et al. "A neural substrate of prediction and reward." *Science* 275, no. 5306 (1997): 1593–99.

Sejnowski, T.J. "The book of Hebb." *Neuron* 24, no. 4 (1999): 773–76.

Sejnowski, T.J. *The Deep Learning Revolution*. MIT Press, 2018.

Shevlin, H. "Current controversies in the cognitive science of short-term memory." *Current*

Oakley, B.A., and T.J. Sejnowski. "What we learned from creating one of the world's most popular MOOCs." *npj Science of Learning* 4, article 7 (2019): 1–7.

O'Connor, A. "How the hum of a coffee shop can boost creativity." *New York Times*, June 21, 2013. http://well.blogs.nytimes.com/2013/06/21/how-the-hum-of-a-coffee-shop-can-boost-creativity/?ref=health&_r=1&.

O'Day, G.M., and J.D. Karpicke. "Comparing and combining retrieval practice and concept mapping." *Journal of Educational Psychology* advance online publication. https://doi.org/10.1037/edu0000486 (2020).

Ose Askvik, E., et al. "The importance of cursive handwriting over typewriting for learning in the classroom: A high-density EEG study of 12-year-old children and young adults." *Frontiers in Psychology* 11, 1810 (2020): 1–16.

Owens., M., et al. "When does anxiety help or hinder cognitive test performance? The role of working memory capacity." *British Journal of Psychology* 105, no. 1 (2014): 92–101.

Packard, M.G., and J. Goodman. "Factors that influence the relative use of multiple memory systems." *Hippocampus* 23, no. 11 (2013): 1044–52.

Palva, J.M., et al. "Neuronal synchrony reveals working memory networks and predicts individual memory capacity." *Proceedings of the National Academy of Sciences of the USA* 107, no. 16 (2010): 7580–85.

Pan, S.C., and R.A. Bjork. "Chapter 11.3. Acquiring an accurate mental model of human learning: Towards an owner's manual." In *Oxford Handbook of Memory*, Vol. 2: Applications, in press.

Pan, S.C., et al. "Does interleaved practice enhance foreign language learning? The effects of training schedule on Spanish verb conjugation skills." *Journal of Educational Psychology* 111, no. 7 (2019): 1172–88.

Paulus, P.B., et al. "Understanding the group size effect in electronic brainstorming." *Small Group Research* 44, no. 3 (2013): 332–52.

Piolat, A., et al. "Cognitive effort during note taking." *Applied Cognitive Psychology* 19, no. 3 (2005): 291–312.

Ponce, H.R., et al. "Study activities that foster generative learning: Notetaking, graphic organizer, and questioning." *Journal of Educational Computing Research* 58, no. 2 (2019): 275–96.

Raghubar, K.P., et al. "Working memory and mathematics: A review of developmental, individual difference, and cognitive approaches." *Learning and Individual Differences* 20, no. 2 (2010): 110–22.

Ramón y Cajal, S. *Recollections of My Life*. Trans. E.H. Craigie. MIT Press, 1989. (Original edition published in 1937).

Reich, J., et al. "Remote learning guidance from state education agencies during the covid-19

Morgan, P.L., et al. "Which instructional practices most help first-grade students with and without mathematics difficulties?" *Educational Evaluation and Policy Analysis* 37, no. 2 (2015): 184–205.

Mourshed, M., et al. *How to Improve Student Educational Outcomes: New Insights from Data Analytics*. McKinsey & Company, 2017. https://www.mckinsey.com/industries/public-and-social-sector/our-insights/how-to-improve-student-educational-outcomes-new-insights-from-data-analytics#.

Muller, L., et al. "Rotating waves during human sleep spindles organize global patterns of activity that repeat precisely through the night." eLife 5 (2016): e17267.

Nakahira, Y., et al. "Diversity-enabled sweet spots in layered architectures and speed-accuracy trade-offs in sensorimotor control." (Preprint) arXiv:1909.08601 (2019). https://arxiv.org/pdf/1909.08601.pdf.

Nakano, S., and M. Ishihara. "Working memory can compare two visual items without accessing visual consciousness." *Consciousness and Cognition* 78 (2020): 102859.

National Governors Association Center for Best Practices. *Common Core State Standards for English Language Arts*. Washington, D.C.: National Governors Association Center for Best Practices, Council of Chief State School Officers, 2010a. http://www.corestan dards.org/wp-content/uploads/ELA_Standards1.pdf.

National Governors Association Center for Best Practices. *What Are Educational Standards?* Washington, D.C.: National Governors Association Center for Best Practices, Council of Chief State School Officers, 2010b. http://www.corestandards.org/about-the-standards/frequently-asked-questions/.

Nienaber, K., et al. "The funny thing is, instructor humor style affects likelihood of student engagement." *Journal of the Scholarship of Teaching and Learning* 19, no. 5 (2019): 53–60.

Niethard, N., and J. Born. "Back to baseline: sleep recalibrates synapses." *Nature Neuroscience* 22, no. 2 (2019): 149–51.

Oakley, B. "It takes two to tango: How 'good' students enable problematic behavior in teams." *Journal of Student Centered Learning* 1, no. 1 (2002): 19–27.

Oakley, B. "Why working memory could be the answer." *TES (Times Educational Supplement)*, June 28, 2019, https://www.tes.com/magazine/article/why-working-memory-could-be-answer.

Oakley, B., et al. "Turning student groups into effective teams." *Journal of Student Centered Learning* 2, no. 1 (2004): 9–34.

Oakley, B.A. "Concepts and implications of altruism bias and pathological altruism." *Proceedings of the National Academy of Sciences of the USA* 110, Supplement 2 (2013): 10408–15.

Cambridge University Press, 2019.

Mayer, R.E., et al. "Five ways to increase the effectiveness of instructional video." *Educational Technology Research and Development* 68, no. 3 (2020): 837–52.

McClelland, J.L., et al. "Why there are complementary learning systems in the hippocampus and neocortex: Insights from the successes and failures of connectionist models of learning and memory." *Psychological Review* 102, no. 3 (1995): 419–57.

McGill, C. *Engaging Practices: How to Activate Student Learning*. White Water Publishing, 2018.

McGrath, M., and B. Oakley. "Codependency and pathological altruism." In *Pathological Altruism*, ed. B. Oakley et al., 49–74. Oxford University Press, 2012.

McKenzie, L. "Online, cheap—and elite." *Inside Higher Ed*, March 20, 2018. https://www.insidehighered.com/digital-learning/article/2018/03/20/analysis-shows-georgia-techs-online-masters-computer-science.

McLaren, B.M. et al. "Delayed learning effects with erroneous examples: A study of learning decimals with a web-based tutor." *International Artificial Intelligence in Education Society* 25 (2015): 520–42.

McMillan, J.H. *Classroom Assessment: Principles and Practice That Enhance Student Learning and Motivation,* 7th ed. Pearson, 2018.

Medeiros-Ward, N., et al. "On supertaskers and the neural basis of efficient multitasking." *Psychonomic Bulletin & Review* 22, no. 3 (2015): 876–83.

Miendlarzewska, E.A., et al. "Influence of reward motivation on human declarative memory." *Neuroscience & Biobehavioral Reviews* 61 (2016): 156–76.

Miller, M., et al. "14 copyright essentials teachers and students must know." Ditch That Textbook, April 4, 2016. http://ditchthattextbook.com/14-copyright-essentials-teachers-and-students-must-know/.

Mintz, V. "Why I'm learning more with distance learning than I do in school." *New York Times*, May 5, 2020. https://www.nytimes.com/2020/05/05/opinion/coronavirus-pandemic-distance-learning.html.

Mobbs, D., et al. "Humor modulates the mesolimbic reward centers." *Neuron* 40, no. 5 (2003): 1041–48.

Mohebi, A., et al. "Dissociable dopamine dynamics for learning and motivation." *Nature* 570, no. 7759 (2019): 65–70.

Montague, P.R., et al. "Bee foraging in uncertain environments using predictive Hebbian learning." *Nature* 377, no. 6551 (1995): 725–28.

Montague, P.R., et al. "A framework for mesencephalic dopamine systems based on predictive Hebbian learning." *Journal of Neuroscience* 16, no. 5 (1996): 1936–47.

Liles, J., et al. "Study habits of medical students: An analysis of which study habits most contribute to success in the preclinical years." *MedEdPublish* 7, no. 1 (2018): 1–16.

Lo, C.K., and K.F. Hew. "A critical review of flipped classroom challenges in K-12 education: Possible solutions and recommendations for future research." *Research and Practice in Technology Enhanced Learning* 12, no. 1, article 4 (2017): 1–22.

Lu, B., et al. "BDNF-based synaptic repair as a disease-modifying strategy for neurodegenerative diseases." *Nature Reviews: Neuroscience* 14, no. 6 (2013): 401–16.

Lu, J.G., et al. "'Switching On' creativity: Task switching can increase creativity by reducing cognitive fixation." *Organizational Behavior and Human Decision Processes* 139 (2017): 63–75.

Lupien, S.J., et al. "The effects of stress and stress hormones on human cognition: Implications for the field of brain and cognition." *Brain and Cognition* 65, no. 3 (2007): 209–37.

Lyons, I.M., and S.L. Beilock. "When math hurts: Math anxiety predicts pain network activation in anticipation of doing math." *PLoS One* 7, no. 10 (2012): e48076.

Macedonia, M., et al. "Depth of encoding through observed gestures in foreign language word learning." *Frontiers in Psychology* 10, article 33 (2019): 1–15.

Mack, M.L., et al. "Building concepts one episode at a time: The hippocampus and concept formation." *Neuroscience Letters* 680 (2018): 31–38.

Macrae, N. *John von Neumann: The Scientific Genius Who Pioneered the Modern Computer Game Theory, Nuclear Deterrence, and Much More*. Pantheon, 1992.

Mao, D., et al. "Hippocampus-dependent emergence of spatial sequence coding in retrosplenial cortex." *Proceedings of the National Academy of Sciences of the USA* 115, no. 31 (2018): 8015–18.

Martini, M., et al. "Effects of wakeful resting versus social media usage after learning on the retention of new memories." *Applied Cognitive Psychology* 34, no. 2 (2020): 551–58.

Martiros, N., et al. "Inversely active striatal projection neurons and interneurons selectively delimit useful behavioral sequences." *Current Biology* 28, no. 4 (2018): 560–73.e5.

Mayer, R.E. "Should there be a three-strikes rule against pure discovery learning?" *American Psychologist* 59, no. 1 (2004): 14–19.

Mayer, R.E. *The Cambridge Handbook of Multimedia Learning*, 2nd ed.: Cambridge University Press, 2014a.

Mayer, R.E. "Cognitive theory of multimedia learning." In *The Cambridge Handbook of Multimedia Learning*, ed. R.E. Mayer: Cambridge University Press, 2014b.

Mayer, R.E. "How multimedia can improve learning and instruction." In *The Cambridge Handbook of Cognition and Education*, ed. J. Dunlosky and K.A. Rawson, 460–79.

Kingston, N., and B. Nash. "Formative assessment: A meta-analysis and a call for research." *Educational Measurement: Issues and Practice* 30, no. 4 (2011): 28–37.

Kirschner, P.A., et al. "Why minimal guidance during instruction does not work: An analysis of the failure of constructivist, discovery, problem-based, experiential, and inquiry-based teaching." *Educational Psychologist* 41, no. 2 (2006): 75–86.

Kirschner, P.A., and J.J.G. van Merriënboer. "Do learners really know best? Urban legends in education." *Educational Psychologist* 48, no. 3 (2013): 169–83.

Kita, S., et al. "How do gestures influence thinking and speaking? The gesture-for-conceptualization hypothesis." *Psychological Review* 124, no. 3 (2017): 245–66.

Klahr, D., and M. Nigam. "The equivalence of learning paths in early science instruction: Effects of direct instruction and discovery learning." *Psychological Science* 15, no. 10 (2004): 661–67.

Koriat, A., and R.A. Bjork. "Illusions of competence in monitoring one's knowledge during study." *Journal of Experimental Psychology: Learning, Memory, and Cognition* 31, no. 2 (2005): 187–94.

Kosmidis, et al. "Literacy versus formal schooling: Influence on working memory." *Archives of Clinical Neuropsychology* 26, no. 7 (2011): 575–82.

Krahenbuhl, K.S. "Student-centered education and constructivism: Challenges, concerns, and clarity for teachers." *Clearing House: A Journal of Educational Strategies, Issues and Ideas* 89, no. 3 (2016): 97–105.

Krathwohl, D.R. "A revision of Bloom's taxonomy: An overview." *Theory Into Practice* 41, no. 4 (2002): 212–18.

Kühn, S., et al. "The importance of the default mode network in creativity—A structural MRI study." *Journal of Creative Behavior* 48, no. 2 (2014): 152–63.

Lagerstrom, L., et al. "The myth of the six-minute rule: Student engagement with online videos." Paper ID #13527, pp. 14–17. 122nd ASEE Annual Conference, Seattle, WA, 2015.

Lawson, T.J., et al. "Guiding questions enhance student learning from educational videos." *Teaching of Psychology* 33, no. 1 (2006): 31–33.

Lawson, T.J., et al. "Techniques for increasing student learning from educational videos: Notes versus guiding questions." *Teaching of Psychology* 34, no. 2 (2007): 90–93.

Lemov, D. *Teach Like a Champion 2.0*, 2nd ed. Wiley, 2015.

Li, W., et al. "REM sleep selectively prunes and maintains new synapses in development and learning." *Nature Neuroscience* 20, no. 3 (2017): 427–37.

Likourezos, V., et al. "The variability effect: When instructional variability is advantageous." *Educational Psychology Review* 31, no. 2 (2019): 479–97.

ed/19/08/no-need-speed.

Hyatt, C.S., et al. "Narcissism and self-esteem: A nomological network analysis." *PloS One* 13, no. 8 (2018): e0201088.

Ibrahim, M., et al. "Effects of segmenting, signalling, and weeding on learning from educational video." *Learning, Media and Technology* 37, no. 3 (2012): 220–35.

Jansen, R.S., et al. "An integrative review of the cognitive costs and benefits of note-taking." Educational Research Review 22 (2017): 223–33.

Jiang, M. "The reason Zoom calls drain your energy." BBC Remote Control, April 22, 2020. https://www.bbc.com/worklife/article/20200421-why-zoom-video-chats-are-so-exhausting.

Johnson, *A. Excellent Online Teaching: Effective Strategies for a Successful Semester Online.* Aaron Johnson, 2013.

Johnson, D.W., and R.T. Johnson. "Making cooperative learning work." *Theory Into Practice* 38, no. 2 (1999): 67–73.

Josselyn, S.A., and S. Tonegawa. "Memory engrams: Recalling the past and imagining the future." *Science* 367, no. 6473 (2020): eaaw4325.

Joyce, B.R., et al. *Models of Teaching,* 9th ed. Pearson, 2015.

Kaddoura, M. "Think pair share: A teaching learning strategy to enhance students' critical thinking." *Educational Research Quarterly* 36, no. 4 (2013): 3–24.

Kalyuga, S., and A. Renkl. "Expertise reversal effect and its instructional implications: Introduction to the special issue." *Instructional Science* 38, no. 3 (2010): 209–15.

Kang, S., and T.R. Kurtzberg. "Reach for your cell phone at your own risk: The cognitive costs of media choice for breaks." *Journal of Behavioral Addictions* 8, no. 3 (2019): 395–403.

Kapadia, C., and S. Melwani. "More tasks, more ideas: The positive spillover effects of multitasking on subsequent creativity." *Journal of Applied Psychology* (2020): Advance online publication.

Karpicke, J.D. "Retrieval-based learning: Active retrieval promotes meaningful learning." *Current Directions in Psychological Science* 21, no. 3 (2012): 157–63.

Karpicke, J.D., and J.R. Blunt. "Retrieval practice produces more learning than elaborative studying with concept mapping." *Science* 331, no. 6018 (2011): 772–75.

Karpicke, J.D., and P.J. Grimaldi. "Retrieval-based learning: A perspective for enhancing meaningful learning." *Educational Psychology Review* 24, no. 3 (2012): 401–18.

Kiewra, K.A., et al. "Note-taking functions and techniques." *Journal of Educational Psychology* 83, no. 2 (1991): 240–45.

Kingery, J.N., et al. "Peer acceptance and friendship as predictors of early adolescents' adjustment across the middle school transition." *Merrill-Palmer Quarterly* 57, no. 3 (2011): 215–43.

Hattie, J., and H. Timperley. "The power of feedback." *Review of Educational Research* 77, no. 1 (2007): 81–112.

Haydon, T., et al. "A review of the effectiveness of guided notes for students who struggle learning academic content." *Preventing School Failure: Alternative Education for Children and Youth* 55, no. 4 (2011): 226–31.

Hayek, F. "Chapter 4: Two Types of Mind." In *New Studies in Philosophy, Politics, Economics and the History of Ideas*, 50–56. University of Chicago Press, 1978.

Hayes, S., et al. "Restriction of working memory capacity during worry." *Journal of Abnormal Psychology* 117, no. 3 (2008): 712–17.

Heacox, D. *Making Differentiation a Habit: How to Ensure Success in Academically Diverse Classrooms*, 2nd ed. Free Spirit Publishing, 2017.

Hebscher, M., et al. "Rapid cortical plasticity supports long-term memory formation." *Trends in Cognitive Sciences* 23, no. 12 (2019): 989–1002.

Henke, K. "A model for memory systems based on processing modes rather than consciousness." *Nature Reviews Neuroscience* 11, no. 7 (2010): 523–32.

Hennessy, M.B., et al. "Social buffering of the stress response: Diversity, mechanisms, and functions." *Frontiers in Neuroendicronology* 30, no. 4 (2009): 470–82.

Hess, K. *A Guide for Using Webb's Depth of Knowledge with Common Core State Standards.* The Common Core Institute, 2013, https://education.ohio.gov/getattachment/Topics/Teaching/Educator-Evaluation-System/How-to-Design-and-Select-Quality-Assess ments/Webbs-DOK-Flip-Chart.pdf.aspx.

Himmer, L., et al. "Rehearsal initiates systems memory consolidation, sleep makes it last." *Science Advances* 5, no. 4, eaav1695 (2019): 1–9.

Hinds, P.J. "The curse of expertise: The effects of expertise and debiasing methods on prediction of novice performance." *Journal of Experimental Psychology*: Applied 5, no. 2 (1999): 205–21.

Hoogerheide, V., et al. "Generating an instructional video as homework activity is both effective and enjoyable." *Learning and Instruction* 64 (2019), 101226.

van Hooijdonk, C., and B. de Koning. "Investigating verbal redundancy in learning from an instructional animation." European Association for Research on Learning and Instruction (EARLI). Special Interest Group (SIG), 2016. https://www.researchgate.net/publication/305345989_Investigating_verbal_redundancy_in_learning_from_an_instructional_animation.

Hough, L. "No need for speed: Study shows that faster isn't necessarily better when it comes to learning." *Ed. Harvard Ed. Magazine*, Fall 2019. https://www.gse.harvard.edu/news/

processes.pdf.

Geary, D.C., et al. "Sex differences in mathematics anxiety and attitudes: Concurrent and longitudinal relations to mathematical competence." *Journal of Educational Psychology* 111, no. 8 (2019b): 1447–61.

Gernsbacher, M.A. "Five tips for improving online discussion boards." Observer, October 31, 2016. https://www.psychologicalscience.org/observer/five-tips-for-improving-online-discussion-boards.

Gersten, R., et al. *Assisting Students Struggling with Mathematics: Response to Intervention (RtI) for Elementary and Middle Schools*. NCEE 2009-4060, IES Practice Guide: What Works Clearinghouse, U.S. Department of Education, 2009. https://files.eric.ed.gov/fulltext/ED504995.pdf.

Gersten, R., et al. "Chapter 6: Report of the Task Group on Instructional Practices." In *Foundations for Success: Report of the National Mathematics Advisory Panel*. United States Department of Education, 2008. https://www2.ed.gov/about/bdscomm/list/mathpanel/report/instructional-practices.pdf.

Gharravi, A.M. "Impact of instructor-provided notes on the learning and exam performance of medical students in an organ system-based medical curriculum." *Advances in Medical Education and Practice 9* (2018): 665–72.

Gilboa, A., and H. Marlatte. "Neurobiology of schemas and schema-mediated memory." *Trends in Cognitive Sciences* 21, no. 8 (2017): 618–31.

Gonzalez, A.A., et al. "Sex differences in brain correlates of STEM anxiety." *npj Science of Learning* 4, article 18 (2019): 1–10.

Gonzalez, J. "Is your lesson a Grecian urn?" Cult of Pedagogy, 2016. https://www.cultofpedagogy.com/grecian-urn-lesson/.

Hadjikhani, N., et al. "Look me in the eyes: Constraining gaze in the eye-region provokes abnormally high subcortical activation in autism." *Scientific Reports* 7, article 3163 (2017): 1–7.

Hamilton, K.R., et al. "Striatal bases of temporal discounting in early adolescents." *Neuropsychologia* 144, 107492 (2020): 1–10.

Hattie, J. *Visible Learning: A Synthesis of Over 800 Meta-Analyses Relating to Achievement.* Routledge, 2009.

Hattie, J. *Visible Learning for Teachers: Maximizing Impact on Learning.* Routledge, 2012.

Hattie, J. *L'apprentissage visible pour les enseignants: connaître son impact pour maximiser le rendement des élèves* (Visible Learning for Teachers: Maximizing Impact on Learning). Presses de l'Université du Québec, 2017.

2013.

Fray, L., and J. Gore. "Why people choose teaching: A scoping review of empirical studies, 2007–2016." *Teaching and Teacher Education* 75 (2018): 153–63.

Freedberg, M., et al. "Competitive and cooperative interactions between medial temporal and striatal learning systems." *Neuropsychologia* 136, 107257 (2020): 1–13.

Freeman, S., et al. "Active learning increases student performance in science, engineering, and mathematics." *Proceedings of the National Academy of Sciences of the USA* 111, no. 23 (2014): 8410–15.

Fuchs, L.S., et al. "Effects of first-grade number knowledge tutoring with contrasting forms of practice." *Journal of Educational Psychology* 105, no. 1 (2013): 58–77.

Fulvio, J.M., et al. "Task-specific response strategy selection on the basis of recent training experience." *PLoS Computational Biology* 10, e1003425, no. 1 (2014): 1–16.

Gandhi, Jill, et al. "The effects of two mindset interventions on low-income students' academic and psychological outcomes." *Journal of Research on Educational Effectiveness* 13, no. 2 (2020): 351–79.

Gathercole, S.E., and T.P. Alloway. *Understanding Working Memory: A Classroom Guide.* London: Harcourt Assessment, https://www.mrc-cbu.cam.ac.uk/wp-content/uploads/2013/01/WM-classroom-guide.pdf, 2007.

Gathercole, S.E., et al. "Chapter 8. Working memory in the classroom." In *Working Memory and Education*, ed. S.J. Pickering, 219–40. Elsevier, 2006.

Geary, D.C. "Reflections of evolution and culture in children's cognition: Implications for mathematical development and instruction." *American Psychologist* 50, no. 1 (1995): 24–37.

Geary, D.C. "Educating the evolved mind." In *Educating the Evolved Mind: Conceptual Foundations for an Evolutionary Educational Psychology*, ed. J.S. Carlson and J.R. Levin, 1–99. IAP-Information Age Publishing, 2007.

Geary, D.C., and D.B. Berch. "Chapter 9. Evolution and children's cognitive and academic development." In *Evolutionary Perspectives on Child Development and Education*, 217–49: Springer, 2016a.

Geary, D.C., and D.B. Berch. *Evolutionary Perspectives on Child Development and Education.* Springer, 2016b.

Geary, D.C., et al. "Introduction: Cognitive foundations of mathematical interventions and early numeracy influences." In *Mathematical Cognition and Learning*, vol. 5. Elsevier, 2019a.

Geary, D.C., et al. "Chapter 4: Report of the Task Group on Learning Processes." In *Foundations for Success: Report of the National Mathematics Advisory Panel*. United States Department of Education, 2008. http://www2.ed.gov/about/bdscomm/list/mathpanel/report/learning-

Oxford University Press, 2019.

Elsey, J.W.B., et al. "Human memory reconsolidation: A guiding framework and critical review of the evidence." *Psychological Bulletin* 144, no. 8 (2018): 797–848.

Engelmann, S., and D. Carnine. *Theory of Instruction: Principles and Applications*, NIFDI Press, 1982. Revised edition, 2016.

Ergo, K., et al. "Reward prediction error and declarative memory." *Trends in Cognitive Science* 24, no. 5 (2020): 388–97.

Erickson, K.I., et al. "Physical activity, cognition, and brain outcomes: A review of the 2018 physical activity guidelines." *Medicine & Science in Sports & Exercise* 51, no. 6 (2019): 1242–51.

Ericsson, K.A., et al. *The Cambridge Handbook of Expertise and Expert Performanc*e, 2nd ed.: Cambridge University Press, 2018.

Ericsson, K.A., and W. Kintsch. "Long-term working memory." *Psychological Review* 102, no. 2 (1995): 211–45.

Eriksson, J., et al. "Neurocognitive architecture of working memory." *Neuron* 88, no. 1 (2015): 33–46.

Eskelson, T.C. "How and why formal education originated in the emergence of civilization." *Journal of Education and Learning* 9, no. 2 (2020): 29–47.

Estes, T., and S.L. Mintz. *Instruction: A Models Approach*, 7th ed. Pearson, 2015.

Evans, T.M., and M.T. Ullman. "An extension of the procedural deficit hypothesis from developmental language disorders to mathematical disability." *Frontiers in Psychology* 7, article 1318 (2016): 1–9.

Expósito, A., et al. "Examining the use of instructional video clips for teaching macroeconomics." *Computers & Education* 144, 103709 (2020).

Fairchild, J., and S.T. Hunter. "'We've got creative differences': The effects of task conflict and participative safety on team creative performance." *The Journal of Creative Behavio*r 48, no. 1 (2014): 64–87.

Felder, R.M. "Imposters everywhere." *Chemical Engineering Education* 22, no. 4 (1988): 168–69. https://www.engr.ncsu.edu/stem-resources/legacy-site/.

Felder, R.M., and R. Brent. *Teaching and Learning STEM: A Practical Guide*. Jossey-Bass, 2016.

Fisher, D., and N. Frey. "The uses and misuses of graphic organizers in content area learning." *The Reading Teacher* 71, no. 6 (2018): 763–66.

Flaherty, C. "'As Human as Possible.'" *Inside Higher Ed*, March 16, 2020. https://www.insidehighered.com/news/2020/03/16/suddenly-trying-teach-humanities-courses-online.

Fosnot, C.T. *Constructivism: Theory, Perspectives, and Practice*, 2nd ed. Teachers College Press,

DeCaro, M.S., et al. "When higher working memory capacity hinders insight." *Journal of Experimental Psychology: Learning, Memory, and Cognition* 42, no. 1 (2015): 39–49.

Dehaene, S. "Evolution of human cortical circuits for reading and arithmetic: The 'neuronal recycling' hypothesis." In *From Monkey Brain to Human Brain*, ed. S. Dehaene et al., 133–57. MIT Press, 2005.

Dehaene, S. *How We Learn: Why Brains Learn Better Than Any Machine . . . for Now*. Viking, 2020.

Dehaene, S., and L. Cohen. "Cultural recycling of cortical maps." *Neuron* 56, no. 2 (2007): 384–98.

Dehn, M.J. *Working Memory and Academic Learning: Assessment and Intervention*. Wiley, 2008.

de Koning, B.B., et al. "Developments and trends in learning with instructional video." *Computers in Human Behavior* 89 (2018): 395–98.

De Vivo, L., et al. "Ultrastructural evidence for synaptic scaling across the wake/sleep cycle." *Science* 355, no. 6324 (2017): 507–10.

Dixson, D.D., and F.C. Worrell. "Formative and summative assessment in the classroom." *Theory into Practice* 55, no. 2 (2016): 153–59.

Dreyer, B. *Dreyer's English: An Utterly Correct Guide to Clarity and Style*. Random House, 2019.

Dudai, Y., et al. "The consolidation and transformation of memory." *Neuron* 88, no. 1 (2015): 20–32.

Dunbar, K., et al. "Do naïve theories ever go away? Using brain and behavior to understand changes in concepts." In *Carnegie Mellon Symposia on Cognition. Thinking with Data*, ed. M.C. Lovett and P. Shah, 193–206. Lawrence Erlbaum Associates Publishers, 2007.

Dung, B., and M. McDaniel. "Enhancing learning during lecture note-taking using outlines and illustrative diagrams." *Journal of Applied Research in Memory and Cognition* 4, no. 2 (2015): 129–35.

Dunning, D. "Chapter 5: The Dunning-Kruger effect: On being ignorant of one's own ignorance." In *Advances in Experimental Social Psychology*, vol. 44, ed. M.P. Zanna and J.M. Olson, 247–97. Academic Press, 2011.

Dusenbury, L., and R.P. Weissberg. "Social emotional learning in elementary school: Preparation for success." The Pennsylvania State University, (2017): https://healthyschools campaign.org/wp-content/uploads/2017/04/RWJF-SEL.pdf.

Eagleman, D. *Livewired: The Inside Story of the Ever-Changing Brain*. Pantheon, 2020.

Eichenbaum, A., et al. "Fundamental questions surrounding efforts to improve cognitive function through video game training." In *Cognitive and Working Memory Training: Perspectives from Psychology, Neuroscience, and Human Development*, ed. J.M. Novick et al., 432–454.

no. 2 (2017): 167–73.

Clark, C.A.C., et al. "Preschool executive functioning abilities predict early mathematics achievement." *Developmental Psychology* 46, no. 5 (2010): 1176–91.

Colvin, E., et al. "Exploring the way students use rubrics in the context of criterion referenced assessment." In *Research and Development in Higher Education: The Shape of Higher Education*, ed. M.H. Davis and A. Goody, 42–52: HERDSA (Higher Education Research & Development Society of Australasia, Inc), 2016.

Colvin, K.F., et al. "Learning in an introductory physics MOOC: All cohorts learn equally, including an on-campus class." *International Review of Research in Open and Distributed Learning* 15, no. 4 (2014): 263–83.

Copyright Clearance Center. "The TEACH Act: New roles, rules and responsibilities for academic institutions." (2011). https://www.copyright.com/wp-content/uploads/2015/04/CR-Teach-Act.pdf.

Cowan, N. "The many faces of working memory and short-term storage." *Psychonomic Bulletin and Review* 24, no. 4 (2017): 1158–70.

Cowan, N. "Short-term memory in response to activated long-term memory: A review in response to Norris (2017)." *Psychological Bulleti*n 145, no. 8 (2019): 822–47.

Cowan, N., et al. "How do scientific views change? Notes from an extended adversarial collaboration." *Perspectives on Psychological Science* 15, no. 4 (2020): 1011–25.

Craig, M., et al. "Rest on it: Awake quiescence facilitates insight." *Cortex* 109 (2018): 205–14.

Cranmore, J., and J. Tunks. "Brain research on the study of music and mathematics: A meta-synthesis." *Journal of Mathematics Educatio*n 8, no. 2 (2015): 139–57.

Cromwell, H.C., et al. "Mapping the interconnected neural systems underlying motivation and emotion: A key step toward understanding the human affectome." *Neuroscience & Biobehavioral Reviews* 113 (2020): 204–26.

Curran, B. *Better Lesson Plans*. Routledge, 2016.

Dallimore, E.J., et al. "Impact of cold-calling on student voluntary participation." *Journal of Management Education* 37, no. 3 (2012): 305–41.

Dayan, P., and A.J. Yu. "Phasic norepinephrine: a neural interrupt signal for unexpected events." *Network: Computation in Neural Systems* 17, no. 4 (2006): 335–50.

De Bruyckere, P., et al. "If you learn A, will you be better able to learn B? Understanding transfer of learning." *American Educato*r 44, no. 1 (2020): 30–40.

DeCaro, M.S. "Chapter 4: When does higher working memory capacity help or hinder insight problem solving?" In *Insight: On the Origins of New Ideas*, ed. F. Vallée-Tourangeau, 79–104: Routledge, 2018.

Butler, A.C. "Repeated testing produces superior transfer of learning relative to repeated studying." *Journal of Experimental Psychology: Learning, Memory, and Cognition* 36, no. 5 (2010): 1118–33.

Cardullo, V. "Using a cognitive apprenticeship approach to prepare middle grades students for the cognitive demands of the 21st century." In *International Handbook of Middle Level Education Theory, Research and Policy*, ed. D.C. Virtue. Routledge, 2020.

Carey, B. "Can big science be too big?" *New York Times*, February 13, 2019. https://www.nytimes.com/2019/02/13/science/science-research-psychology.html.

Carretti, B., et al. "Role of working memory in explaining the performance of individuals with specific reading comprehension difficulties: A meta-analysis." *Learning and Individual Differences* 19, no. 2 (2009): 246–51.

Carvalho, P.F., and R.L. Goldstone. "When does interleaving practice improve learning?" In *The Cambridge Handbook of Cognition and Education*, ed. J. Dunlosky and K.A. Rawson, 411–36. Cambridge University Press, 2019.

CASEL. "CASEL Guide: Effective Social and Emotional Learning Programs—Preschool and Elementary School Edition." (2013). https://casel.org/wp-content/uploads/2016/01/2013-casel-guide-1.pdf.

Cepeda, N.J., et al. "Distributed practice in verbal recall tasks: A review and quantitative synthesis." *Psychological Bulleti*n 132, no. 3 (2006): 354–80.

Cepeda, N.J., et al. "Spacing effects in learning: A temporal ridgeline of optimal retention." *Psychological Science* 19, no. 11 (2008): 1095–102.

Chang, W.-C., and Y.-M. Ku. "The effects of note-taking skills instruction on elementary students' reading." *Journal of Educational Research* 108, no. 4 (2015): 278–91.

Chang, Y.K., et al. "The effects of acute exercise on cognitive performance: A meta-analysis." *Brain Research* 1453 (2012): 87–101.

Chen, O., et al. "The worked example effect, the generation effect, and element interactivity." *Journal of Educational Psychology* 107, no. 3 (2015): 689–704.

Chen, O., et al. "The expertise reversal effect is a variant of the more general element interactivity effect." *Educational Psychology Revie*w 29, no. 2 (2017): 393–405.

Chirikov, I., et al. "Online education platforms scale college STEM instruction with equivalent learning outcomes at lower cost." *Science Advanc*es 6, no. 15 (2020): eaay5324.

Christodoulou, D. *Teachers vs Tech? The Case for an Ed Tech Revolution*. Oxford University Press, 2020.

Christopher, E.A., and J.T. Shelton. "Individual differences in working memory predict the effect of music on student performance." *Journal of Applied Research in Memory and Cognition* 6,

Bempechat, J. "The case for (quality) homework: Why it improves learning, and how parents can help." *Education Next* 19, no. 1 (2019): 36–44.

Beninghof, A.M. *Co-Teaching That Works: Structures and Strategies for Maximizing Student Learning*, 2nd ed. Jossey-Bass, 2020.

Bergmann, J., and A. Sams. *Flip Your Classroom: Reaching Every Student in Every Class Every Day*. International Society for Technology in Education, 2012.

Berke, J.D. "What does dopamine mean?" *Nature Neuroscience* 21, no. 6 (2018): 787–93.

Binder, J.R., et al. "Toward a brain-based componential semantic representation." *Cognitive Neuropsychology* 33, no. 3–4 (2016): 130–74.

Bjork, R.A. "Being suspicious of the sense of ease and undeterred by the sense of difficulty: Looking back at Schmidt and Bjork (1992)." *Perspectives on Psychological Science* 13, no. 2 (2018): 146–48.

Bjork, R.A., and E.L. Bjork. "Forgetting as the friend of learning: Implications for teaching and self-regulated learning." *Advances in Physiology Education* 43, no. 2 (2019a): 164–67.

Bjork, R.A., and E.L. Bjork. "The myth that blocking one's study or practice by topic or skill enhances learning." In *Education Myths: An Evidence-Informed Guide for Teachers,* ed. C. Barton, 57–70. John Catt Educational, 2019b.

Bjork, R.A., and J.F. Kroll. "Desirable difficulties in vocabulary learning." *American Journal of Psychology* 128, no. 2 (2015): 241–52.

Bondie, R. "Practical tips for teaching online small-group discussions." *ASCD Express* 15, no. 16 (2020).

Borgstrom, K., et al. "Substantial gains in word learning ability between 20 and 24 months: A longitudinal ERP study." *Brain and Language* 149 (2015): 33–45.

Boxer, A., ed. *The researchED Guide to Explicit & Direct Instruction: An Evidence-Informed Guide for Teachers*. John Catt Educational, 2019.

Brame, C.J. "Effective educational videos: Principles and guidelines for maximizing student learning from video content." *CBE: Life Sciences Education* 15, 4 (2016): 1–6.

Brookhart, S.M. "Appropriate criteria: Key to effective rubrics." *Frontiers in Education* 3, article 22 (2018).

Brown, P. C., et al. *Make It Stick: The Science of Successful Learning*. Harvard University Press, 2014.

Brunmair, M., and T. Richter. "Similarity matters: A meta-analysis of interleaved learning and its moderators." *Psychological Bulletin* 145, no. 11 (2019): 1029–52.

Burgoyne, A. P., et al. "How firm are the foundations of mind-set theory? The claims appear stronger than the evidence." *Psychol Sci* 31, no. 3 (2020): 258–67.

參考文獻

Agarwal, P.K., and P.M. Bain. *Powerful Teaching: Unleash the Science of Learning.* Jossey-Bass, 2019.

Agarwal, P.K., et al. "Benefits from retrieval practice are greater for students with lower working memory capacity." *Memory* 25, no. 6 (2017): 764–71.

Alloway, T.P., and R.G. Alloway. "Investigating the predictive roles of working memory and IQ in academic attainment." *Journal of Experimental Child Psychology* 106, no. 1 (2010): 20–29.

Amaro-Jiménez, C., et al. "Teaching with a technological twist: Exit tickets via Twitter in literacy classrooms." *Journal of Adolescent & Adult Literacy* 60, no. 3 (2016): 305–13.

Anderer, J. "The pen is mightier than the keyboard: Writing by hand helps us learn, remember more." *Study Finds* (October 5, 2020); https://www.studyfinds.org/writing-by-hand-better-for-brain/.

Antony, J.W., et al. "Retrieval as a fast route to memory consolidation." *Trends in Cognitive Science* 21, no. 8 (2017): 573–76.

Antony, J.W., and K.A. Paller. "Hippocampal contributions to declarative memory consolidation during sleep." In *The Hippocampus from Cells to Systems*, ed. D.E. Hannula and M.C. Duff, 245–80. Springer, 2017.

Arias, J.J., et al. "Online vs. face-to-face: A comparison of student outcomes with random assignment." *e-Journal of Business Education & Scholarship of Teaching* 12, no. 2 (2018): 1–23.

Ashby, F.G., and V.V. Valentin. "Multiple systems of perceptual category learning: Theory and cognitive tests." In *Handbook of Categorization in Cognitive Science*, 2nd ed., ed. H. Cohen and C. Lefebvre, 157–88. Elsevier Science, 2017.

Bacchus, R., et al. "When rubrics aren't enough: Exploring exemplars and student rubric co-construction." *Journal of Curriculum and Pedagogy* 17, no. 1 (2019): 48–61.

Baddeley, A. "Working memory: Looking back and looking forward." *Nature Reviews Neuroscience* 4, no. 10 (2003): 829–39.

Baddeley, A., et al. *Memory*, 2nd ed. Psychology Press, 2015.

Bahník, Šteˇpán and Marek A. Vranka. "Growth mindset is not associated with scholastic aptitude in a large sample of university applicants." *Personality and Individual Differences* 117, (2017): 139–43.

Behrens, T.E.J., et al. "What is a cognitive map? Organizing knowledge for flexible behavior." *Neuron* 100, no. 2 (2018): 490–509.

24. 範例參見 Wexler, 2020, p. 228。
25. 這項策略要感謝凱瑞（Joy Carey），她是阿靈頓公立學校的中學英文教師，參考她與本書作者羅戈沃斯基的電郵通信，July 10, 2020。
26. 透過推特處理離開通行券，有一項行動研究做了有效的示範，參見 Amaro-Jiménez et al., 2016。

附錄 A：如何在合作小組裡進行自我管理

1. 這篇短文是從 Oakley, 2002 改寫的簡短版本。

會隨後的課堂教學，其實意義上也是形成性評量。傳統上，總結性評量一直用於計算段考的成績。大規模的總結性評量包括了基準評量和各州的標準化測驗。參見 McMillan, 2018 和 Dixson and Worrell, 2016。

14. 有效的「現在就做」的標準，參見 Lemov, 2015, pp. 161–62。
15. 認知學徒制，參見 Cardullo, 2020。
16. 教師講話掌控了教學。有 835 名學生分布於六、八、十和十二年級，請他們戴上手錶，一天向他們傳訊好幾次。每一次傳訊，他們就紀錄自己從事的活動和想法。儘管學生在班上看似專心，「很多人其實在想自己的事、學校的其他活動，以及外界的議題。」參見 Yair, 2000, p. 262。
17. 有篇回顧文章是針對教師提問和講話進行研究，參見 Hattie, 2012, pp. 83–84。
18. 多媒體教學可以廣泛適用於包含文字和圖片的所有課程，文字可以是說話的形式或印刷的形式，而圖片可以是靜態（像是插畫、圖表或照片）或是動態（像是動畫或影片），參見 Mayer, 2019。
19. 觀看多媒體時減少認知負荷的策略，參見 Mayer, 2014b。
20. 分段的多媒體教學，有助於記住播放的內容並進行學習遷移，同時可減少整體的認知負荷，並增加學習時間，參見 Rey et al., 2019。
21. 教小學生用一些策略來做筆記，讓他們的理解程度顯著增加，參見 Chang and Ku, 2015。做特定形式筆記（結構大綱、說明圖示，或不做筆記）的結果，以及能力高和能力低的學生做筆記的效果，參見 Dung and McDaniel, 2015。Titsworth and Kiewra, 2004 發現，做筆記的考試成績比不做筆記高了百分之十三。
22. 有一篇文章回顧十三個研究，發現引導式筆記對所有學生都有效，特別是能力不足的學生。產生的結果包括改善考試成績、做筆記的精確度和組織力，而學生在課堂上的回應也增加了。參見 Haydon et al., 2011。
23. 研究發現，用「WebQuests」來教六年級學生的數學課頗有成效，參見 Yang, 2014。

2. 對於有效的教學實踐方法進行深入分析，針對教案的每一個部分，包括備課、開學、流程、回饋和學習單元的結尾，參見 Part 2: The Lessons: Hattie, 2012, pp. 41–155。
3. 教案的樣本，參見 Curran, 2016, pp. 101–2。
4. 有目標的學習要包括：一、清楚知道課堂上要學習什麼內容；二、有方法能得知想要達到的成功標準已經達成了。參見 Hattie, 2012, p. 52。
5. 美國的「各州共同核心標準」對於課程標準的定義，參見 National Governors Association Center for Best Practices, 2010b。
6. 六到十二年級語文課的閱讀課程標準，參見 National Governors Association Center for Best Practices, 2010a, p. 36。
7. 關於教學目標要仔細描述學生將要知道、理解和能做的事，參見 chapter 2, Objectives, Assessment and Instruction: Estes and Mintz, 2015。
8. 有一份指引提到符合「韋伯知識深度系統」和「布魯姆分類學」的動詞，參見 Hess, 2013。
9. 雖然學習分類法經常區分出較低和較高的層次，不過一般認為只有第一層次（布魯姆分類學的「知識」，以及韋伯深度知識系統的「回想」和「再現」）是較低的層次，其他所有的類別都是較高的層次。參見 McMillan, 2018, p. 52。
10. 統合分析發現，形成性評量顯著增進學生的學習狀況。相關研究對於這種評量的效力加上警語，因為所用的形成性評量和所提供的回饋形式有非常廣泛的差異，參見 Kingston and Nash, 2011。
11. 有效回饋意見的模式，參見 Hattie and Timperley, 2007。
12. 離開通行券是上完課時發的，如果學生能答出學到的內容，就可以交出通行券離開教室。離開通行券評估每個學生的學習歷程，看看是否符合學習目標，或者有沒有理解某個概念。
13. 形成性和總結性評量之間的界線其實很模糊；兩者之間主要的差別是評量結果的用法。小型的總結性評量，像是離開通行券或每日測驗，如果能知年紀較大的學生（大學階段）有證據顯示，雖然六分鐘的影片長度很適合，但十二到二十分鐘較長的影片也行得通，參見 Lagerstrom et al., 2015。我們與受歡迎的 YouTube 影片的製作人討論過，YouTube 尋求二十到二十五分鐘長度的影片，是因為他們的用戶似乎喜歡這樣的長度。

26. 幽默感的作用，參見 Nienaber et al., 2019。
27. 幽默感激發多巴胺，參見 Mobbs et al., 2003。
28. 針對教學相關著作權的精采討論：2016 年。關於什麼樣的內容受到美國的「技術、教育與著作權協調法」允許使用的概述文章，參見 Copyright Clearance Center, 2011。
29. 由下而上和由上而下的注意力歷程，參見 Thiele and Bellgrove, 2018。
30. 字幕對於各種不同的學生很有用，參見 Sauld, 2020 和 Teng, 2019。
31. 關於選擇題的研究文獻，有一篇很好的回顧文章，參見 Xu et al., 2016。至於設計適當的選擇題考試，有個值得一讀的指南，參見 Weimer, 2018。
32. 與影片有關的測驗題目很有用，參見 Szpunar et al., 2013 和 Vural, 2013。
33. 引導式題目很有幫助，參見 Lawson et al., 2006。
34. 在回家作業裡插入相關的影片，參見 Brame, 2016。
35. 讓回家作業限制在二十分鐘內可做完，參見 Lo and Hew, 2017。
36. 關於討論區使用動作動詞和其他的深入見解，參見 Gernsbacher, 2016。
37. 不管是重讀一次或做摘要總結，都不能得到更好的測驗表現，不過以影片教學是可以的，參見 Hoogerheide et al., 2019。
38. 要注意，你的教學全都專心於製作影片，也是有危險的，參見 Christodoulou, 2020, p. 102。

第十章　教案的力量

1. 統合分析發現，內心有利他的（服務別人，促成改變，貢獻社會）和內在的（對於教學和科目有熱情）動機，對於成為教師有重要的影響，參見 Fray and Gore, 2018。

6. 不過看看最近的研究，顯示出視覺和聽覺的部分也許沒有那麼不同，很可能在工作記憶之內彼此互相支援，參見 Uittenhove et al., 2019。
7. 多媒體教學參見 Mayer, 2014a 和 Mayer et al., 2020。
8. 清除多餘的素材，參見 Ibrahim et al., 2012。也可參考 Richard Mayer 的研究。
9. 不要把很長一段文字放到螢幕上並唸出來，參見 Hooijdonk and de Koning, 2016。
10. 認知地圖參見 Behrens et al., 2018。
11. 這種策略源自 R. Lynn Hummel，布魯斯堡大學教學科技學系副教授。
12. 「討厭某個人的聲音背後的科學原理」，參見 Wong, J. 2017。
13. 視訊會議倦怠，參見 Jiang, 2020，以及文中的參考資料。
14. 用手寫字，參見 Mayer et al., 2020。
15. 請一名學生負責做筆記，參見 Bondie, 2020。
16. 隨機點名的目的、關鍵和差異，參見 Lemov, 2015, pp. 249–62。
17. 隨機點名的影響，參見 Dallimore et al., 2012。
18. 這個策略出自尼柯森（Mary Nicholson），她是布魯斯堡大學教學科技學系教授。
19. 學生往往只盯著影片，參見 Oakley and Sejnowski, 2019 所引用的參考文獻。也如同教育心理學家迪科寧（Bjorn de Koning）等人在他們的概述文章裡所說：「目前認為，教學影片是傳達教學內容最受歡迎的方法之一。」參見 de Koning et al., 2018。
20. 簡短的「微型教學」影片的效果，參見 Hattie, 2009, pp. 112–13。教學影片一般的效果，參見 Expósito et al., 2020 和 Stockwell et al., 2015。
21. 教師現身於班上的重要性，參見 Flaherty, 2020。
22. 最佳的線上教學，參見 Johnson, 2013。
23. 讓學生能專注於小段的資訊（也就是「分段」），參見 Brame, 2016。
24. 六分鐘規則之謎，參見 Lagerstrom et al., 2015。
25. 因為有太多變數，實在很難針對每個年紀適合的影片長度訂出具體的指引。

11. 定義合作學習的開創性文章，參見 Johnson and Johnson, 1999。
12. 不同於常見的時間長度，參見 Lemov, 2015, p. 221。
13. 根據的是談到危機會診的段落，參見 Oakley et al., 2004。
14. 參與者的安全和做作業的衝突都必須先後存在，才能激發團隊的創造力，參見 Fairchild and Hunter, 2014。
15. 現代的科學界經常是極度競爭的環境，參見 Cowan et al., 2020，描述好幾群做研究的科學家如何從他們之間的敵對關係獲得益處。
16. 「關係成癮」可能源自於過度的同理心，參見 McGrath and Oakley, 2012。也可參考 Oakley, 2013，針對同理心的優點和挑戰有更廣泛的說明。
17. 引文參見 Carey, 2019。
18. 團隊每增加一個人，就減少團隊產生創意突破的可能性，參見 Wu et al., 2019。

第九章 線上教學

1. 線上教學的效果可以像面對面教學一樣好，甚至更好，參見 Chirikov et al., 2020、Colvin et al., 2014 和 McKenzie, 2018。
2. 用不好的線上教學法來「證實」線上教學不如面對面教學那麼好，例如參見 Arias et al., 2018。
3. 翻轉課堂的價值，參見 Bergmann and Sams, 2012。
4. 如果你想要鑽研得更深入，已知最佳的線上課程設計資源，或許可從以下組織的課程設計評量尺規與檢核表格先著手：「Quality Matters」，https://www.qualitymatters.org/qa-resources/rubric-standards；「OLC OSCQR Course Design Review Scorecard」，https://onlinelearningconsortium.org/consult/oscqr-course-design-review/；中央佛羅里達大學（University of Central Florida，這個領域的佼佼者）的分散式學習中心，https://cdl.ucf.edu/files/2013/09/IDL6543_CourseRubric.pdf。
5. 避免採用同步教學法的指引，參見 Reich et al., 2020。

到教師監督一段時間，有機會一起合作的情況，因為適當的團隊關係需要一段時間才能發展得好。

2. 圖像大略參考 figure 8.1, Saksvik, 2017，以及 figures 3 and 4, Lupien et al., 2007。
3. 說到好的壓力相對於壞的壓力，參見研討會的回顧文章：Lupien et al., 2007。此外有一整個研究領域，稱為激效作用（hormesis），探討溫和的有害作用如何引發健康方面的狀況。
4. 壓力可以對學生有益，參見 Rudland et al. 2020 和 Saksvik, 2017。
5. 有篇回顧文章談到以教室為基礎的社會情緒學習計畫，參見 CASEL, 2013；另一篇回顧文章談到全校的社會情緒學習計畫，參見 Dusenbury and Weissberg, 2017。
6. 如同 Scager et al., 2016 所指出：「協作（collaborative）學習、合作（cooperative）學習，還有以團隊為主的學習，一般認為這些代表相同的概念，但有時候有不同的定義……；我們認為這些概念是相似的，於是用『協作』這個詞。」在這本書裡，我們會依循教育學家斯卡傑（Karin Scager）等人對這個術語的態度，幾個用法大致可以替換。不過值得注意的是，合作學習通常比協作學習有更明確的結構。因此合作學習會包含一些指定的角色，像是釐清者（clarifier）和摘要者（summarizer），會用於有特定答案的封閉式問題，由小組合作完成家庭作業。協作學習則會用於較高層次的內容，而且允許小組去解決比較複雜的開放式作業。參見 Rockwood III, 1995a 和 Rockwood III, 1995b。
7. 參見第十章的合作學習模型：利用合作小組增進學生的學習成果，參見 Estes and Mintz, 2015。
8. 有一項研究針對 365 個五年級學生，發現同儕的接納和友誼與學業成績有緊密的關聯。參見 . Kingery et al., 2011。
9. 引文參見 Mintz, 2020。
10. 教導社交方面的技巧，參見 Sorrenti et al., 2020。

過效應會持續一段時間）。突發性多巴胺釋放也會因為壓力和工作記憶的參與而增加。

16. 動機和基模，參見 Wang and Morris, 2010。
17. 能夠預期的獎賞相對於意想不到的獎賞所扮演的角色，參見 Cromwell et al., 2020 和 Mohebi et al., 2019。
18. 青少年的時間低估現象，參見 Hamilton et al., 2020。
19. 冒牌者症候群的共通性，參見 Felder, 1988。
20. 對自己的無知顯得無知，參見 Dunning, 2011。自戀的人大部分（但不是全部）與高度自負的人是重疊的，參見 Hyatt et al., 2018。
21. 要解釋學生的抗拒態度，參見 Chapter 1, Tolman et al., 2016。雖然這項研究的焦點集中於中等教育的後期，但相關結果對幼兒園至高中都適用。學生抗拒的大多數原因發生在氣氛被動的教室裡。

第八章　把學生連結起來

1. 如同論文「把學生分組成為有效的團隊」（Oakley et al., 2004）指出：「一組學生一起做作業，其實與運作良好的團隊是不一樣的。任何小組內的學生有時候也許會合作，但也有可能傾向於單打獨鬥，沒有經過討論就把大家的作業組合起來，而且可能花很多時間爭辯彼此的功勞和個人的問題。反之，一個有效團隊的成員永遠都一起合作，有時候聚在一起，有時候分開，但一直都知道每個人正在做哪個部分。他們各自擔負不同角色和責任，協助彼此發揮最大的能力，以溫和的態度解決歧見，而且不讓個人的問題（只要是一群人合作就有可能發生）干擾團隊的發揮。結合小組之力，通常相當於個人之力的總和或者小於總和。如果是有效率的團隊，則整體力量永遠比較大。對很多雇主做了一次次調查後發現，團隊合作的技巧（加上溝通的技巧）在個人特質之中名列前茅，他們很樂意看到新進員工有更多這樣的特質。」

   在這一章，我們主要提到的是「小組」，把「團隊」這個名稱留給學生受

2016。

11. 多巴胺讓陳述性和程序性系統攜手合作，參見 Freedberg et al., 2020。
12. 大腦中央的腹側蓋膜區（ventral tegmental area）如果缺少多巴胺神經元會導致帕金森氏症和失樂症（anhedonia）。失樂症的定義是體驗快樂的能力太過低下，一般認為這是重度憂鬱症最主要的病徵，而大約百分之三十到四十的帕金森氏症患者有嚴重的抑鬱。等到失去大部分的多巴胺神經元，最後的結果就是閉鎖症候群（locked-in syndrome），即對外界事物失去所有的動作和回應。

    多巴胺獎賞系統調控著興趣、好奇心和驅動力。在一九九〇年代，本書作者泰瑞的實驗室參與一項研究，為分泌多巴胺的神經細胞發展一種強化學習模型，稱為時序差分學習（temporal difference learning）。這種模型的根據是古典制約，引發很多大腦造影研究，也是神經經濟學（neuroeconomics）這個新領域的基礎，參見 Montague et al., 1996。很多物種身上都發現有多巴胺獎賞系統，包括昆蟲，參見 Montague et al., 1995。時序差分學習促成很多人工智慧系統的發展，像是下圍棋的「AlphaGo」，可在變動的環境中學習複雜的策略。泰瑞曾在他的著作《深度學習》（*The Deep Learning Revolution*）第十章講述這個故事，參見 Sejnowski, 2018。
13. 多巴胺大幅提升工作記憶，參見 Schultz et al., 1997。
14. 負面經驗會通知神經元不要連結，而非趕快連結，參見 Ergo et al., 2020。
15. 出現能夠預期的獎賞時，所釋放的多巴胺背景濃度，研究者稱之為持續性多巴胺釋放（tonic dopamine release），似乎與回應意想不到的獎賞所釋放的情況不一樣，後者稱為突發性多巴胺釋放（phasic dopamine release）。首先，突發性多巴胺的濃度控制著動機的程度和回應的強度。過高的多巴胺發生在強迫症和妥瑞氏症，患者會做出無法控制的彈振動作。其次，一般認為多巴胺突發釋放的濃度，也能反映能夠預期的獎賞的背景速率（換句話說，就像獎賞是否在時間或空間上都變得更密集）。最後，持續釋放的多巴胺會維持一陣子，約有幾分鐘；但突發釋放的多巴胺只會短暫噴發（不

56. 「深層的概念理解與清楚的概念陳述，其實是兩回事」，參見 Geary, 2007, p. 69 和 Dunbar et al., 2007。

第七章 為你的班級建立習慣

1. 「如果有壓力，可能會對教室裡發生的負面事件產生比較強烈的記憶，像是考試考不好、難堪的經驗或人與人之間的衝突（例如霸凌），而這些強烈的負面記憶可能造成持續很久的挫折感，也對學校和個人能力產生負面的態度……壓力可能會妨礙學生把新資訊整合到現存的知識結構裡，於是無法更新一些沒學過的事實，或者無法深入理解一些跨領域的概念，而這些經常是教育必須達到的。」參見 Vogel and Schwabe, 2016。
2. 壓力對學生有壞處也有益處，參見 Rudland et al., 2020。
3. 我們的檢核表是根據 Wong and Wong, 2018，搭配我們自己加入的描述和應用。
4. 社會排斥所引發的神經反應出現在青少年期，而且在青春期最明顯。腦波圖資料發現，社會排斥會引發較大的額葉內側 theta 波強度，而且在青春期最強烈（四百到六百毫秒），但在孩童和成年時期幾乎是零。參見 Tang et al., 2019。
5. 參考本書作者羅戈沃斯基與納斯特（Tim Knoster）的電郵通信，October 14, 2020。納斯特是布魯斯堡大學麥克道威爾研究所的執行長。
6. 想要知道教室流程以及如何教導的更多例子，參見 Wong et al., 2014。
7. 有重要的研究指出，教師對學生的期待可以做為自我實現的預言。參見 Rosenthal and Jacobson, 1968。針對教師的預期效果，回顧五十年來的研究，參見 Weinstein, 2018。
8. 引文參見 Lemov, 2015, p. 383。
9. 獎賞的定義，參見 Schultz et al., 1997。
10. 多巴胺對學習和動機的影響，參見 Berke, 2018 和 Miendlarzewska et al.,

2020。

40. 克里斯托杜盧與本書作者歐克莉之間的電郵通信，September 14, 2020。
41. 向上調控以協助記憶，參見 Wang and Morris, 2010。（這篇論文是基模研究和神經心理學的觀念有了普遍轉變的基礎，談到記憶的心理和解剖結構轉變成神經生物學的領域。）
42. 基模的神經生物學，參見 Gilboa and Marlatte, 2017。
43. 有個基模能夠依附時，新皮質就可以學得比較快，參見 Tse et al., 2007。
44. 遷移的困難度，參見 De Bruyckere et al. 2020。
45. 再一次，這又全部回到變化效應（variability effect），參見 Likourezos et al., 2019。
46. 提取練習有助於學習遷移，參見 Butler, 2010。
47. 布魯姆分類學參見 Krathwohl, 2002。知識深度參見 Hess, 2013。
48. 談到以大腦為基礎的語意表徵構件，參見 Binder et al., 2016。有趣的圖表和討論也可參考 Zull, 2002, p. 18。
49. 圖像組織圖可幫助學生在內心重組教材，這樣做的價值參見 Ponce et al., 2019 和 Wang et al., 2020。
50. 利用圖像組織圖產生深層的學習，參見 Fisher and Frey, 2018。
51. 如果程序性和陳述性的神經連結都與同樣的概念有關，彼此就能結合起來，這種觀念與一個理論有關，稱為「語意處理」（semantic processing），參見 Xie et al., 2019。
52. 睡眠和神遊都有助於間隔重複學習，參見 van Kesteren and Meeter, 2020。
53. 效果是非線性的，只是根據經驗法則很快估算一下。參見 Cepeda et al., 2008。
54. 這些建議出自美國教育機構「蘋果聯合」（APL Associates）所制定的「蘋果教學技能第一級訓練」（APL Instructional Skills Level 1 Training），發表者是 Jean Anastasio, David Perry, and John Zalonis, August 6–10, 2018。
55. 家庭作業對於看似弱勢的孩子特別有益處，參見 Bempechat, 2019。

定義各項概念，頁 59-77；Gonzalez, 2016；Joyce et al., 2015，第六章，概念獲得：重要概念的明確教學法，頁 125-148。

25. 附帶一提，最早發現交替學習的重要性，是與程序性學習有關。參見 Pan and Bjork 的回顧論文，即將出版。
26. 交替學習用於西班牙文動詞時態的益處，參見 Pan et al., 2019。
27. 關於交替計算面積、體積和周長，參見 Carvalho and Goldstone, 2019。
28. 與段落練習比起來，交替學習能幫助學生把資訊留存得比較好，參見 Soderstrom and Bjork, 2015。
29. 交替練習有助於學習寫英文字母，參見 Ste-Marie et al., 2004。
30. 交替練習一些類似素材的價值，參見 Brunmair and Richter, 2019。
31. 關於「有益的難度」概念，近期為這個領域打下基礎的學者做了相當清楚的介紹，參見 Bjork and Bjork, 2019a 和 Bjork and Kroll, 2015。應該要指出的是，有益的難度與程序性和陳述性學習都有關係，參見 Soderstrom and Bjork, 2015。
32. 應該要指出的是，有益的難度與程序性和陳述性學習都有關係，參見 Soderstrom and Bjork, 2015。
33. 手勢可以幫助學習外語單字，參見 Macedonia et al., 2019 和 Straube et al., 2009。關於手勢更廣泛的作用，參見 Kita et al., 2017。
34. 學生傾向於討厭使用那些學起來比較困難的學習方法，哪怕最後效果很好，學生也不想用，參見 Bjork and Bjork, 2019b。
35. 「專一性的詛咒」，參見 Eichenbaum et al., 2019。
36. 用一大組實例進行反覆的訓練，有助於產生比較好的策略，參見 Fulvio et al., 2014。
37. 要達成學習遷移的困難之處，參見 De Bruyckere et al., 2020。
38. 未來的研究應該要以不同的時間長度來交替練習各個科目；濃縮課程可能產生的挑戰，參見 Yan and Sana, 2020。
39. 引文出自 Anderer, 2020。支持手寫價值的研究，參見 Ose Askvik et al.,

spot）。基本上，即使個別的神經元運作得很緩慢或不精確，但腦中的神經元彼此交織成網絡，加上軸突有各種直徑，能夠在網絡的不同層面和層次提供回饋和修正，因此大腦還是能控制得既快速又準確。參見 Nakahira et al., 2019。

11. 「搭配延伸訓練⋯⋯大鼠從原本主要運用方位學習，『轉變成』主要運用反應學習⋯⋯」參見 Packard and Goodman, 2013。
12. 新皮質裡兩個不同的地方，參見 Ullman, 2020。
13. 陳述性和程序性學習系統，以及它們在腦中的位置和資訊流動方式，參見 Ashby and Valentin, 2017。
14. 透過沉浸式課程學習第二語言的效果比較好，參見 Ullman, 2020。
15. 這個表格的多數資訊是由 Ullman, 2020 擷取而來，包括表格內註明的少數其他參考資料。
16. 程序性系統隨著小孩長大而改變，參見 Zwart et al., 2019。
17. 正念訓練可增進陳述性學習、抑制程序性學習，參見 Stillman et al., 2014。
18. 正念可能會抑制程序性學習，參見 Stillman et al., 2014。
19. 用陳述性方式學習某個概念，會以多快的速度發生轉變，變成透過程序性方式學習那個概念，似乎與 FOXP2 基因有關。陳述性系統似乎受到很多基因的影響，例如 BDNF 或 APOE，參見 Ullman, 2020。與多巴胺有關的基因似乎會影響程序性學習，參見 Wong et al., 2012。
20. 陳述性學習和發育方面的障礙，參見 Evans and Ullman, 2016 和 Ullman et al., 2020。
21. 有一些指示可增進自閉症類群障礙症和妥瑞氏症的程序性學習，參見 Takács et al., 2018 和 Virag et al., 2017。
22. 執行程序性過程和做算術的腦區彼此有重疊的部分，參見 Evans and Ullman, 2016。
23. 數學的程序化過程，參見 Evans and Ullman, 2016。
24. 概念獲得參見 Estes and Mintz, 2015，第四章，概念獲得模型：以歸納方式練習網球的發球，屬於陳述性或程序性系統？剛開始是透過你可以明確表達的陳述性知識（盯著你的球），但經過大量練習後變成完全自動，已經變成程序性系統了。職業網球選手或音樂家不再意識到技巧的細節，只意識到大尺度的特性，像是「壓到邊線」或「加點顫音」。還有另一種說法來描述這個情況，你希望陳述性系統能意識到程序性系統所產生的一系列組塊，但不要插手管到細節。我們經常把基底核稱為習慣性系統。等到你長大成人，你做的事大部分都是潛意識的舉動。但如果發生了不尋常的事，陳述性系統就可插手。

另外可參考第一八二頁的特別說明「更深入了解程序性系統」。基本上，陳述性和程序性系統是一對搭檔，只不過陳述性系統只能看到程序性系統努力學習的成果

5. 閱讀障礙的失調狀況與程序性系統有關，參見 Ullman et al., 2020。
6. 較高等的陳述性過程，參見 Evans and Ullman, 2016、Takács et al., 2018、Ullman et al., 2020。
7. 人類強化了一些從陳述性變成程序性表現的轉變，參考 Schreiweis et al., 2014。特別參見補充部分的圖 S7。
8. 透過一種系統來學習，會抑制另一種學習，參見 Freedberg et al., 2020 和 Ullman et al., 2020。
9. 不過也要注意，工作記憶有一些無意識的方面，這是正在發展的研究領域，參見 Nakano and Ishihara, 2020 和 Shevlin, 2020。
10. 「自動化的發展，牽涉到控制權由紋狀體（striatum）逐漸轉移成皮質到皮質的投射，從相關的感覺腦區直接投射到啟動行為的前運動腦區。」參見 Ashby and Valentin, 2017。陳述性／程序性學習系統是所謂「分層式架構」（layered architecture）的一個範例，有很多個控制迴路，作用於不同的時間尺度。本書共同作者泰瑞有個研究計畫，想要了解大腦如何處理登山自行車手的越野山徑騎乘。如同這個計畫所顯示，大部分越野車手能夠安全地保持在山徑上而不摔車，是因為腦中允許多樣化的甜蜜點（sweet

數學文獻有不同的用途，在數學領域，『程序』和『策略』是可以交換的。」策略呢，當然通常是很明確的，透過陳述性系統來教導。

目前復健界正用很好的新方法教導阿茲海默症患者，用他們的程序性系統來學習和繼續處理資訊，因為程序性系統受到疾病破壞的程度沒有像陳述性系統那麼嚴重，參見 Zola and Golden, 2019。

小腦也在程序性學習扮演一角。而且預設模式網絡（即你在第四章學到的發散模式）看來可在明確的程序性任務與明確的陳述性任務之間轉換時幫上忙，參見 Turner et al., 2017。陳述性和程序性系統之間有一點重疊，參見 Xie et al., 2019。

3. 原先不受學界青睞的習慣性系統捲土重來，重獲研究分析，參見 Wood, 2019, pp. 37–38。

4. 如同烏爾曼和洛夫列特的觀察：「請注意，並不是說知識無論如何都會從陳述性記憶『轉換』成程序性記憶。毋寧說，基本上兩種系統獲取知識的方式似乎是獨立的。」附帶一提，海馬迴的連結比較傾向於涉及空間方面的關係，可以包含比較抽象的觀念。齧齒類的海馬迴有一種神經元，稱為位置細胞（place cell），只在很小的空間裡才會活化，那種地方稱為「位置域」（place field）。齧齒類穿行於空間時，海馬迴的神經元會依照時間順序活化起來。有趣的是睡覺的時候，這同樣的順序會對大腦皮質重播一次，成為一個組塊，固化成一段探索的記憶。（是的，那是我們在第二章提過的，由陳述性的連結組合構成的組塊。）等到齧齒類醒來，牠會記得如何回到先前發現食物的地方。這與人類的情況很類似。

   人類的基底核也類似這樣，把肌肉收縮、音符、文字和想法的順序組合起來，於是變成自動的序列。工作記憶處理這些與時間相關的「組塊」序列，與處理那些牽涉到空間和較抽象概念的組塊，方法其實是一樣的，參見 Martiros et al., 2018。提取行為屬於陳述性系統，不過這樣的過程受到程序性系統的監控，因此實際上變成是自動產生。自動化提升了，至少有一部分是如此，因為程序性的連結組合是在監控過程中產生。

7. 引文出自吉爾里和本書作者歐克莉的電郵通信，June 23, 2020。
8. 工作記憶容量較少的學生獲益於直接教學，參見 Stockard et al., 2018。
9. 有效教學的十七項原則，參見 Rosenshine, 2010。
10. 學生寫出引導式問題的答案會記住得比較多，參見 Lawson et al., 2007。
11. 更深入觀察以學生為中心的教學法，參見 Krahenbuhl, 2016。
12. 參見 Geary, 2007，嘗試從演化的觀點了解學業的學習。
13. 有益的難度，參見 Bjork, 2018。
14. 刻意練習，參見 Ericsson et al., 2018。
15. 在文明興起時，正式教育如何產生，又是為何產生，參見 Eskelson, 2020。
16. 由於選項太多，很容易就放棄（認知負荷理論），參見 Mayer, 2004 和 Sweller, 2016。
17. 參見本章的註釋 4。
18. 讓學生對學習過程一目了然，參見 Hattie, 2012。
19. 二級知識有可能花好幾個世紀才產生，參見 Geary, 2007。
20. 引文出自本書作者歐克莉和哈德格拉夫的電郵通信，August 4, 2020。
21. 專長的詛咒，參見 Hinds, 1999。
22. 額外的努力會強化學習、中斷遺忘歷程，參見 Cepeda et al., 2006。（這是大型的統合分析，顯示分段練習是很有效的。）

第六章　主動學習

1. 海馬迴在有意識和無意識狀態都能居中傳達快速的連結學習（associative learning），參見 Henke, 2010。
2. 談到相關構造，Ullman and Lovelett, 2016 指出：「在新技能的學習和鞏固方面，基底核扮演重要的角色，至於額葉的前運動腦區變得自動化之後，對於處理技能可能又更重要。」在這本書裡，我們也使用神經科學針對「程序性學習」所做的定義，指的是「透過與基底核相關的路徑所獲得的學習」。如同 Evans and Ullman, 2016 的觀察：「『程序性』這個名詞通常在

所知的是「預設模式網絡」（default mode network），對於創造力扮演重要角色。參見 Kühn et al., 2014。

8. 可以獲得成果的評量尺規，指導方針參見 Brookhart, 2018。
9. 評量尺規有可能提供了錯誤的安全感，參見 Wheadon et al., 2020a 和 Wheadon et al., 2020b。
10. 研究發現，光是閱讀評量尺規就了解自己需要做什麼的學生，其實不到一半。參見 Colvin et al., 2016。
11. 用一些範例搭配評量尺規，會比光是提供評量尺規更有效率，參見 Bacchus et al., 2019。

第五章　大腦演化與教學的關係

1. 快速配對和早期習得語言，參見 Borgstrom et al., 2015。
2. 生物初級和次級素材的理論，最初是由認知發育與演化心理學家蓋瑞（David Geary）提出構想，他在一九九五年發表的論文率先開始研究這個領域，參見 Geary, 1995。亦可參考 Geary and Berch, 2016a。
3. 神經再利用假說，參見 Dehaene, 2005 和 Dehaene and Cohen, 2007。
4. 教材越困難，就越需要用到直接教學法，參見 Geary and Berch, 2016b, p. 240，作者在文中指出：「如果正在學習的二級技能與提供支持的初級系統差距很遠，而且不是人類典型的行為，我們建議最有效的應該是架構明確、由教師主導的教學法，教室的氛圍應把目標設定成習得知識。」

   有趣的是，觀察二〇一二年的「國際學生能力評量計畫」（PISA），以成就測驗結果和教學方式互相對照，所顯示的模式支持上述論文的見解。PISA 成績越好的國家，使用直接教學的比例就越高，參見 Mourshed et al., 2017。
5. 直接教學的優良參考資料，參見 Boxer, 2019、Engelmann and Carnine, 1982、Estes and Mintz, 2015。
6. 變化多端的效果，參見 Likourezos et al., 2019。

4. 參見 Owens et al., 2014，文中發現，工作記憶良好的學生面對越大的壓力會表現得越好。但工作記憶較差的人，壓力越大則表現得越差。這項研究提出假說，越大的壓力對於工作記憶造成額外的負擔，而這對工作記憶容量較大的人不造成困擾，因為他們的容量夠多，但是工作記憶容量較少的人就會表現較差。作者群做出結論指出，工作記憶容量較少的人若要完成工作，就需要減少壓力。

   但也許可能是工作記憶容量較少的人沒有準備好，當然就備感壓力。如果後面這種假設是對的，那麼減輕壓力的技巧只是讓工作記憶容量較少的學生覺得舒坦一點而已，對他們的考試成績沒什麼幫助。

5. 學生不該立刻碰他們的手機或社群媒體，參見 Kang and Kurtzberg, 2019 和 Martini et al., 2020。這與一稱為「注意力殘留」（attention residue）的概念有關。

6. 原則上，非常專注、極少分心，對學生來說是最好的學習方法之一。討厭之處卻也在於：凡原則必有例外。舉例來說，一般大眾有極少數的百分之二點五是「神人」，可以很有效率地在不同的複雜活動間切換注意力。但是大多數的凡人（百分之九十七點五），即使有人以為自己是神人，但他們還是凡人。參見 Medeiros-Ward et al., 2015。

   而且，一心多用、工作切換、偶爾分心也不全然是壞事。舉例來說，嘗試在同一時間做兩件事（一心二用），雖然降低了學生做那兩件事的效率，不過可以增加以後做事的創造力，因為活化起來的那些神經連結組合，有更多的機會能夠融合與合併，參見 Kapadia and Melwani, 2020。在幾個工作之間切換，像是解答某個複雜題目的時候偷看手機一眼，其實可以增加創造力，因為暫時把工作放到一旁可以減少認知的固著，參見 Lu et al., 2017。而且偶爾稍微分心，像是咖啡店有一些背景的杯盤碰撞聲，某種程度有助於學習，因為可以暫時讓大腦產生發散模式；參見第四章，以及 O'Connor, 2013。這種結果也是新穎的觀點。

7. 我們所稱的「發散模式」，其實是處於休息狀態的一大組神經元，最為人

17. 睡眠協助固定記憶，參見 Antony and Paller, 2017、Dudai et al., 2015 和 Himmer et al., 2019。
18. 提取練習是鞏固記憶的快速途徑，參見 Antony et al., 2017。
19. 學習經常牽涉到把資訊從大腦取出來，參見 Agarwal and Bain, 2019, p. 28。
20. 魏斯勒與本書作者歐克莉之間的電郵通信，October 11, 2020。
21. BDNF 和運動，參見 Szuhany et al., 2015 和 Chang et al., 2012。
22. 關於神經生成的重要回顧文章，參見 Snyder and Drew, 2020。
23. 圖像約略參考 Lu et al., 2013。
24. 身體運動能減輕壓力對於認知造成的負面影響，參見 Erickson et al., 2019 和 Wunsch et al., 2019。
25. 參見Freeman et al., 2014。作者無法判斷最理想的主動學習要占多少百分比。如同他們指出，在研究分析中，投入主動學習的時間有非常大的差別，從一方面只有課堂時間的百分之十到十五用表決器來回答題目，乃至於另一方面是完全沒有講課的「工作室」學習環境。
26. 思考—配對—分享的發展史，參考 Kaddoura, 2013。
27. 創造出面對錯誤的氣氛，參見 Lemov, 2015, p. 64。

第四章 改善拖延症

1. 史迪爾對於拖延的評估，參見 Steel, 2007。引文略去參考文獻。
2. 一想到不喜歡的科目，腦中就會浮現痛苦，相關研究參見 Lyons and Beilock, 2012，研究中不喜歡的科目是數學。腦島皮質有一部分會處理痛苦的訊息，但還有很多部分處理更廣泛的其他功能。它負責對恆定功能進行整體的調節，這與基本生存有關，像是品嚐滋味、內臟感覺、自動控制和免疫系統。前腦島皮質牽涉到社會情感，像是同理心和同情心，也包括厭惡感。這是大腦皮質的迷人之處！
3. 睡眠和突觸連結的生長（以及修剪），參見 Himmer et al., 2019 和 Niethard and Born, 2019。

海馬迴重新產生那份索引，它會同步出現在所有當時相關的皮質腦區，因此提取出那個經驗的各個部分，然後產生整合的記憶。」

而你若沿著新皮質內的皮質腦區層層往上爬，從周邊的感覺區到達頂端的海馬迴，則表現形式在每一層都會有轉變，變得越來越抽象。海馬迴得到的部分，就只是新皮質那部分的影子，而所有的細節分布在所有的階層。如果從海馬迴非常少數的神經元產生的回饋，可以活化新皮質內的數十億個細胞，那完全就像是一種索引。

10. 大腦學到資訊後，把相似的類別放在新皮質裡彼此相近的地方，很接近最初感覺到那個資訊的地方。因此，帶有喧鬧聲音的資訊就儲存在顳葉上端的腦區（靠近主要的聽覺皮質）。具有強烈視覺的資訊則位於視覺皮質的下游處。概念越是抽象、「層次較高」，就越會放到新皮質的前端位置。近期一篇回顧文章很有趣，談到大腦如何找到它學習的東西，參見 Hebscher et al., 2019。
11. 兩名「學生」是兩種彼此互補的學習系統，即海馬迴和新皮質，參見 McClelland et al., 1995 的描述。
12. 雖然不是很精確的資料來源，不過針對記憶固化的過程，這裡有最新且可讀性相當高的描述，參見 https://en.wikipedia.org/wiki/Memory_consolidation.。
13. 海馬迴轉而對新皮質重複述說剛剛學到的東西，參見 Runyan et al., 2019 和 Wamsley, 2019。
14. 學習之後閉起眼睛休息十五分鐘，這段期間可增強記憶，參見 Wamsley, 2019。亦可參考 Craig et al., 2018。
15. 清醒期間的休息可能很重要，參見 Wamsley, 2019。（引文內的參考文獻未列出。）
16. 新的突觸是在睡眠期間形成，參見 Yang et al., 2014。也有證據顯示，突觸的強度在睡眠期間減少了，參見 De Vivo et al., 2017。睡眠期間也會修剪一些突觸，參見 Li et al., 2017。

37. 閱讀理解直接與工作記憶容量有關，參見 Carretti et al., 2009。
38. 教學方式和分量之間的關係，以及學生閱讀能力的成長，參見 Sonnenschein et al., 2010 和 Xue and Meisels, 2004。
39. 主動練習是很有用的，參見 Freeman et al., 2014。
40. 關於固化過程的回顧文章，參見 Runyan et al., 2019 和 Tonegawa et al., 201。
41. 示例效應、生成效應，以及元素互動，參見 Chen et al., 2015。
42. 在不正確的例題裡找到錯誤並修正，可讓中學生更了解數學裡面的小數，參見 McLaren et al., 2015。

第三章　主動學習

1. 研究顯示有一種簡單又有科學實證的方法，能夠提升考試成績和留校率，即主動學習；參見 Freeman et al., 2014。
2. 「希臘古壺」教案，參見 Gonzalez, 2016。
3. 引文參見 Freeman et al., 2014。
4. 海馬迴和概念形成，參見 Mack et al., 2018。
5. 引文參見 Wexler, 2019, p. 31。
6. 例子出自 Wexler, 2019。
7. 學習包含了提取練習，參見 Karpicke and Grimaldi, 2012。
8. 學習包含了兩種基礎的學習系統，參見 McClelland et al., 1995。（這是學習科學領域的經典論文。）
9. 「索引理論」最初是由心理學家麥克萊倫（James McClelland）等人提出，參見 McClelland et al., 1995。透過索引編碼的概念，能夠詳盡解釋海馬迴如何只用少數的神經元，就能協助恢復新皮質內的近期記憶。近期的確證研究參見 Mao et al., 2018，發現「索引理論主張，動物每次得到一種獨特的經驗，海馬迴就會產生一種獨特的神經活性模式，傳送到大腦皮質的其他部位。那種獨特模式的表現很像一種情境的編碼，儲存在大腦皮質的各個區域，外加負責編碼的各個區域的原始數據，像是形狀、聲音和動作。如果的益處，參見回顧文章 Jansen et al., 2017。應該要在同一天複習筆記，參見 Liles et al., 2018。

33. 教師提供筆記，這對學習和考試成績的影響，參見 Gharravi, 2018。談到教學時如何運用「包含填空處的講義」，這就是另一種寫筆記的策略，請學生把教師提供的筆記空白處填寫好，參見 Felder and Brent, 2016, pp. 81–84。

34. 工作記憶容量較小的學生經常覺得數學很困難，參見 Clark et al., 2010 和 Raghubar et al., 2010。

35. 更廣泛的概論可參考 Dehn, 2008, p. 303，引述三項統合分析的結果做出結論：「碰到缺乏工作記憶的學生，一般認為直接教學是最有效的教學法之一。」比較近期則可參考 Morgan et al., 2015，這項大規模研究包含 3,635 位教師和 13,883 個一年級學生，分布於 1,338 所學校的 3,635 間教室。關於直接教學相對於發現式學習，更廣泛的討論和這些教學法對學生的影響，參見 Klahr and Nigam, 2004。

    如同 Geary et al., 2019a 所指出：「Geary et al., 2008 所進行的統合分析，符合『後續教育方案』（Project Follow Through）的結果（參見 Stebbins et al., 1977），指出學生若覺得數學很困難，則教師主導的教學法對他們有益（參見 Gersten et al., 2008），有助於補償一般領域的缺陷。」亦可參考 Fuchs et al., 2013 和 Gersten et al., 2009。也有很多文獻包含了對初學者有益的「示例效應」（worked example effect），即最初的引導是利用示範解題來協助初學者（也包括工作記憶較少的人），這樣會比完全沒有提供引導好得多。例如可參考 Chen et al., 2015、Ramón y Cajal, 1989 和 Stockard et al., 2018。

36. 練習對於工作記憶容量較少的學生最有幫助，參見 Agarwal et al., 2017。改革派的數學教師觀察到，以學生為中心的教學方式很有效，部分是因為對記憶提供了較多的表徵。不過挑戰之處在於，如果多重表徵最後並沒有好好留存在長期記憶裡，工作記憶容量較少的學生只會因為更多的表徵而變得更加困惑。運用學生主導或教師主導的教學法可能有效也可能無效，請注意關鍵其實在這裡。

語文學習障礙）；二、其他健康方面的障礙，涵蓋的情況會限制學生的體力、活力或敏捷度（例如注意力不足過動症，影響注意力和執行功能）；三、自閉症類群障礙症；四、情緒障礙；五、語言障礙（例如口吃）；六、視覺障礙，包括失明；七、失聰；八、聽力障礙；九、聾盲；十、肢體障礙（例如腦性麻痺）；十一、智能障礙（例如唐氏症）；十二、外傷性腦損傷；十三、多重障礙。參見 U.S. Congress, 2004。

20. 針對融合教學和協同教學模式有個概括的摘要，參見 Solis et al., 2012。既然法律規定要為一些學生做特殊的適應和改變，明定於個別化教育計畫（Individualized Educational Program）或五〇四條款（504 plan），因此要學習困難的新資訊和技能時，所有學生都受惠於某種程度的協助，參見 Szumski et al., 2017。
21. 解說協同教學的多種模式，參見 Beninghof, 2020。
22. 有個廣泛的指引可教你把差異化引入教室，參見 Heacox, 2017。
23. 對差異化的意義提供深入的說明，加上教師經營差異化教室所扮演的角色和採取的策略，參見 Tomlinson, 2017, 引文出自 p. 7。
24. 本書作者羅戈沃斯基與湯林森教授的電郵通信，October 6, 2020。
25. 本書作者羅戈沃斯基與湯林森教授的電郵通信，October 6, 2020。
26. 要對「全面教學法」得到更多資訊，參見 Tomlinson, 2017。
27. 工作記憶和創造力，參見 DeCaro et al., 2015 和 Takeuchi et al., 2011。
28. 疲累時，工作記憶容量變少，卻可提升創造力和深入見解，參見 DeCaro, 2018 和 Wieth and Zacks, 2011。
29. 工作記憶的個人差異，可以預測音樂對於學生的表現有何影響，參見 Christopher and Shelton, 2017。
30. 數學和音樂的腦區彼此重疊，參見 Cranmore and Tunks, 2015。有注意力不足過動症的人可能覺得白噪音對他們有益，參見 Soderlund et al., 2007。
31. 做筆記期間付出的認知努力，參見 Piolat et al., 2005。
32. 做筆記的功能與技巧，參見 Kiewra et al., 1991。對於認知的付出和做筆記

11. 參見 Alloway and Alloway, 2010，說明工作記憶是相當好的衡量方法，可評估孩子的學習潛力，並指出他們的學習能力；至於學業成績和智商測驗則是衡量孩子已經學到的知識。參見 Shipstead et al., 2016，有這樣的觀察：「工作記憶容量和流動智力（fluid intelligence）之間有強烈的相關，並非兩種能力之間有因果關係，而是因為各自都有很需要注意力的心智功能，彼此可以是對立的，但是圍繞著由上而下的處理目標而組織起來。」所謂流動智力，心理學家希普斯戴德（Zach Shipstead）表示那是推理思考和解決新問題的能力；至於「結晶智力」（crystallized intelligence），指的是把學到的知識付諸應用的能力（典型的例子就是字彙）。
12. 在長期記憶裡創造神經連結並加以強化，可以讓他們的工作記憶拓展到那個主題，參見 Cowan, 2019 和 Ericsson et al., 2018。（Ericsson 所說的「神經表徵」，基本上等同於我們所說的一組組神經連結。）
13. 參考本書作者歐克莉與史威勒的電郵通信，May 18, 2019。
14. 在一些特定的學習領域內，工作記憶看似增加了，參見 Baddeley et al., 2015。心理學家巴德利（Alan Baddeley）在其中指出：「這個領域絕對值得進一步研究，但我還沒有投資！」參見 p. 92。
15. 透過練習，工作記憶容量較少的人可以像工作記憶容量較大的人一樣優秀，參見 Agarwal et al., 2017 和 Ericsson et al., 2018。諾貝爾獎得主卡哈，現代神經科學之父，就是很出色的例子。
16. 專家反轉效應，參見 Chen et al., 2017 和 Kalyuga and Renkl, 2010。
17. 參見 Jansen et al., 2017，讓我們對於寫筆記的能力和工作記憶之間的關係有一點概念。
18. 憂愁的時候對於工作記憶容量的限制，參見 Hayes et al., 2008。
19. 美國有一項「特殊教育法」（Disabilities Education Act），為所有符合身心障礙資格的孩子提供免費且適合的公立教育，確保那些孩子能接受特殊教育和相關服務。「特殊教育法」含有十三個已獲確認的身心障礙類別，包括：一、特定型學習障礙（例如閱讀障礙、書寫障礙、聽覺處理異常、非

Mayer, 2014a。

16. 《強效教學》，參見 Agarwal and Bain, 2020。
17. 提取練習產生比較多的學習成果，比用概念構圖費心學習的成果更多。附帶一提，最近有一項研究，讓提取練習結合概念構圖，參見 O'Day and Karpicke, 2020。沒想到不太有用。

第二章 融合式教學

1. 心智的兩種類型，參見 Hayek, 1978。
2. 卡哈談自己的人生故事，參見 Ramón y Cajal, 1989。
3. 卡哈對於自己的成功有何看法，參見 Ramón y Cajal, 1989, p. 309。
4. 工作記憶的神經認知結構可參考一篇回顧文章，參見 Eriksson et al., 2015。工作記憶有十幾種不同的定義，參見 Baddeley, 2003、Cowan, 2017 和 Turi et al., 2018。
5. 或者，比較嚴格來說是這樣：「在額頂葉和視覺區之間的 α-、β- 和 γ- 頻帶，會產生腦區之間的相位共振，這可能是一種系統層級的機制，若要維持神經元的客體表徵（object representation），則可由此機制進行協調和調控。」參見 Palva et al., 2010 和 Ericsson and Kintsch, 1995。亦可參見 Cowan, 2019 和 Ericsson and Kintsch, 1995。
6. 圖表獲得英國劍橋大學精神病學系教授加瑟柯爾（Susan Gathercole）慷慨授權，參見 Gathercole and Alloway, 2007, p. 7。
7. 引文參見 Gathercole and Alloway, 2007。
8. 範例出自 Gathercole et al., 2006。
9. 學校的心理師經常從一組標準的認知測驗開始，例如「伍考克—強森第五版」（Woodcock Johnson IV）。如果學生顯示有缺失，再針對工作記憶做額外的測驗，像是「廣域記憶與學習量表第二版」（Wide Range Assessment of Memory and Learning），以便排除其他問題，像是注意力缺失。
10. 此處有些構想要感謝 Laura Wilde，引自 McGill, 2018。

en.wikipedia.org/wiki/Dendritic_filopodia。

5. 最近針對記憶和固化過程的概述文章，參見 Runyan et al., 2019。
6. 我們所說的一組組連結，通常與神經科學的「記憶痕跡」（engram）概念是一樣的。在現實中，單獨一個記憶（例如一張臉看起來如何）可以跟大腦好幾個不同的位置產生連結，甚至包括杏仁核（amygdala），它與記憶痕跡會產生情感方面的連結。我們不想在這裡講得太細，因此把一組組連結表示成新皮質裡彼此鄰近的一些位置。而且，你每一次重新造訪長期記憶裡的一組連結（亦即你回想起某件事），就像是你對那些連結進行微調；這是「再固化」（reconsolidation）過程的一部分。也因此，你十歲的時候可能講過佛列德叔叔一屁股跌坐在地的情節；等到你三十幾歲，重新講述當年的經過，可能變成另一個非常不一樣的故事。考慮本書想強調的論點，我們認為有可能透過「再固化」而發生的那些調整較為次要。若想深究再固化過程，可參見 Elsey et al., 2018 的概述文章。
7. 多樣化的效果，參見 Likourezos et al., 2019。
8. 現今對於工作記憶的概念有許多概述文章，參見 Cowan, 2017。
9. 關於學習上的能力錯覺（Illusions of competence），參見 Koriat and Bjork, 2005。
10. 提取練習對於學習是很重要的，參見 Karpicke, 2012 和 Smith et al., 2016。
11. 需要有人教導學生了解提取練習的重要性，參見 Bjork, 2018 和 Karpicke and Grimaldi, 2012。
12. 解答例題的重要性，參見 Chen et al., 2015。
13. 學習速度較快不見得比較好，參見 Hough, 2019。
14. 主動的提取練習會促進有意義的學習，參見 Karpicke, 2012。
15. 這樣的觀念，即心像加上口頭解說資訊，對學習很有幫助；這個「雙碼理論」（dual coding theory），最早是由加拿大西安大略大學（University of Western Ontario）的白斐歐（Allan Paivio）於一九七一年提出。美國心理學家梅耶（Richard Mayer）的多媒體理論又大幅拓展這個領域的研究，參見

全書註釋

前言

1. 大家經常採用一些沒有助益的教學和學習方法，參見 Pan and Bjork 即將出版的論文，文中也指出「各種研究結果都顯示……即使在一些很基礎的方面，有些關於學習和記憶歷程的心智模型是錯的或不完整，人們也往往緊抱著不放。」
2. 成長型思維的主張遠比成長型思維的證據來得更多，參見 Bahnik et al., 2017、Burgoyne et al., 2020、Gandhi et al., 2020、Sisk et al., 2018。
3. 以學習風格為基礎所發展的教學法，並不會提升成績，參見 Rogowsky et al., 2015 和 Rogowsky et al., 2020。
4. 更直接的深入觀點，參見 Thomas et al., 2019。

第一章　建構記憶

1. 有研究再三重申，女生和男生的數學能力很相近。但碰到數學這一科，成績較差的女生會比成績較差的男生更焦慮。這變成廣泛的數學焦慮症，很多女生對數學的態度很不積極，老師也花最多力氣想要協助。參見 Geary et al., 2019b 和 Gonzalez et al., 2019。
2. 所謂的「海伯突觸」，以現代的說法是「棘波一時序相關之可塑性」（spike-timing dependent plasticity）。這個名詞很炫，其實只是表示跨越突觸的訊息究竟是強化或弱化那個突觸，主要看訊號在某個時間抵達突觸時有多大的振幅而定。參見 Sejnowski, 1999。
3. 若想了解海伯學習的整段歷史，參見 Sejnowski, 1999。
4. 有一篇概述文章，雖然不是很精確的資料來源，但包含了最近的一些發現，談到樹狀突如何長出來並遇上軸突；文章可在這裡讀到：https://

大腦喜歡這樣學・強效教學版
Uncommon Sense Teaching

作　　者　芭芭拉・歐克莉（Barbara Oakley）
貝絲・羅戈沃斯基（Beth Rogowsky）、
泰倫斯・索諾斯基（Terrence Joseph Sejnowski）
譯　　者　王心瑩
副 社 長　陳瀅如
責任編輯　翁淑靜
校　　對　陳錦輝
封面設計　江宜蔚
內頁排版　洪素貞
行銷企劃　陳雅雯、尹子麟、余一霞

出　　版　木馬文化事業股份有限公司
發　　行　遠足文化事業股份有限公司 (讀書共和國出版集團)
地　　址　231 新北市新店區民權路 108-4 號 8 樓
電　　話　02-22181417
傳　　真　02-86671065
電子郵件　service@bookrep.com.tw
郵撥帳號　19588272 木馬文化事業股份有限公司
客服專線　0800221029
法律顧問　華洋法律事務所　蘇文生律師
印　　刷　呈靖彩藝有限公司
初　　版　2021 年 11 月
初版五刷　2024 年 7 月

定　　價　420 元
I S B N　978-626-314-065-3

國家圖書館出版品預行編目 (CIP) 資料

大腦喜歡這樣學 ・強效教學版 / 芭芭拉 . 歐克莉 (Barbara Oakley), 貝絲 . 羅戈沃斯基 (Beth Rogowsky), 泰倫斯 . 索諾斯基 (Terrence Joseph Sejnowski) 作 ; 王心瑩譯 . -- 初版 . -- 新北市 : 木馬文化事業股份有限公司出版 : 遠足文化事業股份有限公司發行 , 2021.11
面； 公分
譯 自 : Uncommon sense teaching : practical insights in brain science to help students learn
ISBN 978-626-314-065-3(平裝)

1. 教育心理學 2. 學習策略 3. 自主學習 4. 教學法

521.1　　110017040